国家社会科学基金重大招标项目（12&ZD211）资助成果

中国城市公用事业政府监管监督体系研究

郭剑鸣 康莉莹 等◇著

中国社会科学出版社

图书在版编目（CIP）数据

中国城市公用事业政府监管监督体系研究/郭剑鸣等著．—北京：中国社会科学出版社，2015.6
ISBN 978 – 7 – 5161 – 6248 – 4

Ⅰ.①中… Ⅱ.①郭… Ⅲ.①城市—公用事业—政府监督—监管制度—研究—中国 Ⅳ.①F299.24

中国版本图书馆 CIP 数据核字（2015）第 123630 号

出 版 人	赵剑英
责任编辑	卢小生
特约编辑	李舒亚
责任校对	周晓东
责任印制	王 超

出 版	中国社会科学出版社
社 址	北京鼓楼西大街甲 158 号
邮 编	100720
网 址	http://www.csspw.cn
发 行 部	010 – 84083685
门 市 部	010 – 84029450
经 销	新华书店及其他书店
印 刷	北京市大兴区新魏印刷厂
装 订	廊坊市广阳区广增装订厂
版 次	2015 年 6 月第 1 版
印 次	2015 年 6 月第 1 次印刷
开 本	710×1000 1/16
印 张	16.5
插 页	2
字 数	279 千字
定 价	60.00 元

凡购买中国社会科学出版社图书，如有质量问题请与本社发行部联系调换
电话：010 – 84083683
版权所有 侵权必究

前　言

　　城市公用事业市场化改革是我国经济体制改革的重要内容。改革在一定程度上增强了城市公用事业的供给能力，提高了服务水平，但仍然存在供需矛盾突出、事故频发、企业运行效率低下、公用产品价格上涨较快、服务质量不高和安全保障不力等问题。因此，需要政府加强对城市公用事业的监管。但是，中国城市公用事业面广、线长、问题复杂，对有限的监管机构的监管能力构成很大压力和挑战。加之，中国城市公用事业的市场化脱胎于计划体制，不少公用事业服务供应商是由传统的管办一体公用事业机构翻牌而来，与政府监管部门有着千丝万缕的关联，这更考验着监管部门的监管动力。因此，更重要的问题就是建立和健全对政府监管的多元监督体系。

　　有效的政府监管需要以良好的监管治理为基础，多层次、全方位的监督约束机制是城市公用事业有效监管的重要保障。本书作为国家社会科学基金重大招标项目"中国城市公用事业监管体系创新研究"子课题，专门研究"中国城市公用事业政府监管监督体系"，旨在立足我国城市公用事业政府监管的具体国情以及社会公众的专业知识、参与意识、体制条件和城市典型公用事业监管的技术特点等因素，借鉴英、美等发达国家建立多元的城市公用事业政府监管监督机制的有益经验，从强化立法监督、健全行政监督、完善公众监督和建立司法审查四个方面，研究建立以人大立法监督为主导、行政监督为基础、社会监督为促进和司法审查为保障的分工合作的约束政府监管行为的监督制度体系，确保政府监管的有效性和公正性。

　　从立法监督、行政监督、司法监督和社会监督四个维度设计多元的城市公用事业监管监督体系，有利于突破现行监管方与监督方"同构"的相对单一的行政监督体系。该体系不仅能够有效打破单一的行政监督机构对政府监管信息的垄断，极大动员多元的监督资源，还有利于倡导社会组织及公民理性参与监管监督，共同治理城市公用事业，保障我国城市公用事业的持续健康发展。

全书重点阐述五方面的问题：

（1）城市公用事业政府监管监督体系应该由哪些部分构成？（2）各个监督子系统的结构、功能和运行体制如何设置？（3）它们之间的相互关系怎样、如何形成合力、发挥最大的监督效能？（4）西方发达国家在建设公用事业监管监督体系和机制中有哪些可资借鉴的经验？（5）中国城市公用事业政府监管监督体系创新的机理和机制。

通过研究本书认为：多元的监督体系是政府有效监管的重要保障。目前，我国城市公用事业政府监管的监督体系还比较薄弱，城市公用事业管理中的行政权滥用、决策比较盲目、法规政策修改随意等诸多问题严重影响了监管的有效性和社会认同。为此，需要从立法、行政、司法和社会监督等方面系统设计城市公用事业政府监管的监督体系框架，建立适合我国城市公用事业政府监管实情的"四位一体"的监督体系。

其中，立法监督在我国城市公用事业政府监管监督体系中具有统领地位，也是对政府监管机构最权威的监督，其主要职能是建立有效的立法授权和法规审查制度；防止局部利益主导监管立法，确保城市公用事业监管立法的民主化和体现公共利益目标；采取有效手段监督城市公用事业监管机构，使监督常规化、长效化；建立有效的人大立法机关对监管机构的预算监督机制，尤其是预算报告制度和预算执行审查制度。

行政监督是我国城市公用事业政府监管的内部监督，也是确保政府有效监管的日常基础性监督。根据我国行政监督的基本体制，我国城市公用事业政府监管的行政监督体系由上下级政府的一般监督、专门机关的监督和上级城市公用事业监管部门对下级城市公用事业监管部门的职能监督构成。但是，由于我国行政监督制度还没有形成统一、规范、透明的制度模式和运行机制，特别是专门监督与职能监督还不协调、垂直的职能监督受地方利益保护的制约，影响了行政监督的有效性。为此，行政监督体制应将专门监督与职能监督、垂直职能监督与横向专门监督的关系协调机制作为建设重点，规避政府监管机构与行政监督机构同化、合谋机制，有效消除行政不作为和乱作为。

司法监督也称为司法审查制度，是约束行政自由裁量权的重要屏障。目前，我国城市公用事业政府监管领域仍然是一个行政主导的监管体制，没有建立相应的司法审查制度，对司法监督的范围、司法监督和行政监督之间的关系、程序设计等都存在争议，司法监督还存在很大程度的缺位，监管责任追究困难。因此，中国城市公用事业政府监管司法监督体系的建设重点是确立我国城市公用事业政府监管司法监督制度整体架构，建立以司法审查制度为核心的政府监管责任追究机制体系，明确城市公用事业政府监管司法监督的职能范围和监督方式。

社会监督是实现政府有效监管、促进社会民主、保障城市公用事业发展符合公共利益的重要制度，主要包括公民监督和社会舆论监督。目前，我国公民监督和社会舆论监督的功能都还有待拓展和强化，同时，又缺乏使社会监督理性化和规范化的基本法规和政策基础。因此，中国城市公用事业政府监管社会监督体系建设的主要任务是：建立公民进入城市公用事业政府监管监督体系的有效途径和保障制度；完善立法和监督程序，实现公民有序参与监督的机制；构建实现社会舆论监督，尤其是网络监督理性化和规范化的可行途径，建立合理、合法、有效的舆论监督体制。

全书由子课题负责人郭剑鸣教授统一策划，在课题组集体讨论基础上，拟定研究和写作提纲，合作完成初稿。郭燕来、郭剑鸣撰写第一章，康莉莹撰写第二章、第三章、第四章、第五章，郭剑鸣、裴志军、廖丹子撰写第六章、第七章；郭剑鸣、韦晓蓓撰写第八、九章。最后，由郭剑鸣统一修改定稿。课题研究过程中，一直得到重大项目总负责人王俊豪教授的指导和支持，项目组其他成员苏为华、唐要家、李云雁等也对子课题的研究提出许多有益的建议。严康英参与了课题的调研和文献整理工作。在此一并表示感谢！

由于中国城市公用事业政府监管监督机构的专门、系统的研究还很有限，可供查阅的资料不多，加之我们涉入该领域的时间不长、水平有限，书中肯定还有很多缺憾，任何批评都会受到最热烈的欢迎！我们会继续努力！

郭剑鸣

2015年2月于浙江财经大学

目　　录

第一章　城市公用事业政府监管多元监督体系及其相互关系…………… 1

　第一节　城市公用事业政府监管监督体系的构成………………………… 1
　　一　城市公用事业政府监管监督体系的内涵与特征……………………… 1
　　二　城市公用事业政府监管监督体系的构成……………………………… 4
　第二节　城市公用事业政府监管监督体系建设的目标和意义…………… 6
　　一　克服监管失灵…………………………………………………………… 7
　　二　预防监管渎职…………………………………………………………… 7
　　三　防止权力滥用…………………………………………………………… 9
　　四　提高监管合法性………………………………………………………… 9
　　五　健全国家治理体系…………………………………………………… 10
　第三节　城市公用事业政府监管监督体系的功能"赤字"……………… 11
　　一　立法监督：供给不足………………………………………………… 11
　　二　行政监督：存在惰性………………………………………………… 13
　　三　司法监督：相对软化………………………………………………… 15
　　四　社会监督：缺乏途径………………………………………………… 17
　第四节　发达国家城市公用事业政府监管监督体系建设的
　　　　　经验……………………………………………………………… 19
　　一　监督体系体现委托—代理的精神…………………………………… 20
　　二　监督权力贯彻独立与制衡的原则…………………………………… 21
　　三　监督途径实行多元复合模式………………………………………… 22
　　四　监督机制协同运行…………………………………………………… 23
　　五　监管程序公开透明…………………………………………………… 24
　第五节　我国城市公用事业政府监管监督体系创新的方向…………… 25
　　一　以强化立法监督为根本……………………………………………… 26

二　以理顺行政监督为基础 …………………………………… 28
　　三　以提升司法监督为保障 …………………………………… 30
　　四　以培育社会监督为增量突破 ……………………………… 31

第二章　城市公用事业政府监管立法监督的现状与问题 ………… 34
第一节　城市公用事业政府监管立法监督的现状 ………………… 34
　　一　我国城市公用事业政府监管的立法监督主体 …………… 34
　　二　我国城市公用事业政府监管的立法监督对象和内容 …… 35
　　三　我国城市公用事业政府监管的立法监督途径 …………… 37
第二节　城市公用事业政府监管立法监督的发展与变迁 ………… 48
　　一　城市公用事业政府监管立法监督的探索形成阶段 ……… 49
　　二　城市公用事业政府监管立法监督的全面恢复和不断
　　　　规范阶段 …………………………………………………… 49
　　三　城市公用事业政府监管立法监督的健康发展和创新
　　　　阶段 ………………………………………………………… 49
第三节　城市公用事业政府监管立法监督存在的问题 …………… 52
　　一　监督短缺导致无效监督和无权监督 ……………………… 52
　　二　监督滞后，重视事后监督忽视实时监督 ………………… 53
　　三　盲目监督和监督工作形式化 ……………………………… 54
　　四　监督缺乏强制性 …………………………………………… 55
　　五　立法监督法律责任规定欠缺 ……………………………… 56

第三章　城市公用事业政府监管立法监督的机理与机制 ………… 57
第一节　城市公用事业政府监管立法监督机理 …………………… 57
　　一　城市公用事业政府监管立法监督的概念及特征 ………… 57
　　二　城市公用事业政府监管立法监督的内在规定性 ………… 59
　　三　城市公用事业政府监管立法监督的法律依据 …………… 61
　　四　城市公用事业政府监管立法监督的作用 ………………… 62
　　五　城市公用事业政府监管立法监督的原则 ………………… 63
第二节　国外城市公用事业政府监管立法监督的借鉴 …………… 66
　　一　国外城市公用事业政府监管立法监督的主要做法 ……… 67
　　二　国外城市公用事业政府监管立法监督的经验启示 ……… 69

第三节　城市公用事业政府监管立法监督机制创新 …………… 70
  一　创新城市公用事业政府监管立法监督机构 ……………… 71
  二　完善城市公用事业政府监管立法监督的法律制度 ……… 73
  三　健全城市公用事业政府监管立法监督责任机制 ………… 79

第四章　城市公用事业政府监管司法监督现状与问题 …………… 82
  第一节　城市公用事业政府监管司法监督现状 ………………… 82
    一　我国城市公用事业政府监管司法监督主体 …………… 82
    二　我国城市公用事业政府监管司法监督内容 …………… 84
    三　我国城市公用事业政府监管具体行为司法审查的
        标准 …………………………………………………………… 90
  第二节　城市公用事业政府监管司法监督的发展与变迁 ……… 94
    一　城市公用事业政府监管司法监督探索形成阶段 ……… 95
    二　城市公用事业政府监管司法监督逐步规范阶段 ……… 95
    三　城市公用事业政府监管司法监督健康发展和创
        新阶段 ………………………………………………………… 96
  第三节　城市公用事业政府监管司法监督存在的问题 ………… 100
    一　城市公用事业政府监管权与司法监督权错位 ………… 101
    二　城市公用事业政府监管司法检察监督权虚位 ………… 101
    三　司法监督权缺乏应有的独立性 ………………………… 102
    四　城市公用事业政府监管审判监督乏力 ………………… 103

第五章　城市公用事业政府监管司法监督的机理与机制 ………… 105
  第一节　城市公用事业政府监管司法监督的机理 ……………… 105
    一　城市公用事业政府监管司法监督概念的内涵 ………… 105
    二　城市公用事业政府监管司法监督的基本特征 ………… 107
    三　城市公用事业政府监管司法监督的依据 ……………… 110
    四　城市公用事业政府监管司法监督的必要性 …………… 112
  第二节　美国和法国城市公用事业政府监管司法监督的
          经验借鉴 ……………………………………………………… 117
    一　美国和法国城市公用事业政府监管司法监督的
        主要做法 ……………………………………………………… 117

二　美国和法国城市公用事业政府监管司法监督启示……… 120
　第三节　我国城市公用事业政府监管司法监督机制创新……… 123
　　一　创新城市公用事业政府监管司法监督机构……………… 123
　　二　完善城市公用事业政府监管检察监督法律制度………… 125
　　三　完善城市公用事业政府监管审判监督制度……………… 127

第六章　城市公用事业政府监管行政监督现状与问题………………… 130
　第一节　城市公用事业政府监管行政监督现状………………… 130
　　一　城市公用事业政府监管行政监督的内涵………………… 130
　　二　城市公用事业政府监管行政监督主体…………………… 132
　　三　城市公用事业政府监管行政监督客体…………………… 134
　　四　城市公用事业政府监管行政监督的主要内容…………… 135
　第二节　城市公用事业政府监管行政监督的发展与变迁……… 139
　　一　城市公用事业政府监管行政监督的探索形成阶段……… 139
　　二　城市公用事业政府监管行政监督的恢复和重建阶段…… 140
　　三　城市公用事业政府监管立法监督的健康发展和创新
　　　　阶段……………………………………………………… 141
　第三节　城市公用事业政府监管行政监督中存在的问题……… 143
　　一　城市公用事业政府监管行政监督理念层面……………… 143
　　二　城市公用事业政府监管行政监督体制层面……………… 146
　　三　城市公用事业政府监管行政监督技术层面……………… 150

第七章　城市公用事业政府监管行政监督创新的机理与机制………… 153
　第一节　城市公用事业政府监管行政监督创新的机理………… 153
　　一　城市公用事业政府监管行政监督的基本功能…………… 153
　　二　强化和改善城市公用事业政府监管行政监督的客
　　　　观必要性………………………………………………… 155
　　三　城市公用事业政府监管行政监督机制创新的理论
　　　　基础……………………………………………………… 160
　第二节　国外城市公用事业政府监管行政监督的借鉴………… 165
　　一　国外城市公用事业政府监管行政监督的基本做法……… 165
　　二　国外城市公用事业政府监管行政监督的经验启示……… 170

第三节　城市公用事业政府监管行政监督机制创新…………… 173
一　监督目标理念的合法性和公共性………………………… 173
二　监督组织体制的独立性和整合性………………………… 175
三　监督运行机制的开放性和有效性………………………… 178
四　监督能力的综合性和现代化……………………………… 180

第八章　城市公用事业政府监管社会监督现状与问题…………… 182
第一节　城市公用事业政府监管社会监督现状…………………… 182
一　城市公用事业政府监管社会监督主体…………………… 182
二　城市公用事业政府监管社会监督模式…………………… 187
三　城市公用事业政府监管社会监督的意义和功能………… 192
第二节　城市公用事业政府监管社会监督的发展与变迁………… 196
一　全面规制阶段，社会监督缓慢发展……………………… 197
二　逐步开放规制阶段，社会监督恢复发展………………… 198
第三节　城市公用事业政府监管社会监督存在的问题…………… 200
一　主观层面：不监督………………………………………… 200
二　客观层面：难监督………………………………………… 203

第九章　城市公用事业政府监管社会监督创新的机理与机制…… 207
第一节　城市公用事业政府监管社会监督创新的机理…………… 207
一　社会监督是民主治理的内在要求………………………… 207
二　社会监督保障政府合法、有效监管……………………… 209
三　社会监督是对政府监管实行整体性监督的有机体……… 213
第二节　国外城市公用事业政府监管社会监督的经验与启示…… 215
一　国外城市公用事业政府监管社会监督的实践与经验…… 215
二　国外城市公用事业政府监管社会监督对我国的启示…… 225
第三节　我国城市公用事业政府监管社会监督机制创新………… 231
一　努力培育公民意识和社会公共监督领域………………… 232
二　构建多层次社会监督体系………………………………… 237
三　健全社会监督保障机制…………………………………… 239

参考文献……………………………………………………………… 243

第一章 城市公用事业政府监管多元监督体系及其相互关系

多维的监督体系是政府有效监管的重要保障，城市公用事业政府监管监督体系的完善不仅是当前我国该领域急需破解的重大理论和现实问题，也是我国政府治理体系现代化的重要组成部分。改革开放以来，随着政府监管职能和方式的转变，我国加快了城市公用事业政府监管监督体系建设步伐，但仍存在监督法规机制不健全、监督碎片化、监督乏力和监督行为随意性强等诸多问题，严重影响监督的有效性和社会认同。探讨城市公用事业政府监管监督体系的构成要素及其相互关系对解决上述问题，促进国家治理体系及能力现代化有着重大理论和现实意义。

第一节 城市公用事业政府监管监督体系的构成

有效的政府监管需要有良好的监管治理为基础，多层次、全方位的监督约束机制是城市公用事业有效监管的重要保障。在借鉴英美等发达国家建立多元的城市公用事业政府监管监督机制有益经验的基础上，结合我国城市公用事业政府监管的具体国情以及社会公众的专业知识、参与意识、体制条件和城市典型公用事业监管的技术特点等因素，我国城市公用事业政府监管监督体系建设应从强化立法监督、健全行政监督、完善公众监督和建立司法审查四个方面，建立以人大立法监督为主导、以行政监督为基础、以社会监督为促进和以司法审查为保障的分工合作的约束政府监管行为的监督制度体系，确保政府监管的有效性和公正性。

一 城市公用事业政府监管监督体系的内涵与特征

对监管机构的监督是克服管制失灵和建立有效监管机构的核心。传统理论认为监管机构代表公共利益，但管制俘虏理论对此提出了质疑和批评,正如施蒂格勒(Stigler)所阐述的,监管是为产业所有者所有,并主要为其自身利益而设计、运行的,可见监管并不总是维护和体现公共利益。① 基于此,卡罗尔·哈洛、理查德·罗林斯认为,成熟的监管应当具备三项基本元素:制定规则、监督与检查、执行和制裁,其中监督与检查是监管的一项必不可少的重要内容。② 蔡定剑总结了世界各国的国家监督体系,一般包括宪法监督、议会监督、司法监督、政党监督、社会监督。③ 林伯海分析了我国监督体系与运行机制的不足和缺陷,包括监督机构设置不科学、监督运行指向单一、监督法律供给不足、监督实施滞后、监督体系及其运行缺乏统领机构。④ 鲍国友将我国权力监督体系分为两方面:一是体制内的监督,包括人大监督、司法监督、监察监督等;二是体制外的监督制约,包括公众监督和新闻舆论监督。⑤ 浦湜针对我国滥用行政自由裁量权的问题,提出建立立法监督、司法监督、行政监督三位一体的监督体系。可见,国内外学者已经从理论和现实两方面对监督必要性进行了论证,提出了监督体系的架构。

但是,对于中国城市公用事业政府监管监督机构的专门、系统研究还很有限:一方面,国外的理论体系和实践模式不能完全适用于中国城市公用事业的发展实际,监管机构的设立必须在中国特有的行政管理体制下进行;另一方面,国内研究多是对监管机构或垄断性产业监管机构的笼统研究,具体到城市公用事业,特别是明确聚焦到城市供水、污水处理、供气、公共交通、垃圾处理等行业的研究还未能向纵深展开。国内外学者提出了监管机构的监督体系框架,但对监督体系构成要素间的关系及其运行机制研究还十分少见。因此,针对权力缺位、错位、越位等监管机构的现实问题,尽快探讨中国现行政治体制下的城市公用事业监管监督体系建设显得尤为迫切。

城市公用事业政府监管监督是指对政府监管机构在监管城市公用事业发展中的合法性、有效性、科学性、公平性和可持续性的全面监控和督导。由于城市公用事业运行和发展的利益相关方十分普遍和广泛,深受社

---

① Stigler, The Theory of Regulation, *Journal of Economics and Management Science*, Spring, 1971.
② 卡罗尔·哈洛、理查德·罗林斯:《法律与行政》,商务印书馆2004年版,第28页。
③ 蔡定剑:《国家监督制度》,中国法制出版社1991年版,序言。
④ 林伯海:《我国监督体系与运行机制的缺陷分析》,《理论与改革》2002年第4期。
⑤ 鲍国友:《加强权力运行监督体系建设》,《理论建设》2008年第2期。

会公众关注，该领域的持续健康发展不仅需要各自的专门监管机构监管，还需防止监管者监管行为的疏漏以及与被监管者合谋等问题，因此，在监管体系之外，还需组建多维的监督体系。特别是考虑对城市公用事业政府监管监督的难度、深度、广度和监督的有效性、复杂性等因素，这一多元的监督体系应具有以下特征：

（一）内外部结合监督

监督体系既有来自政府监管系统的内部监督，又有在政府监管系统对政府监管的监督。内部监督应包括政府监管机构的上下级纵向主管监督、平行机构的相互监督和审计、监察、督察等专门机构的监督。外部监督是政府监管系统之外一般与城市公用事业不发生业务交集的机构、组织和个人对特定领域政府监管机构的监督。内部监督基于其与被监督机构的特殊关系，具有信息获取的便利性、监督业务的专业性、处置违规行为的权威性等优势，是整个监督体系的基础部分。但内部监督也由于特殊的管理关系，容易出现监督信息泄密、监督处置留情、监督机构与监管机构串通等问题。相比而言，外部监督可以有效避免类似问题，但外部监督机构毕竟远离城市公用事业体系，对其运行业务、成本和困难的了解只能是间接的，其监督作用也是间接的、非专业的。因此，建构一个健全的监督体系必须整合内外部监督体系的优势，发挥两个监督的积极性。

（二）全方位监督

从政府监管机构的监管政策、监管行为、监管信息处理到监管机构与被监管者的关系进行全方位监督。目前，我国城市公用事业政府监管的监督体系还比较薄弱，城市公用事业管理中的行政权滥用、决策比较盲目、法规政策修改相对随意等诸多问题严重影响了监管的有效性和社会认同。为此，需要深入探讨中国城市公用事业政府监管体系潜在的各种监管失灵的风险。总结美国、英国、新加坡、韩国等发达国家城市公用事业政府监管的监督体系建设经验，根据依法行政和建设法治政府的要求，基于中国城市公用事业政府监管的现状和改革要求，有必要从立法、行政、司法和社会监督等方面系统设计城市公用事业政府监管的监督体系框架；同时，为确保该体系的有效运行，还将理顺四大监督主体的相互关系和运行机制，建立适合我国城市公用事业政府监管实情的"四位一体"的监督体系。

（三）多形式监督

要对城市公用事业政府监管机构的监管行为进行无缝式监督，既需要有立法、行政、司法机构等正式组织的监督，又需要人民团体、社会组织和公众个人的监督。因为，城市公用事业发展的好坏，城市公用事业供给是否有效，直接关系每一个市民的利益。正式组织的监督具有权威性和专业性，但也容易受"不告不理"的监督体制的束缚，出现行动迟缓、信息不公开、处置留情等问题，有很大的监督惰性。而各种形式的社会监督者没有类似的顾虑，他们既是监督员又是公用事业的消费者，容易发现该领域存在的真实问题，而且在当前网络媒体发达的信息化社会，社会监督主体从发现问题到曝光问题的时间很短，可以充分发挥监督的时效作用。

（四）综合监督

对城市公用事业政府监管进行监督的目的是促进城市公用事业健康持续发展，这既需要城市公用事业部门自觉地按照科学发展、可持续发展的指导思想谋发展，也需要监管部门通过监管行为对该领域的发展问题进行纠偏。但是，由于城市公用事业本身的公共属性，其事业投入主要源于公共资金，其发展成效评价缺乏明确的主体，因此，城市公用事业在发展的空间布局上是否均衡？在利益分享上是否公平？其投入成效对比是否经济？其发展路径是否可持续？这些问题并非城市公用事业部门自身愿意主动去思考和实现的。这意味着，城市公用事业发展是否遵循公平、有效、科学和可持续原则，主要取决于政府监管部门的努力，但政府监管部门往往与特定城市公用事业部门有较为紧密的关联，监管部门是否本着上述原则对相关领域的发展进行监管仍具有不确定性。另外，城市公用事业政府监管的监督还需跨区域的综合协同。比如，城市供水、污水处理领域不仅受本地监管监督工作成效的制约，还受相邻城市监管监督系统的影响。因为，"在经济发展、社会进步的同时，供水、供电、能源、交通、通信等生命线系统越来越网络化"，特别是在城市区域中会通过实体间的关联形成承灾体的紧密关联。[1] 尽管下游城市对污水处理监管监督到位，但如果上游城市不进行协同监管监督，其努力也将枉然。因此，需要监督体系跳出特定城市公用事业狭隘性来监视和督促城市公用事业政府监管部门，并通过它们促使城市公用事业部门遵循这些原则。

二 城市公用事业政府监管监督体系的构成

要具备上述特征，发挥全方位、综合监督功能的城市公用事业政府

---

[1] 刘宁：《公共安全工程常态与应急统合管理》，科学出版社2014年版，第141页。

监管监督体系不是一个单一、内部、封闭的系统，而应该是一个多维、开放的，能够相互支撑又相互监督的系统。这个系统还需监督到城市公用事业政府监管过程的各个环节，具有广角、无缝监督的功能。因此，必须是由立法、行政、司法和社会监督构成的"四位一体"的监督体系。

(一) 立法监督

立法监督在我国城市公用事业政府监管监督体系中具有统领地位，也是对政府监管机构最权威的监督。城市公用事业政府监管的立法监督是各级人大及其常委会对城市公用事业政府监管机构工作是否符合宪法和法律，是否正确行使监管职权进行的监督。建立城市公用事业政府监管立法监督机制，要重点从四个方面对立法监督职能及其方式进行规范：一是如何建立有效的立法供给、立法授权和法规审查制度，解决城市公用事业政府监管有法可依问题，监管机构必须依法设立并在立法机关明确授权的情况下依法行政。为确保城市公用事业改革的深入和政府有效监管，只有人大及其常委会拥有法规审查权，其他部门和行政官员不能随意干预城市公用事业监管法规的实施。二是为防止局部利益主导监管立法，如何确保城市公用事业监管立法的民主化和体现公共利益目标。三是各级人大立法机构如何采取有效的手段监督城市公用事业监管机构，特别是如何运用对行政机关的质询、检查、审议监管报告等具体监督方式，使监督常规化、长效化。四是如何建立有效的人大立法机关对监管机构的预算监督机制，尤其是预算报告制度和预算执行审查制度。

(二) 行政监督

行政监督是我国城市公用事业政府监管的内部监督，也是确保政府有效监管的日常基础性监督。根据我国行政监督的基本体制，我国城市公用事业政府监管的行政监督体系由专门机关的监督和上级城市公用事业监管部门对下级城市公用事业监管部门的职能监督构成。但是，由于我国行政监督制度还没有形成统一、规范、透明的制度模式和运行机制，特别是专门监督与职能监督还不协调、垂直的职能监督受到地方利益保护的制约，影响了行政监督的有效性。为此，健全行政监督的重点是解决不同行政监督机构之间的权限及职能划分；合理设置专门监督与职能监督、垂直职能监督与横向专门监督的关系协调机制；建立规避政府监管机构与行政监督机构同化、合谋的机制；完善符合我国国情的行政监督处罚手段等一系列问题，有效消除行政不作为和乱作为。

（三）司法监督

所谓城市公用事业监管的司法监督，就是司法机关依法对国家公用事业的职能机关及其工作人员遵守和执行相关法律情况的监督。司法监督也称为司法审查制度，是约束行政自由裁量权的重要屏障。目前，我国城市公用事业政府监管领域仍然是一个行政主导的监管体制，还没有建立相应的司法审查制度，对司法监督的范围、司法监督和行政监督之间的关系、程序设计等都存在争议，司法监督还存在缺位，监管责任追究困难。因此，建立城市公用事业政府监管司法监督体系重点是建立以司法审查制度为核心的城市公用事业政府监管责任追究机制体系；以依宪治国、依法治国为指导思想，牢固树立司法独立的司法监督工作机制；建立我国城市公用事业政府监管司法监督制度的整体架构；明确中国城市公用事业政府监管司法监督的职能范围和监督方式。

（四）社会监督

所谓城市公用事业监管的社会监督就是人民团体、社会组织、舆论媒体和公民个人依据宪法和法律对城市公用事业监管的有效性、公平性和合法性的监督。社会监督是实现政府有效监管、促进社会民主、保障城市公用事业发展符合公共利益的重要制度。目前，我国公民监督和社会舆论监督的功能有待拓展和强化，同时，又缺乏使社会监督理性化和规范化的基本法规和政策基础。建立城市公用事业政府监管社会监督体系的重点是探索最大限度地吸收公民进入城市公用事业政府监管监督体系的有效途径和制度保障；建立如何通过完善立法和监督程序实现公民有序参与监督的机制；建构政府监管机构，实现监管政务向社会公开的安全可靠模式；实现社会舆论监督，尤其是网络监督理性化和规范化的可行途径，建立合理、合法、有效的舆论监督体制。

第二节 城市公用事业政府监管监督体系建设的目标和意义

政府监管是"具有法律地位的、相对独立的政府管制者（机构），依照一定的法规对被管制者（主要是企业）所采取的一系列行政管理与监督行为"。① 这种监督与管理的好坏直接关涉公共产品和公共服务的质量。近年来，我国城市公用事业管理与服务方面出现了诸多问题，譬如，城市内涝、燃气供给等。各种原因很多，但对该领域政府监管监督的"疲软"也难辞其咎。从立法监督、行政监督、司法监督和社会监督四个维度设计多元的城市公用事业监管的监督体系，突破现行的监管方与监督方"同构"的相对单一的行政监督体系。该体系不仅能够有效地打破单一的行政监督机构对政府监管信息的垄断，极大地动员多元的监督资源，有利于倡导社会组织及公民理性参与监管，也有利于形成功能互补、合力协调的政府监管内外部监督机制，促进政府有效监管，保障我国城市公用事业的持续健康发展。

一　克服监管失灵

对监管机构的监督是克服管制失灵和建立有效监管机构的核心。传统理论认为监管机构代表公共利益，但管制俘虏理论对此提出了质疑和批评，正如施蒂格勒（1971）所阐述的，监管是为产业所有者所有，并主要为其自身利益而设计、运行的，可见监管并不总是维护和体现公共利益。基于此，卡罗尔·哈洛、理查德·罗林斯（2004）认为，成熟的监管应当具备三项基本元素：制定规则、监督与检查、执行和制裁，其中监督与检查是监管的一项必不可少的重要内容。蔡定剑（1991）总结了世界各国的国家监督体系，一般包括宪法监督、议会监督、司法监督、政党监督、社会监督。林伯海（2002）分析了我国监督体系与运行机制的不足和缺陷，包括监督机构设置不科学、监督运行指向单一、监督法律供给不足、监督实施滞后、监督体系及其运行缺乏统领机构。鲍国友（2008）将我国权力监督体系分为两方面：一是体制内的监督，包括人大监督、司法监督、监察监督等；二是体制外的监督制约，包括公众监督和新闻舆论监督。浦湜（2009）针对我国滥用行政自由裁量权问题，提出建立立法监督、司法监督、行政监督三位一体的监督体系。可见，国内外学者已经从理论和现实两方面对监督必要性进行了论证，提出了监督体系的架构，但是对监督体系构成要素间的关系及其运行机制还有待进一步深入研究。

二　预防监管渎职

理论上说，对权力的监督既是权力正常运行的前提和基础，也是社会

---

① 王俊豪：《政府管制经济学导论》，商务印书馆2013年版，导言。

文明的标志。而对权力的监督又是在一定的政治制度框架内完成的，一般来说，制度结构越完善，分工越明确，对权力的监督也就越有利。反之，制度结构混乱，分工交叉，对权力的监督就越薄弱。对城市公用事业的监管亦是如此，如果监管机构职责明确，集中统一，就会提高对城市公用事业监管的效率，促进城市公用事业的良性发展；反之，城市公用事业监管机构众多，职责混乱，边界模糊，势必导致监管部门之间的相互推诿，最终导致城市公用事业监管监督的局部真空。

在中国现实的城市公用事业政府监管实践当中，存在"九龙治水"的格局，发改委、水利局、交通局等若干行政部门对城市公用事业存在权力的"交集"，实际上，国务院"三定"方案确定由住房和城乡建设部负责指导全国城市公用事业。而地方政府决定城市公用事业的管理体制，无法形成国家、省、市上下一致、有机协调的纵向监管机构体系。目前同一监管层次的横向监管机构的多头管理问题更为突出，以城市供水行业为例，在城市一级供水行业监管部门设置十分混乱，条块分割严重，涉及建设、水利、环保、卫生、发改、财政、国资、质监等多个部门，形成"九龙治水"的局面，政府监管的缺位、错位和越位现象普遍，严重影响政府监管机构之间的相互协调，削弱政府监管的有效性。"由于这些部门的职能相互交叉，没有形成完整的管理体系，每个部门只有部分权利，只能承担部分职能，谁也没有真正承担起政府监管的责任，造成政府监管职能被分割的状况。"[①] 另外，在政出多门的情况下，政府相关职能部门监管的随意性大，缺乏科学评价。目前，城市公用事业政府监管绩效评价指标体系不健全，部分城市公用事业绩效评价指标体系多为供水、污水处理企业运营效果的评价，而对监管机构、监管法规政策、监管监督等全方位的评价指标体系尚未建立，导致城市公用事业政府监管绩效评价的科学化程度较低。绩效评价主体主要是上级行政机关，社会公众参与较少；评价方法缺乏政府监管的成本收益分析，多通过打分完成，主观性较大；评价方式多为"运动式"、"评比式"，随意性较大，持续性、规范性不强；评价的封闭性、神秘性、主观性较强，透明度、公开化和客观性还不够，缺乏必要的社会监督。由此可见，与城市公用事业市场化改革客观要求相

---

① 范合君、王文举：《北京市公用事业监管的现状、问题及对策》，《北京社会科学》2007年第6期。

比，现行政府监管体系缺陷十分明显，监管法规政策、监管机构、监督体系和监管绩效评价体系等方面存在诸多问题，严重制约了中国城市公用事业的持续健康发展。渎职推诿的现象也经常发生。为了克服这个难题，加强对政府相关部门的监视和督察就显得尤为必要。

三 防止权力滥用

在理论上，任何事物都具有正反两个方面，权力既可以服务社会，为人类谋取福祉，也可以危害公共利益。有学者指出："一切有权力的人都容易滥用权力，这是万古不易的一条经验。有权力的人们使用权力一直到遇有界限的地方才休止。"[1] 对政府公用事业监督结构的监督，在现代民主社会就是对公共权力的监督，只有对其监督，才可以防止权力的滥用，克制事物的反向功能，张扬其正向能量。

在中国公用事业发展的进程当中，既取得了成绩，同时也存在这样或那样的问题，究其原因是多样的，但是，就其核心来看，是对城市公用事业监管机构的监督缺位造成的。为此，有学者这样总结："中国政府监管机构与其他社会组织或成员相比一直处于强势地位，整个社会尚未形成一种监督政府监管机构的环境和氛围。首先，由于市政公用事业产品和服务具有明显的公共产品和准公共产品的性质，消费者不会像对待私人产品那样给予重视，当公共利益遭受损失时，往往产生'搭便车'的心理，很难积极主动地监督政府监管机构。其次，中国尚未建立对监管机构的监管效果进行评价的专业机构和指标体系。监管效果的好坏没有客观的衡量标准。因此，政府监管机构滥用权力的情况时有发生。"[2] 由此可见，为了防止城市公用事业监管机构的权力滥用，必须加强对其监督，以增强供给合格满意的公共产品。

四 提高监管合法性

"通俗地讲，合法性是对被统治者与统治者关系的评价。它是政治权力和其遵从者证明其自身合法性的过程。它是对统治权力的认可。"[3] 换言之，只有被认可的权力才是合法的，其中包括权力的来源、权力的行使

---

[1] 孟德斯鸠：《论法的精神》上册，张雁深译，商务印书馆1961年版，第154页。
[2] 吴庆玲：《对中国市政公用事业政府监管体制改革的思考》，《首都经济贸易大学学报》2008年第1期。
[3] 让－马克·夸克：《合法性与政治》，佟心平、王远飞译，中央编译出版社2008年版，第1页。

过程以及行使权力后的结果是否能满足最广大群众的利益诉求等。城市公用事业的监管者监管不到位或缺位就会导致合法性的流失,因为城市公用事业的公共性和服务性在很大程度上直接影响广大民众对政府权力的评价。当公共产品满足群众的需求时,群众就会认可政府的公共产品,从而进一步认可政权的合法性;反之亦然。

目前,我国城市公用事业政府监管的监督体系还比较薄弱,城市公用事业管理中的行政权滥用、决策盲目、法规政策修改随意等诸多问题严重影响了监管的有效性和社会认同。这主要是长期以来我国立法机关对城市公用事业监管的监督薄弱;城市公用事业的上级行政监管部门对下级监管部门的监督不力;城市公用事业政府监管的司法监督基本缺位;社会公众对城市公用事业监管的监督还缺乏有效途径。由于监督机制的严重缺乏,容易导致城市公用事业政府监管背离公平正义,损害公共利益,如城市公用产品价格听证会常常流于形式,难以维护社会公众利益。概言之,对城市公用事业监管者监督的缺位势必会导致合法性认同的危机,正是从这个意义上讲,加强对城市公用事业监管者的监督可以寻求广大民众对政权合法性的认同。具体来讲,在过程上,加强对城市公用事业监管部门的监督可以规范其权力的使用,更好地为群众谋取福祉,获得群众的满意。在结果上,对城市公用事业监管者的监督势必产出令群众更加满意的公共产品,从而获得和提高对政府监管的合法性认同。

五 健全国家治理体系

国家治理主要包括治理体系和治理能力两个方面。习总书记认为:"国家治理体系和治理能力是一个国家制度和制度执行能力的集中体现。"[1] 这一概念涉及"五位一体"建设的每一个方面。毋庸置疑,对城市公用事业监管者的监督构成了国家治理体系和治理能力现代化的一个重要组成部分。之所以这样讲是因为加强对城市公用事业监管的监督属于治理体系和治理方式的完善,依法管理、依法监督城市公用事业是法治治理方式的重要表现,而法治治理方式的发展,需要政治制度的革新和结构性的调整,这又是国家治理体系现代化的一个重要表现,在国家治理体系完善的情况下,必然会激活治理能力提升的热情。从完善对城市公用事业监

---

[1] 《习近平论述国家治理体系和治理能力》,http://www.guancha.cn/politics/2014_01_01_196638.shtml。

管的监督要素来看,它本身构成了国家治理体系和治理能力现代化的重要表现。

就实际情况来看,对中国城市公用事业的监管的监督存在诸多问题。譬如,监督没有系统的法律法规,具体的可操作性不强;监督机构混乱;监督机制不健全;缺乏科学的评价监督结果等,上述问题都体现了国家在治理城市公用事业方面的不完善,要提高对城市公用事业的治理水平就必须依法治理和监督公用事业的生产。通过完善法律,革新现有的政治监管监督制度来提升城市公用事业的治理。反之,如果监督制度不完善,制度不健全就会导致监督主体监督动力不足,不知如何监督,治理能力也会在实践当中大打折扣。为此,只有加强监督立法的完善和监督制度机制的创新,才可以激发监督的活力和动力,最终提升国家治理体系的完善和治理能力的提高。

第三节 城市公用事业政府监管监督体系的功能"赤字"

理论上,制度的结构设计与其功能发挥的效应是直接相关的。换言之,什么样的制度结构,就会产生出什么样的治理功能。这一理论反映在城市公用事业监管方面,就是由于在市场化的发展进程当中,对监督城市公用事业的制度设计在结构上尚未完善起来,其监督城市公用事业监管部门的功能也就大打折扣,甚至处于"赤字"的状态。由于我国社会的发展战略长期受"赶超"型的思维主导,为了应对城市化的飞速发展,政府不得不采取直接参与城市公用事业产品的供给方式,加快城市公用事业的发展。其结果必然导致该领域发展的数量优于质量、速度优于公平、监管滞后于发展、监督滞后于监管等诸多问题。从而出现对城市公用事业监管者的监督"赤字",主要表现在以下方面:

一 立法监督:供给不足

在城市公用事业监管的立法监督方面,主要表现为立法监督的供给不足,不能满足日益增长的公用事业的发展。这将意味着立法监督在监督城市公用事业监管方面表现为滞后和不可操作。理论上说,"监督主体的监督职能,总是要以一定的客观依据为准绳,并通过一定的方式和程序来实现。权力监督机制必须以系统、完善、具体的监督规范为依据，才能增进监督行为的权威性和有效性。"① 就实际情况而言，目前城市公用事业政府监管的法规政策缺乏基础性的《城市公用事业法》，导致城市公用事业政府监管立法缺乏权威性和系统性。目前已有的一些法规政策颁布时间早、时效性差，如《城市供水条例》早在1994年颁布，已不适应城市公用事业市场化改革的新形势。而城市污水处理、垃圾处理等领域的行业法规仍存在一些空白，造成这些城市公用行业政府监管无法可依。此外，尽管国务院和有关部委出台了一些推进城市供水、污水处理、垃圾处理等城市公用事业市场化改革的政策文件，但涉及财税、土地、价格和投资等配套政策的可操作性不强。造成上述现象的原因是多方面的。

一方面，没有充分发挥立法机构权威。中国的立法机构主要是全国人大和副省级市以上的地方人大及其常务委员会。在社会发展进程当中，人大的权威难以完全发挥，这主要表现为人大对"一府两院"监督难以深化和与执政党关系的混沌化。更为关键的是，人大的立法监督缺乏监督的动力和操作的规范。这一结论也得到一些学者的支持，"人大不仅是立法机关，而且国家行政机关、司法机关都由它产生、对它负责、受它监督。而事实上人大的权威并未得到充分发挥，人大对政府的监督往往缺乏必要的权威。其中一个重要的原因就是缺少可操作监督的程序"。② 在城市公用事业监管的立法监督方面也体现出上述原因，全国人大和副省级以上的人大及其常委会对城市公用事业的立法供给不足。由谁去监督公用事业、怎样监督、监督结果怎么应用等一系列问题都没有解决。

另一方面，城市公用事业长期受先发展后治理思维的主导。理论上，在现代社会，政府的主要职能是服务和监管产，这一理论在中国城市公用事业方面表现为不直接参与城市公用事业公共产品的生产，而只对公共产品进行依法监管。但在实际当中，中国政府实际参与了公用事业的生产和供给，这主要是因为中国赶超发展的战略和中国城乡二元结构造成的。中国的现代化建设的进程当中，城市建设首当其冲，农民工进城务工成为中国城市化进程中的一个重要社会现象，为了满足急剧扩张的城市建设，最大限度地保障公共产品的供给，政府不得不直接参与公用事业。显然，政

---

① 金太军：《政治文明建设与权力监督机制研究》，人民出版社2010年版，第386页。
② 同上书，第539页。

府的直接参与推动了城市公用事业的供给,但是同时也存在很多问题,譬如监管不到位,因为政府同时充当了"运动员"和"裁判员"的双重角色,政府监管机构与其监管的城市公用事业部门存在同构现象。也就是说,从某种意义上讲,我国城市公用事业的发展道路采取的是一种先发展后治理的模式,这种模式不可避免带来立法监督供给不足的问题。

同时,对城市公用事业监管的立法监督是一个长期渐进的过程。任何事物的发展都是一个渐进完善的发展过程,不可能一蹴而就。中国城市公用事业的发展是脱胎于高度集中的计划经济体制当中,在计划经济时代,城市公用事业在供给方面往往会受行政指令的驱使。在市场经济条件下,中国城市公用事业面临着产权制度的明晰和经营方式的转型,要按照市场经济的逻辑进行运营。这个过程都需要渐进式的完善与发展。为此,有学者指出:"市场经济是法制经济,市政公用事业的政府监管必须适应市场经济的要求,政府监管行为要有法律依据。目前,中国市政公用事业主管部门——住房与城乡建设部正在努力弥补一些监管法规的空缺,各城市政府也相继出台了一些行业管理办法。但这些法规是由行业主管部门起草的,有显著的局限性,即法规分散、适用面窄、缺少权威性、系统性以及权限边界不清。此外,已颁布的一些法规中缺乏明确的、统一的、具有权威性的专门执法机构进行统一执法,而是交给现有的行政管理部门执法,而这些部门之间又存在着职能交叉现象,必然引起管理部门职责不清,执法严度不一,相互推诿和有法不依问题。"[①]

二 行政监督:存在惰性

城市公用事业监管的行政监督就是监督主体依法对行政客体的监督。在现实当中,我们不难发现,对中国城市公用事业监管的行政监督专门监督与职能监督之间的关系不协调,不能形成合力,甚至为了地方利益或某个群体的利益相互扯皮、合谋的现象时有发生,是当前城市公用事业监管行政监督主动性不强、监督力度比较薄弱的表现。行政监督之所以有较强的惰性,其缘由可以概括为四个方面:

(一)多头管理带来的行政监督困难

理论上说,对城市公用事业监管的行政监督是一种"以权制权"的

---

① 吴庆玲:《对中国市政公用事业政府监管体制改革的思考》,《首都经济贸易大学学报》2008年第1期。

行政体制内部的自我监督,这种监督如果要发挥其高效便捷的功能,就必然要对监督主体和监督客体职责进行明确的分工和定位。如果职责明确,机制协调,就能加强行政监督对城市公用事业监管的力度;反之就会削弱监督的力度。就目前实际情况来看,国务院的"三定"方案确定由住房和城乡建设部负责指导全国城市公用事业,地方政府决定城市公用事业的管理体制,由于各地的情况各异,难以形成由住建系统为主导的国家、省、市上下一致、有机协调的纵向监管机构体系。目前,同一监管层次的横向监管机构的多头管理问题更为突出。以城市供水行业为例,在城市一级供水行业监管部门设置十分混乱,条块分割较为严重,涉及建设、水利、环保、卫生、发改、财政、国资、质监等多个部门,形成"九龙治水"的局面,政府监管的缺位、错位和越位现象比较普遍,严重影响政府监管机构之间的相互协调。在这样的情形下,监管成效并不与监管的努力程度成正比,相应的,各监管机构对其所属部门的监督也就不主动。

(二)行政监督机构不独立

在我国现行行政体制内,对城市公用事业监管开展行政监督的主要机构包括专门监督机构和职能监督机构,这些监督机构尽管对城市公用事业的监管具有行政监督权,但是它们不是独立于行政机构之外的机关,而是依附于行政机构的具体职能部门。人事、财权、物权等的安排与供给都会受到行政职能部门的牵制。当专门的监督机构抑或是职能监督机构与被监督行政客体的利益一致时,监督就变得相对容易;当专门的监督机构抑或是职能监督机构与被监督行政客体的利益冲突时,这些被监督的行政部门就会采取一切办法,甚至让党委和政府来出面协调,导致监督功能的削弱。长此以往,监督的动力也会下降。事实上,城市公用事业监管的行政监督机构不独立,在人财物等方面受制于地方党委和政府,其监督的效能一定会大打折扣。

(三)行政监督注重后果监督

理论上说,行政监督是一个有始有终的过程监督,它包括事前监督、事中监督和事后监督。如果只注重事后监督,就会陷入被动监督的尴尬局面,有学者研究认为,"长期以来,我国行政监督方式较单一,监督主体一直将监督工作的重点放在'查错纠偏'上,偏重于追惩性的事后监督。一旦问题发生了,对社会已产生了危害或不良影响,给国家和人民利益已造成了损失,才进行查处和惩罚,而忽略了行政行为发生前的预防和行政行为过程中的控制。"① 上述理论在中国城市公用事业方面监管的监督方面也体现为行政监督往往注重结果监督，而忽略行政监督的事前预防和事中控制的监督行为。无论是公用事业主管部门主要行政领导的"下马"，还是城市公用事业供给效率不高、产品令广大民众不满意等情况来看，都体现出了行政监督侧重行政后果的监督。比如，很多城市建设厅厅长频繁更换人选，纷纷落水；每年雨季城市排水系统的瘫痪等，这些现象的背后都折射出了中国城市公用事业监管行政监督侧重监督后果而忽视事前和事中的监督。

（四）政府监管机构与公用事业部门间的关系相对紧密，也常被人们戏称"同行"

不少城市公用事业部门本身就是从历次政府机构改革中剥离出来，政府监管部门与其有着"剪不断理还乱"的关系。行政监督中的职能监督是行政监督的基础构成部分，但行政职能监督部门也难逃"同行"关联的羁绊。因此，其在行使相关监督职权、职能时难免网开一面，或采取"不告不理"的工作方式应对。这样，除非出现影响较大的问题，否则，依靠行政监督部门的自纠自查行为是很难主动查处城市公用事业领域大问题的。

三 司法监督：相对软化

城市公用事业政府监管的司法监督就其本质而言是一种对城市公用事业政府监管的司法审判权和裁量权制度。由于我国城市公用事业政府监管领域仍然是行政主导的监管体制，城市公用事业司法审查制度的框架和工作机制尚未完全建立起来，加之司法监督和行政监督之间的关系等都有待厘清，司法监督的间接性和软弱性问题还比较突出。造成城市公用事业监管的司法监督软化现象的原因是多方面的。

（一）司法监督缺乏监督的依据和准绳

理论上说，司法监督与立法的周延性有着直接的关系，司法监督是对违法事件的审判和裁量，如果在立法不周延或者法律空白的情况下，司法监督就会缺乏监督的依据和准绳。就中国城市公用事业来看，关于这方面的立法供给不仅薄弱，而且滞后，远远不能满足社会公用事业的发展。造成了司法对公用事业监管监督的缺位。最近刚刚召开的党的十八届四中全

---

① 金太军：《政治文明建设与权力监督机制研究》，人民出版社2010年版，第593页。

会颁布的《中央关于全面推进依法治国重大问题决定》中也指出:"法治建设还存在许多不适应、不符合的问题,主要表现为:有的法律法规未能全面反映客观规律和人民意愿,针对性、可操作性不强,立法工作中部门化倾向、争权诿责现象较为突出;有法不依、执法不严、违法不究现象比较严重,执法体制权责脱节、多头执法、选择性执法现象仍然存在,执法司法不规范、不严格、不透明、不文明现象较为突出,群众对执法司法不公和腐败问题反映强烈;部分社会成员尊法信法守法用法、依法维权意识不强,一些国家工作人员特别是领导干部依法办事观念不强、能力不足,知法犯法、以言代法、以权压法、徇私枉法现象依然存在。这些问题,违背社会主义法治原则,损害人民群众利益,妨碍党和国家事业发展,必须下大气力加以解决。"[1] 由此可见,司法对城市公用事业监管的监督一定要建立在立法周延的基础之上,这是司法监督的前提和基础。

(二) 司法监督的独立性不强

"在学理上,司法独立是指司法权及其运行的内在规定性所要求的一种理性自治状态,它的核心是司法权在行使过程全完自主即只服从法律而不接受外部因素,特别是政治系统中的其他部分的干扰。"[2] 换言之,只服从法律的司法监督才是独立的司法监督,也只有如此,司法监督才可以保障它的公平和公正价值所在。就城市公用事业监管的司法监督来看,司法监督不仅受自行政权力的干涉,而且也受司法审判权相对集中的纠缠。这种状况导致司法对城市公用事业监管监督的时候会受到来自案由外力量的干涉,其监督软化也就成为一种常态。因为司法系统的人财物的供给都与地方党政有着直接的关系,即便完全实现了司法系统的垂直管理,其办公、办事环境还是与地方脱不了关系。再加之各种利益之间的博弈,司法监督在现行制度体制内很难保持独立性,这也就是对城市公用事业司法监督缺位的另一个原因。

(三) 司法监督在城市公用事业政府监管领域发挥作用无一例外都是由"民告官"的司法诉讼开始

产生纠纷的一方是城市公用事业部门或公用事业的消费者,另一方则是政府监管机构。诉讼双方法律上平等,但在司法实践中则存在先天的不

---

[1] 习近平:《中央关于全面推进依法治国重大问题决定》人民出版社2014年版。
[2] 程竹汝:《法治与政府结构关系》,中国社会科学出版社2010年版,第195页。

平等。对监管机构的监管法规、政策实用和具体监管行为作出的否定性判决都会引致监管机构的不理解,多少会产生一些迁延性后果。因此,在此类司法过程中,司法监督部门采取事先庭外调解多,真正启动审判监督程序少。久而久之,司法监督这把利剑的软化、钝化现象至少在社会认知中会产生不良的影响。

(四) 缺乏司法监督的习惯

任何制度的成长与发展都与自身的历史有着直接或间接的关系。中国几千年形成的政治习惯将影响着现代司法制度的发展和自身的特色。"人们自己创造自己的历史,但是他们并不是随心所欲地创造,并不是在他们自己选定的条件下创造,而是在直接碰到的、既定的、从过去继承下来的条件下创造。"[1] 从这个意义上讲,中国城市公用事业的司法监督也必然会受到中国传统政治习惯的影响。尽管中国传统社会具有法治的思想,但是,中国无论是政治制度还是治理方式上都体现出"德主法辅"的治理方式。司法在很大程度上成为皇权和政权的附庸,官员在行为方式上也主要由德来规范。可以说,长期的习惯影响了中国司法监督的成长与发展,这对当前我国城市公用事业监管的司法监督缺位也带来了不可忽视的影响。

四 社会监督:缺乏途径

社会监督是实现政府有效监管、促进社会民主、保障城市公用事业发展符合公共利益的重要制度,目前我国公民监督和社会舆论监督的功能都还有待拓展和强化,同时,又缺乏使社会监督理性化和规范化的基本法规和政策基础。之所以讲城市公用事业监管的社会监督缺乏途径,有以下几个主要原因:

(一) 臣民到公民的转变是一个渐进过程

臣民是中国封建社会的产物,而公民是现代民主社会的产物。尽管中国已经走在现代化发展的道路上,但是,几千年来封建社会高度集权、等级森严的专制制度形塑出来的臣民意识依然存留在广大群众的脑海之中。他们只知道自己服从的义务,不知道自身应该享有的权利,曾如有学者分析:"在上者拥有着无上的权威,在下者只尽义务,而无权利。对于在上者无上尊崇与服从,对君主和各级官吏的无条件的忠心已成为中国民众的重要特质。权威崇拜的特性对中国的政治形态产生极大的影响。权威崇拜

---

[1] 《马克思恩格斯选集》第 1 卷,人民出版社 1995 年版,第 585 页。

造成了传统中国的权威主义人格,形成了特殊的权力崇拜心理和人身依附意识。"① 事实上,现代公民对城市公用事业监管的社会监督方面存在着不会监督,不敢监督的心态,不知从哪些渠道来监督,因为他们不懂得怎样在现行政治制度的框架内,运用法律的武器来维护自身的合法利益,更害怕监督给自身带来"麻烦",甚至遭到人身的打击报复,这种"民不与官斗"的臣民思想始终是阻碍当前城市公用事业监管社会监督的一个重要原因。

(二) 社会舆论监督会受到来自一些管理机构"泛政治化"的干预

一般而言,社会舆论主要是通过新闻媒介和网络平台来传播出去,社会舆论监督公用事业的监管有着高效、及时等优点,但是,在现行的媒体管理体制框架内,无论是电台、电视台还是网络媒体等都要受到宣传部门的领导,那么,如何宣传,宣传什么就会受到宣传部领导的干预。"有些领导干部养成了对新闻媒体管理'泛政治'化思维。报喜不报忧,文过饰非。新闻采访的权利和新闻信息的获得往往取决于领导者的意志,随意性比较大。而有的主管部门,有些领导同志往往把'正面宣传为主'作为抑制舆论的挡箭牌,封锁公众的知情权。"② 事实上,对公用事业的监管的社会舆论监督正是被一些领导左右,要么不能报道,要么报喜不报忧,最终导致社会舆论对城市公用事业监督的效果不佳。

(三) 社会监督渠道不畅

理论上说,监督渠道的畅通与否直接影响到监督的动力与效果。一般来讲,社会对城市公用事业的监管的监督有制度内的渠道,也有制度外的渠道等多种形式,"当人民有较充分的机会通过制度内的方式进行利益表达时,他们就不会倾向于选择制度外的方式;当通过个人的利益表达方式可以产生效果时,他就缺少进入组织的动力;同样,当制度化的利益表达方式处于主流状态时,人们就不必要诉诸于非制度化的方式"。③ 就现实而言,对中国城市公用事业监管的社会监督由于缺乏制度内的监督渠道,人们往往采取制度外的监督渠道来实现自身的权利,网络上的论坛、

---

① 颜世颀、华学成、陈新:《简论中国传统政治文化对民主政治建设的影响》,《湖北社会科学》2007 年第 4 期。
② 金太军:《政治文明建设与权力监督机制研究》,人民出版社 2010 年版,第 847 页。
③ 程竹汝:《当代中国政治的科学发展:寻求民主实现形式的最优次序与发展重心》,《政治与法律》2011 年第 2 期。

BBS、贴吧等就成为他们宣泄不满,甚至发布假消息攻击城市公用事业的一个主要阵地。渠道不畅就会带来城市公用事业监管社会监督的无序,甚至会导致社会混乱。更为重要的是,很多民众对城市公用事业生产公共产品的过程不清楚,只能从其是否满足广大民众的公共利益来判断其好坏。这就存在不公开、不透明,甚至"暗箱操作"的可能。目前,广大民众和社会舆论对城市公用事业监管的社会监督仅仅只能利用网络的平台来宣泄,其他渠道尚未开通,这也是社会监督缺乏途径的一个重要表现。

(四)社会监督缺乏专业知识和技能

对城市公用事业监管的社会监督,对于监督主体而言总是要运用一定的专业知识和技能手段来监督公用事业。具体表现为监督手段简单,较多使用的监督手段是信访、匿名信等,随着智能手机的普及,使用智能手机录像通过网络微博、微信的平台进行监督也逐渐被广大民众使用。"目前我国的社会监督进行中所遇到的'道德困境'、'集体行动困境',其实质反映出来的都是公众在运用自己的正当权利制约权力时所表现的一种瞻前顾后的姿态和勇气不足的心态。"[①] 这种现象是多种原因造成的,但不可否认的是,社会监督的个体在付诸社会监督实践过程中表现出监督知识和技能的缺乏。再加之,我国社会团体的成长环境受到来自党和政府的制约,无论是组织上还是经费上,社会组织总是在政权的阴影之下成长,这些在很大程度上制约了社会监督的途径。

第四节 发达国家城市公用事业政府监管监督体系建设的经验

城市公用事业的发展与一个国家现代化的程度有着直接的关系,作为"先发内生"的西方国家在城市公用事业发展方面要比作为"后发外生"的中国处于领先的状态。尽管我国城市公用事业的发展有着自身的特色,但是,其作为公共服务、自然垄断等共性的特点与西方国家城市公用事业是一致的。为此,认真总结西方城市公用事业政府监管体系的构成,对完善我国公用事业政府监管监督的发展有着重要的理论和实践价值。综观发

---

① 金太军:《政治文明建设与权力监督机制研究》,人民出版社2010年版,第788页。

达国家城市公用事业政府的监管体系,在权力监督方面体现了权力制衡的原则,这一过程的实现是通过委托代理的方式,由多元复合的监督者对城市公用事业进行监督实现的。

一 监督体系体现委托—代理的精神

尽管委托—代理的理论属于制度经济学的范畴,但是,这一理论同样适用于政治学和管理学领域,该理论是在社会分工基础上应用而生的,一方面,"权力的所有者由于知识、能力和精力的原因不能行使所有的权力;另一方面,专业化分工产生了一大批具有专业知识的代理人,他们有精力、有能力代理行使好被委托的权力。"[①] 委托—代理的理论存在着委托方和代理方,它们既对立又统一。所谓对立,作为不同的利益主体,在追求各自利益的时候,利益冲突是一个常量,甚至会损害委托人的利益诉求,这主要是因为,在监督制度和激励制度不完善的情况下,作为委托人不了解整个权力运行的过程、机制和细节,往往给代理人造成可乘之机,在利益的诱惑面前做出伤害委托人的事情也就在所难免。为此,有学者指出:"如果代理人得知,委托人对代理人的行为细节不很了解或保持着'理性的无知',因而自己能采取机会主义行为而不受惩罚,那么代理人就会受诱惑而机会主义地行事。"[②] 为了避免代理人的消极行为,使二者有机地统一起来,加强监督和引入竞争成为现代社会的一种必然趋势。

在城市公用事业监管监督方面,民众将生产和监督公共产品的质量好坏的权力委托给了相关职能部门,目的就是要实现和维护自身的公共利益,在百姓和相关职能部门之间就会形成一种授权委托和代理关系。西方国家都是采取这种方式来实现公用事业监管的监督。具体来讲,西方国家对公用事业的监管往往都会设立专门的监管机构,这些机构发挥着代理人的角色和功能,为了克服这种代理人的消极行为,保护委托人的合法权益,西方国家根据自身的制度建立相应的监督机制来实现公用事业的运行真正满足公众意愿和需求。以英美为例,在城市公用事业委托—代理方面:"在某些特定的社会经济领域里,为了保护公众利益或国家的安全,需要进行专门的管理,而由于议会和法院缺少有关的专门知识、人力与时间,无法对其进行直接管理,于是就制定法令,设立专门机构,授权它管

[①] 李珍刚:《城市公用事业市场化中的政府责任》,社会科学文献出版社2008年版,第195页。
[②] 柯武刚:《制度经济学:社会秩序与公共政策》,韩朝华译,商务印书馆2004年版,第77—78页。

理这些专门事业。这就是管制机构的由来。这种机构叫作行政代理机构，又叫作管制机构。这种机构拥有制定专门管理法规、监督有关经营者执行法规以及进行行政裁决和处分的权力。它在所负责的范围内拥有立法、司法及行政三方面的权力。由于这些权力是国会法令授予的，所以称它为代理机构。同时，它又受到国会、法院及行政部门的监督与控制，以防其独断专行。"①

二 监督权力贯彻独立与制衡的原则

西方发达资本主义国家在权力监督方面，以"人性恶"为前提来设置和安排权力监督制度。权力的分离和制衡成为制度设计的一个主导原则，比如，"三权分立"的制度设计。理论上，权力的制衡有利于对权力的监督。因为，在西方学者的眼里，人的欲望是无限膨胀的，拥有权力的人，如果没有对权力进行限制，那么就会导致权力的滥用。为了防止权力的肆意扩张就必须以权制权。汉密尔顿曾深邃地指出："防止把某些权力逐渐集中于同一部分的最可靠办法，就是给予各部门的主管人抵制其他部门侵犯的必要法定手段和个人的主动，在这方面，如同其他方面一样，防御规定必须与攻击的危机相称。野心必须用野心来对抗。"② 上述理论在西方政治权力监督的制度设计中得到了很好的体现。

在西方发达国家，对城市公用事业监管的监督同样体现了权力分离与制衡的原则。尽管各国对城市公用事业监管监督的模式不尽一致，这与各国的具体国情和政治制度有着直接的关系，比如，美国的公用事业的监管是设置专门的监管机构，而对监管机构的监督采用的是分层监督的模式。英国正好相反，英国公用事业的监管机构是隶属于行政部门，采取的是垂直监督的模式。不论其形式怎样变化，但是，就其共性的监督来看，都体现了监督权力分离与制衡的原则。有学者列举了美国公用事业监管监督的权力制衡原则："为了防止管制机构独断专行，美国从立法、司法和行政三个方面对管制机构进行控制。在立法方面，对管制机构的行动范围作严格界定，对其决策程序也有严格规定。国会还要对管制机构的法规制定权保留一定的直接控制权。在司法方面，法院有权对管制机构的非正式行为、所发布的法规及其所作裁决进行复审。在行政方面，大部分（联邦

---

① 钱家骏：《美英对公用事业的管制》，《国际技术经济研究》1997年第4期。
② 汉密尔顿等：《联邦党人文集》，程逢如译，商务印书馆1995年版，第264页。

和各部的）管制机构领导人由总统任命，并有撤换权力，总统还可以对管制机构的许多行政政策加以控制。一经过国会认可，总统可以改组管制机构，并在机构间进行职能和权力的转移。"①

三 监督途径实行多元复合模式

西方发达国家在权力监督的构成要素和实现途径方面呈现出多元复合态势。理论上，这些多元复合的监督主体主要体现了以依法制约权力、权力制约权力、以权利制约权力和运用制度来规范权力的运行。在实践当中，这样的权力监督设置起到了很好的监督作用。

城市公用事业政府监管监督属于对公共权力监督的重要组成部分，在西方现行政治制度的框架内，同样体现了监督主体的多元复合。具体来看，立法监督就是通过立法来规范对城市公用事业监管监督的职责、方法以及程序公开透明等要素。英国和美国，在公用事业监管监督方面，英国制定了《公用事业法》、《煤气法》、《交通法》等一系列法律法规来约束权力的运行。美国不仅有国家层面的公用事业的法律，同时各州还根据自身的情况制定了地方性的公用事业法律，这些法律对城市公用事业监管的监督起到了很好的保障作用。行政监督属于内部监督，西方国家往往设置专门的监督机构来执行行政监督。"各国的监管机构都是依法设立，并相对独立。监管机构实施监管时具有一定的自由裁量权。英国、美国、新加坡等国都从立法、司法、行政和社会等方面建立了比较完善的对监管部门实施监管的监督机制。如美国的监管机构具有准立法、准司法、准行政的三位一体的权利，被称为除立法、司法、政府之外的'第四部门'。"② 在西方发达国家，对城市公用事业监管的司法监督就是承担城市公用事业供给的企业对相关监管机构滥用权力或不合乎监管程序，从而向法院提起诉讼，由司法机关来审判或裁量这些监管机构的行为。在英国和美国，如果城市公用事业的企业与监管机构发生矛盾时，就可以向法院提起诉讼来获得司法裁量和救济。由于西方国家社会力量比较强大，第三方组织、利益集团（压力集团）和强大的社会媒体都是社会监督的重要组成部分，当城市公用事业监管机构在实施监管的整个过程当中，上述社会力量都会对其进行有效的监督。在政党监督方面，由于大多西方发达国家是两党制或多

---

① 钱家骏：《美英对公用事业的管制》，《国际技术经济研究》1997 年第 4 期。
② 杨学军：《英国、美国、新加坡城市公用事业监管比较研究》，《亚太经济》2008 年第 5 期。

党制国家，在很大程度上，在野党对执政党的监督就体现为一种执政合法性的监督，而城市公用事业生产的公共产品的质量好坏直接关系到执政党合法性的地位，如果生产的公共产品不合格，就会成为在野党攻击的目标。

四 监督机制协同运行

西方国家对权力的监督机制安排基本健全，它们不仅有明确的监督机构，更为重要的是这些监督机构之间分工明确、目标明确、手段合理、渠道畅通、约束有力。立法监督、司法监督、行政监督和社会监督之间职责分工明确。这种监督比较独立，不会受到来自行政和立法机关的干涉，这就保障了司法监督的权威性和公正性。行政监督表现为上级行政部门或独立行政机构对权力的监督，它属于行政权力内部的一种监督。社会监督表现为公民个人、社会团体、网络媒体等通过制度内的渠道来监督权力。说到底，西方国家对权力监督的机制健全的核心是立法先行，通过法律来规范权力监督主体的职责和范围，这样就明确了谁来监督、怎么监督以及监督效果，保障了权力在阳光下运行。

对西方国家的城市公用事业监管的监督机制与西方国家公共权力的监督机制基本一致。四种监督机制对城市公用事业的监管部门都作出了明确的规定。更为关键的是这些监督机制的协调是建立在城市公用事业监管机构分工明确的基础之上的，以美国为例，"从美国独立管制机构的组织结构来看，分为联邦级管制机构和州级管制机构两种，美国在联邦一级设置了四个独立的管制委员会，负责州际间公用事业的管制并且负有专门的行业管制责任。这些委员会包括：联邦通讯委员会，管理属于州际贸易委员会的有关州际和国外电话和电报管制业务；联邦能源管制委员会，负责水电发电项目、州际间电力批发和天然气的输送和销售业务、石油运输管道费率管制等业务……"① 另外，在美国各个州的公用事业行业中都设立了行政管制机构。这些管制机构职责分工明确，为监督管制机构带来了很大的方便。而且，美国的公用事业管制机构当中本身就具有立法、司法和行政的监督功能。"欧盟为推进垄断行业改革制定了一系列法律法规，规定基础设施市场开放的原则，并针对不同行业提出了开放市场的时间表。德国政府于2003年2月出台公司治理方针，规范公司治理机制和竞争行为。"②

---

① 李珍刚：《城市公用事业市场化中的政府责任》，社会科学文献出版社2008年版，第230页。
② 同上书，第243页。

为了加强城市公用事业监管的监督,日本颁布了一系列的法律法规,诸如《自来水法》、《铁路事业法》等,在监管监督的实践中,日本形成了"议会监视、行政监察、投诉处理、行政诉讼、审议会和意见听取会。"[①] 可以说,城市公用事业监督机制的健全为发达国家城市公用事业的监管监督带来了制度和机制的保障。

五 监管程序公开透明

程序的公开透明直接保障了监管监督的效果。对于监管监督程序主要包括监督制度制定的程序、制度运行的程序和公众参与的程序。特别是公众的参与让监督程序更加的公开和透明。这样更有利于广集民意、公开透明的监督权力的运行。理论上,公开透明是监督的一个重要环节,只有知情、参与,才能保证公共利益的公正性。在西方发达国家的人眼中,"政府做出公共决策的方式发生了重大的变化。人们已经不再接受这样的观念,即政府的公共政策是由哪些掌握权力,声称代表公共利益,但拒绝公民参与政策过程的少数领导人制定的"。[②]

在发达国家城市公用事业监管的监督程序当中,公开透明,公众参与成为一个重要的环节。无论是公用事业价格的变化抑或是产品质量的好坏,他们都选择了程序上的公开透明。比如,"英国公用事业价格调整的程序安排包括市场调研、信息收集、企业经营分析服务、目标改进确认、公众咨询、专家论证等。这些程序有严格的时间编排,而且其大致日程通过各种途径向公众发布,希望公众积极参与,使得这样的制度安排充分透明,增强公众和企业对监管机构的信任及监管机关的权威性。新加坡监管机构在公用事业企业制定和调整涉及消费者利益的价格时,都要召开听证会。其特点是将方案在互联网、大众媒体上公布,广泛听取各方意见,并据此进行反复修改,再将修改后的结果公开,再次征求意见,以此作为定价的依据。另外,新加坡所有企业的经营资料都在工商注册局备案,无论任何人,只要交一定费用,都可以索取并查到有关公司的资料。"[③]

[①] 李珍刚:《城市公用事业市场化中的政府责任》,社会科学文献出版社2008年版,第258页。

[②] 约翰·克莱顿·托马斯:《公共决策中的公民参与:公共管理者的新技能与新策略》,孙柏瑛译,中国人民大学出版社2005年版,第1页。

[③] 杨学军:《英国、美国、新加坡城市公用事业监管比较研究》,《亚太经济》2008年第5期。

有学者曾这样总结西方国家城市公用事业政府监管监督方面积累的经验:"(1) 对公用事业监管都是以立法为先导。(2) 公用事业监管机构都相对比较独立。(3) 对监管机构的监督机制比较健全。(4) 监管程序都比较公开、透明。"[1] 但是,我们在借鉴上述经验的同时,一定要根据自身的实际情况,不能照抄照搬。事实上,这些发达国家城市公用事业的监管监督模式也是不尽一致的。英国采取的是纵向监管监督,美国采取的是纵横交错的监管监督模式,对这些不同的监管模式的监督也体现出自身国情的特色。

对城市公用事业监管的监督一定要与本国的国情相适应。"历史和现实证明了不可能有千篇一律的经济模式,同样,政府在监管经济的程度和方式上也必然受不同国家的经济基础、历史和文化传统以及具体国情影响而存在明显差异。某种政府监管模式选择的成败与否不在于它属于哪种类型,具有哪些特征,而在于是否植根于本国国情,能否有效促进本国经济的发展。"[2] 理论上,对城市公用事业监管的监督不仅仅体现为对权力监督,而且这一监督还与该国的政治制度、体制、经济发展程度、文化氛围和传统习惯以及国家的大小、人口的素质等社会的、自然的因素有着很大的关系,它是受多种因素共同作用的结果。事实上,西方发达国家对城市公用事业监管的监督也都体现了从自身国情出发来设置和安排监督的制度和机制。中国无论是自身的制度设计,还是公用事业的发展进程都与西方发达国家有着很大的不同,体现出了自身的特色。就此而论,我们在借鉴西方发达国家城市公用事业监管监督方面成功经验的同时,一定要根据自身的国情来设计和安排城市公用事业监管监督的要素和机制。

第五节 我国城市公用事业政府监管监督体系创新的方向

随着社会的转型,城市化进程的加速,城市公用事业的改革发展也必将提速。而在这个加速改革和发展的过程中,鉴于当前我国城市公用事业

---

[1] 杨学军:《英国、美国、新加坡城市公用事业监管比较研究》,《亚太经济》2008年第5期。

[2] 宋慧宇:《政府监管模式类型化分析及启示》,《行政与法》2012年第2期。

政府监管体系潜在的各种监管失灵的风险,建立健全相应的监督体系迫在眉睫。其基本方向是,在总结分析西方发达国家城市公用事业政府监管的监督体系建设经验的基础上,根据依法行政和建设法治政府的要求,基于中国城市公用事业政府监管的现状和改革要求,从立法、行政、司法和社会监督等方面系统设计城市公用事业政府监管的监督体系框架。这四种监督的关系形态体现为:立法监督是根本,行政监督是基础,司法监督是保障,社会监督是增量的一种范式形态。

一 以强化立法监督为根本

有学者指出:"立法监督,就是指通过对立法权的行使和立法内容是否违反宪法进行审查,作出裁决,达到对立法权的监督和制约。因此,立法监督从宪政的要义出发,就是指对立法的违宪监督,属于宪法监督的内容之一。"① 由此可见,立法监督突出了民主性和权力使用的规范性。它既是权力监督的一个核心,而且还是城市公用事业监管监督的根本。因为,只有强化立法监督,才可以真正体现公共的利益,才能保障权力的规范行使,正是从这个意义上讲,立法监督是城市公用事业监管监督要素关系的根本,具有统领地位。

(一)立法监督有利于真正体现公意

理论上说,现代民主国家大都采取代议制度,在这种制度下,公民与立法机关的关系体现为委托和授权,为了克服立法机关违背民意,"其制度设计的宗旨就在于对立法的基本价值尤其是立法的民主性、合法性和科学性的追求:就民主性而言,立法监督有助于确保立法产品真正成为社会公意的集中体现;就合法性而言,立法监督有助于防止下位法与上位法相抵触,进而维护法制的统一性;就科学性而言,立法监督有助于及时发现现行制定法之中的不足之处,借以确保制定法的实效性。因此,在一个内容全面而完整、设计合理而科学的立法制度中,完善且严密的立法监督制度是其不可或缺的组成部分"。② 事实上,立法监督表明了立法机关权力的有限性,只有按照民意行使权力,才可以获得合法性。

我国的城市公用事业脱胎于计划经济年代,由于特殊的环境和发展体制,工业优先发展的战略压倒了一切,城市公用事业供给的公共产品成为

---

① 薛佐文:《论我国的立法监督制度》,《西南民族大学学报》(人文社科版)2005年第7期。

② 汪庆红:《地方立法监督实证研究:体制与程序》,《北方法学》2010年第6期。

一种福利性质的产品。有学者认为:"长期实行的高度集中的计划经济体制极大地扭曲了公用事业的经济性质,不仅既有的公用事业设施质量粗劣、供给不足,而且运营效率低下,经营难以维持。不进行市场化取向的改革,公用事业已无出路。"① 随着城市公用事业市场化的改革,立法监督显得尤为重要。只有客观公正地对待市场的主体,才能更好地为公众服务。特别是一些地方政府的利益与公众利益发生冲突与矛盾时,加强立法监督就能很好地体现公众的意志,保护他们的利益。

(二) 立法监督有利于规范权力运行

理论上说,权力的规范运行既是宪政的典型形态,也是立法监督的题中应有之义。"只有在宪政所造就的制度——选举制、责任政府、分权制衡、违宪审查等制度条件下,政府守法才是可能的。在一定意义上讲,所谓宪政就是预防政府不遵守法律的种种制度安排。"② 而在我国拥有立法权的机构当中,除了省级人大及其常委会以外,行政立法直接影响着城市公用事业的发展。加强城市公用事业监管的立法监督就是要建立有效的立法授权和法规审查制度。监管机构必须依法设立并在立法机关明确授权的情况下依法行政。为确保改革的深入和有效监管,只有人大拥有法规审查权,其他部门和行政官员不能随意干预城市公用事业监管法规的实施。为了防止局部利益主导监管立法,确保城市公用事业监管立法的民主化和体现公共利益目标。各级人大立法机构采取有效的手段监督城市公用事业监管机构,特别是运用对行政机关的质询、检查、审议监管报告具体监督方式,使监督常规化、长效化。建立有效的人大立法机关对监管机构的预算监督机制,尤其是预算报告制度和预算执行审查制度。本质上,立法监督就是要使城市公用事业的相关权力部门在宪法和法律的范围内运行权力。

(三) 立法监督为其他监督要素提供了实现监督功能的依据

"立法先行"是西方发达国家城市公用事业监管监督的重要经验。因为立法监督为行政、司法、社会监督提供了依据和准绳。在理论上,现代民主国家权力的行使都是依据宪法和法律。换言之,法律的好坏(良法还是恶法)直接决定了权力行使的合法性效果。在城市公用事业监管监督的实践中,一方面,由于法律法规的缺失,其他监督(行政、司法和

---

① 曹远征:《城市公用事业发展的国外与国内经验》(下),《城市公用事业》2008年第6期。
② 程竹汝:《法治发展与政府结构关系》,中国社会科学出版社2010年版,第57—58页。

社会)就会缺少行为依据和保障。相关监督的职能部门不知道该如何进行监督,监督成为了一种"摆设"。这种现象在城市公用事业的监管监督中尤为突出,关于城市公用事业方面的法律法规要么滞后,不能满足监督的需要;要么是空白,这种格局势必会导致监督的困境。另一方面,一些地方政府为了局部的利益而忽视公共利益,地方性法规的内容违背了公共利益的精神实质,突出地方利益,使得城市公用事业监管监督跑偏方向。事实上,强化立法监督一个是保证立法机构立法权的行使要科学规范,另一个是立法的内容一定要体现公意,只有立的是良法,它才可以为行政监督、司法监督和社会监督提供行为的依据和准绳。

二 以理顺行政监督为基础

在城市公用事业的监管监督要素中,行政监督是一种最直接的、最经常的基础监督。"我国的行政机关内部监督既有一般监督又有专门监督。一般监督既有上下级政府及其官员的纵向监督,又有部门之间的横向监督;专门监督既有健全的行政监察系统,又有实力强大的审计监督系统。"[1] 可以说,理顺行政监督既契合了我国"议行合一"的政治体制,又有利于协调专门监督和职能监督之间的关系。

(一) 理顺和实行政监督是"议行合一"政治体制的要求

与西方国家"三权分立"政治体制不同,我国实行的是"议行合一"的政治体制。在这种体制下,行政部门的权力和功能得到经常化的强化,以充分实现其管理效能。它不仅与我国传统政治文化相契合,而且也适应了"超大社会"发展的现实。从这个意义上讲,重视行政内部系统的职能监督和专门监督是发现和改进问题的有效手段。理论上,"行政权是国家的一项重要权力,是国家行使得最为经常、最为广泛的权力。一个社会要想维持其良好的秩序,必须要凭借作为影响和支配社会的强制性力量的行政权的运用"。[2] 实践中,这种强大的行政权推动了中国社会的快速变革。但是,这种体制在社会发展的初期阶段,它的正功能大于其负功能,等到社会发展到一定的阶段,其负功能的效应就会显现出来,为了克服它的负功能,我们一定要强化对行政权力的监督,而行政监督就是对行政权监督关系中最基本的一种监督。

---

[1] 邓频声等:《中国特色社会主义权力监督体系研究》,时事出版社2011年版,第60页。
[2] 沈亚平:《关于行政监督的理论分析》,《天津社会科学》1998年第2期。

对城市公用事业的监管的行政监督也必须在我国"议行合一"的政治体制下进行。尽管在改革开放之初，在政府主导的模式下，我国的城市公用事业得到了一定程度的发展，但是，我国目前城市公用事业监管中暴露出来的种种问题与行政监督的混乱有着直接关系。理顺和做实行政监督就是要发扬我国政治制度的优越性，更好地促进城市公用事业的发展。行政监督对促进城市公用事业的发展有三方面不可替代的功能：其一，预防控制。这是行政监督部门对城市公用事业监管未雨绸缪的一种表现，发现问题提前预防，而不是事后解决，这样大大降低了行政的成本。同时也是"议行合一"的政治体制的优越性所在。其二，纠错防偏。这主要是从行政监督的过程来考量的，因为行政监督部门不仅直接管辖监管机构，而且还非常熟悉整个部门的运行机制、过程和环节，能够有效地纠正城市公用事业监管带来的错误和偏差。其三，总结提高。从监督结果上来考察，城市公用事业监管的行政监督不仅仅是一种强制性的约束，也是一种对城市公用事业的促进，更好地服务公众。通过总结，我们可以发现，城市公用事业哪些做得好，哪些还比较欠缺，通过行政监督，可以使城市公用事业的监管更上一个新台阶。总之，在"议行合一"的政治体制下，只有加强行政监督，才可以更好地凸显它的优越性，促进城市公用事业监管的发展。

(二) 理顺和做实行政监督也有利于协调专门监督和职能监督

我国城市公用事业政府监管的行政监督体系由专门机关的监督（行政监察和审计监督）和上级城市公用事业监管部门对下级城市公用事业监管部门的职能监督构成。就当前城市公用事业监管行政监督存在的问题来看，专门监督和职能监督之间缺乏协调机制。理顺行政监督关系就是解决专门监督与职能监督各自权力边界以及二者之间的协调机制。具体来讲，行政监察侧重对城市公用事业监管的监察权、调查权、建议权和决定权。这种监督在双重领导体制下，往往会受制于上层监察部门和同级政府在人权、财权等方面的制约，在现实监督中，其功能的发挥往往受到限制。审计监督侧重的是对城市公用事业财政收支使用情况的监督。尽管近年来审计监督发挥了重要的作用，但是由于职能的交叉和法律法规的不完善，其监督功能也大打折扣。从职能监督来看，"上级监督太远、同级太软、下级监督太难"是对当前城市公用事业监管行政监督的生动描述，上述问题的解决就是要通过理顺行政监督中的专门与职能监督的权责、协调横向与纵向监督,消除不作为和乱作为现象。

三 以提升司法监督为保障

在城市公用事业监管监督的要素结构中,司法监督是一种保障关系。司法监督作为一种审判权、检察权对行政权有着重要约束作用,它保障了权力的合法性。提升司法监督有利于城市公用事业政府监管责任追究机制的建立;有利于我国城市公用事业政府监管司法监督制度的整体架构;有利于中国城市公用事业政府监管司法监督的职能范围和监督方式的确立。

(一)强化司法监督有利于城市公用事业政府监管责任追究机制的建立

理论上,"政府责任意味着政府组织及其公职人员履行其在整个社会中的职能和义务,即法律和社会所要求的义务。在这里行政的责任意味着政府的社会义务。社会义务不仅意味着政府正确地做事,即不做法律禁止做的事情,而且意味着政府做正确的事情,即促使社会变得更美好的事情,而不做有损社会的事情"。[①] 提升司法监督就是要让政府责任落到实处。在现代民主国家,司法对权力的监督已经成为法治国家的一个重要标志。因为,司法监督具有裁判性和惩戒性。裁判是对行政权是否依法使用的一种判定,惩戒是对行政权违法的一种惩罚。通过裁判和惩戒维护了公共利益。事实上,提升城市公用事业监管的司法监督就是要对行政权力的"乱作为"进行司法裁判和惩戒,只有对其惩戒,才可以保障司法监督的权威性,任何城市公用事业监管单位的个人或组织,其行为一旦超出了宪法和法律划定的界限就一定会受到司法的审查。但是,在我国的政治体制框架内,司法对行政权力的监督一直处于薄弱的状态。或者说,其独立性还不够强。为此,我们提升和强化司法监督要从强化其独立性着手。强化司法监督独立性,就是要在司法监督发挥制约城市公用事业监管行政权不受其他非司法因素的干预,防止这些机构为了个人利益和地方利益破坏司法监督捍卫公众利益的功能。司法监督的上述功能都为城市公用事业政府监管责任追究机制的建立奠定了重要的保障基础。曾如有学者指出:"没有惩罚的制度是无用的。只有运用惩罚,才能使个人的行为变得较可预见。"[②]

---

① 金太军:《政治文明建设与权力监督机制研究》,人民出版社2010年版,第636页。
② 柯武刚:《制度经济学:社会秩序与公共政策》,韩朝华译,商务印书馆2000年版,第32页。

（二）提升司法监督有利于我国城市公用事业政府监管司法监督制度的整体架构的建立

理论上，完善的司法制度和独立的行使司法权是提升司法监督的前提和基础。完善的司法制度更有利于司法职权的发挥，而司法的独立是提升司法监督的重要保障。孟德斯鸠指出："当司法权不同立法权和行政权分立，自由也就不存在了。如果司法权和立法权合而为一，则将对公民的生命和自由施行专断的权力，因为法官就是立法者，如果司法权和行政权合而为一，法官便将拥有压迫者的力量。如果同一个人或是由重要人物、贵族或平民组成的同一个机关行使这三种权力。即制定法律权、执行公共决议权和裁判私人犯罪或争讼权，则一切便都完了。"① 诚然，孟德斯鸠是从"三权分立"角度来论述的，但是，司法独立是提升司法监督的题中之意。尽管我国司法制度在逐渐完善，但是对城市公用事业监管的司法监督在很大程度依然处于缺位的状态，提升司法对城市公用事业的监督就是要对行政监管机构的违法行为进行检查审判，对被监管的国有企业单位的诉讼进行依法审理。上述功能的实现离不开司法制度的完善和司法相对独立地位的确立。提升司法对城市公用事业监管的监督就是不断完善司法制度的结构，最大限度地提升司法监督的功能。反过来讲，要想提升司法监督的功能，其制度结构（检察制度、审判制度、监狱制度、司法行政管理制度、人民调解制度、律师制度、公证制度、国家赔偿制度）的完善和地位的相对独立是必然的。在完善的过程当中，司法监督不仅明确了监督城市公用事业政府监管的范围，同时也确立了司法监督城市公用事业政府监管的方式。

四 以培育社会监督为增量突破

在城市公用事业监管监督要素结构中，社会监督是一种增量关系。"社会公众监督，发挥新闻舆论、各种社会团体、群众组织和个人的监督作用。社会公众是社会监督的基础，其数量众多，分布广泛，更容易发现并建议解决监管机构存在的问题。"② 本质上，社会监督是一种权利制约权力的监督，相对上述三种监督，社会监督是相对薄弱的。之所以讲社会监督是一种增量关系，主要是因为总体上，我国还处于一种强政府弱社会

---

① 孟德斯鸠：《论法的精神》，张雁深译，商务印书馆1959年版，第185—186页。
② 吴庆玲：《对中国市政公用事业政府监管体制改革的思考》，《首都经济贸易大学学报》2008年第1期。

的国家治理结构中，加之，几千年的封建消极影响和舆论监督的有限性，大大制约了社会监督功能的发挥。但是随着市场经济的发展，公民个人、组织以及舆论的力量在不断成长，是一个渐进发展的过程，从这个意义上说，它是一种增量关系。

（一）社会监督有利于公民有序参与城市公用事业监管的监督

有学者认为，"所谓有序政治参与就是不会对既有的生产、生活秩序产生负面影响的参与。具体来说，其界限大体有三：一是有序的上限，即符合政治参与的管理秩序，比如集会游行要经过批准，信访要遵守程序等；二是中限，即符合社会一般的法律和道德秩序；三是底限，即任何政治参与的方式都不得使用暴力。理想中的有序是上述三个界限的统一。另外，政治参与还有一个适度（妥协）的问题，它与我们常说的社会承受力相关，无度的政治参与就是民粹主义。"[1] 理论上，有序参与城市公用事业监管的监督既可以影响城市公用事业政策的制定，同时参与就是监督。实践中，价格听证会、网络问政等就是公民有序参与城市公用事业监管的具体体现。公民在有序参与城市公用事业监管的社会监督中，增长了民主意识，锤炼了参政议政的本领，增加了社会监督的力量。

（二）社会监督有利于政府政务公开的实现

理论上，知情权是权力监督的前提和基础，如果不能保证监督主体的知情权，权力监督就是"空话"。有学者指出："权力监督的任何一种类型的有效进行都必须保证监督的主客体双方在信息上的对称性，信息上的不对称会影响监督的效果。"[2] 政务公开就是要确保让监督主体充分了解权力使用情况下，对政府权力进行有效的监督。就城市公用事业监管的社会监督来看，与城市公用事业监管部门相比，公民个人、社团组织所掌握的社会资源和相关公用事业的信息都是有限的。换言之，监督者与被监督者在信息上存在着不对称性，为了不断培育社会监督，就必须政务公开，公用事业是公众公共利益的重要体现，关系每个人的切身利益。社会监督就是要让每个公民、社团在充分了解城市公用事业监管部门信息的前提下，对其行政行为进行监督。实际上，城市公用事业监管政务的信息公开既与一个国家政治文明的程度有关，也与一个社会公民权利意识的强弱有

---

[1] 程竹汝：《当代中国政治的科学发展：寻求民主实现形式的最优次序与发展重心》，《政治与法律》2011年第2期。

[2] 金太军：《政治文明建设与权力监督机制研究》，人民出版社2010年版，第785页。

关。这个监督是在国家和社会的互动过程当中逐步实现的，从这个意义上说，它是一个增量过程。

（三）培育社会监督有利于正确的社会舆论监督机制的形成

社会舆论有社会评价的重要功能，评价包含对评价对象肯定或否定的内容。这种评价借助媒介形成一种思潮，形成一种无形的权力监督力量，"人言可畏"就是对这种评价生动的描述。一般来讲，正确的舆论评价机制会引导社会积极向上，错误的舆论评价机制会导致社会的混乱。随着社会技术的进步，互联网已经悄然改变了人们的生产和生活方式，人们可以通过互联网来发表对公共事件的观点和看法，甚至可以直接影响公共政策的制定和实施。在互联网时代，"人们大大缩短了与政治权力和政治过程之间的距离，便捷了人们影响国家权力运行和政治生活展开的途径，从而大大增强了人们监督国家、表达利益、参与决策的权力与能力。……于是网络参与的实践也就成为网络时代最新方式也是最普遍的民主实践。"[①]可以说，网络评价已经成为现代社会舆论形成的重要载体，这个载体对城市公用事业监管的社会监督起到了重要的作用。因为，城市公用事业是公共利益的重要体现，城市公用事业生产出的公共产品如何，消费者（民众）最有发言权来评价，那些具有建设性意见的正确评价通过网络载体的传播往往能够引起广大民众的共鸣，迅速形成强大的社会舆论，给当地的城市公用事业监管部门带来舆论压力，迫使他们不断改进自身的服务，生产出更加让广大民众满意的公共产品来。但是，如果整个社会没有一种正确的监督理念、没有理性行使监督权利的行为模式，就会令社会监督滑向暴民式、民粹化监督。因此，要使社会监督成为我国城市公用事业政府监管监督的正能量和增量性监督，就必须重视社会监督的培育。

[①] 王金水：《网络政治参与与政治稳定机制研究》，中国社会科学出版社2013年版，序言第2—3页。

第二章 城市公用事业政府监管立法监督的现状与问题

立法监督,是指各级人大及其常委会为保证法律、法规的有效实施,经过法定程序,对由它产生的国家机关实施的监督。城市公用事业政府监管的立法监督是对城市公用事业政府监管机构的工作是否符合宪法和法律,是否正确行使职权进行的监督,其主要法律依据是《中华人民共和国监督法》。以下依据《监督法》就我国城市公用事业政府监管的立法监督现状和问题做一梳理。

第一节 城市公用事业政府监管立法监督的现状

一 我国城市公用事业政府监管的立法监督主体

我国城市公用事业政府监管的立法监督主体,就是对城市公用事业政府监管进行立法监督的承担者和监督活动的实施者。根据宪法和法律规定,国家权力机关的立法监督权只能由各级人民代表大会及其常委会行使。我国城市公用事业政府监管的立法监督主体,一是人民代表大会(包括人民代表和人民代表大会专门委员会),二是人民代表大会常务委员会。根据宪法和全国人大组织法有关规定,全国人大主要对国务院主管的城市公用事业实施立法监督;依据《监督法》第一条①、第二条②规定,人大常委会主要对除国务院之外的城市公用事业政府监管机关进行立法监督。《监督法》将立法监督主体的范围主要限于人大常委会,原因一是依据宪法规

---

① 《监督法》第一条规定:"为保障全国人民代表大会常务委员会和县级以上地方各级人民代表大会常务委员会依法行使监督职权,发展社会主义民主,推进依法治国,根据宪法,制定本法。"
② 《监督法》第二条规定:"各级人民代表大会常务委员会依据宪法和有关法律的规定,行使监督职权。"

定，各级人大和县级以上各级人大常委会都有对同级政府和法院、检察院的监督权，但人民代表大会与人大常委会的具体监督职权有所不同。人民代表大会主要是听取和审议政府和法院、检察院的工作报告，审查和批准国民经济和社会发展计划与计划执行情况报告、预算与预算执行情况报告。人民代表大会监督方式主要是听取和审议工作报告，对成绩给予肯定，对缺点提出批评；审查计划、预算，做出批准的决定。但是，人民代表大会每年通常只开一次，不可能对政府和法院、检察院的工作实施经常性的监督。二是主任会议不能成为行使监督权的主体，因为主任会议负责处理常委会的重要日常工作，其职权是程序性的不是实体性的。三是专门委员会也不能成为人大行使监督权的主体，因为人大各专门委员会是代表大会的常设工作机关，主要职权是在人代会闭会期间，在常委会领导下研究、审议和拟定并提出有关问题的议案，参与或承担人大及其常委会交办的有关具体工作，如常委会执法检查工作就由各专门委员会具体组织实施。专门委员会只是协助人大常委会行使监督权，而不是法律上的监督权主体。

依据宪法有关规定，对政府工作实施经常性监督的职权是由人大常委会行使的。因此，《监督法》将立法监督主体明确为人大常委会，既规范各级人大常委会依法行使监督权，符合我国国情；也便于人大常委会开展实在的经常性的立法监督工作，对促进我国城市公用事业政府监管的立法监督机制的有效运作意义重大。

二　我国城市公用事业政府监管的立法监督对象和内容

根据《宪法》和《全国人大组织法》、《监督法》第五条[①]、第三十条[②]规定，我国城市公用事业政府监管的立法监督对象主要有三个方面：一是城市公用事业政府监管机关（包括国务院及相关部委等）；二是城市公用事业政府监管机关中由人大及其常委会选举或任命的国家机关工作人员；三是在法律监督中包括下级人大及其常委会以及对垂直管理部门的有

---

① 《监督法》第五条规定："各级人民代表大会常务委员会对本级人民政府、人民法院和人民检察院的工作实施监督，促进依法行政、公正司法。"

② 《监督法》第三十条规定："县级以上地方各级人民代表大会常务委员会对下一级人民代表大会及其常务委员会作出的决议、决定和本级人民政府发布的决定、命令，经审查，认为有下列不适当的情形之一的，有权予以撤销：（一）超越法定权限，限制或者剥夺公民、法人和其他组织的合法权利，或者增加公民、法人和其他组织的义务的；（二）同法律、法规规定相抵触的；（三）有其他不适当的情形，应当予以撤销的。"

关执法和工作进行监督。

依据《监督法》规定,我国城市公用事业政府监管的立法监督内容主要有以下三个方面:

(一) 城市公用事业政府监管的工作监督

所谓工作监督,就是对城市公用事业政府监管机关(国务院和相关部委)的工作是否符合宪法和法律,是否符合人民的根本利益,是否明确贯彻人大及其常委会的决议、决定,是否行使职权进行的监督。《监督法》第五条规定:"各级人民代表大会常务对本级人民政府、人民法院和人民检察院的工作实施监督,促进依法行政、公正司法"。人大常委会对我国城市公用事业政府监管机关的工作监督要把握四个方面的主要内容:一是监督的目的要明确。人大常委会监督的目的,是督促我国城市公用事业政府监管机关完善机制,改进工作,促进依法行政。二是监督的方法要正确。人大常委会对我国城市公用事业政府监管机关的工作监督,不能代替行政行使权,不直接处理具体事务。三是要把握监督的原则。人大常委会对我国城市公用事业政府监管机关的监督应坚持大事原则,不能事无巨细。必须紧紧围绕工作大局,抓紧关系改革发展稳定大局和公众切身利益、社会普遍关注的重点问题进行监督。四是监督的内容要清楚。人大常委会对我国城市公用事业政府监管机关的工作监督的具体内容有三个方面:一是对我国城市公用事业政府监管机关专项工作进行监督,听取和审议我国城市公用事业政府监管机关的专项工作报告和对我国城市公用事业政府监管机关专项工作进行评议;二是对我国城市公用事业政府监管机关计划和预算执行情况进行监督;三是对我国城市公用事业政府监管机关法律法规实施情况进行监督。

(二) 城市公用事业政府监管的法律监督

所谓法律监督,是指对我国城市公用事业政府监管机关涉及公民、法人和其他组织的权利义务、普遍适用的规范性文件是否合法所进行的监督,也就是对规范性文件是否符合宪法和法律规定进行的监督。规范性文件包括两个方面的内容:一是属于法的渊源的有关城市公用事业政府监管的法律法规、自治条例和单行条例;二是属于城市公用事业政府监管的国家机关制定的规章、行政措施和发布的决议、决定、命令等文件。法律监督的形式:一是执法检查,它既是工作监督的一种形式,又是法律监督的一种形式;二是备案审查;三是撤销同宪法和法律法规相抵触或者不适当的文件。

(三) 城市公用事业政府监管的人事监督

《监督法》第八章规定人大常委会审议撤职案，这种监督也称为人事监督。人大的人事任免权既是一组织国家机关的权力，又是监督国家机关领导人的手段。人大及其常委会有选举任命我国城市公用事业政府监管机关领导人的权力，也有罢免、撤职我国城市公用事业政府监管机关领导人的权力。

三 我国城市公用事业政府监管的立法监督途径

依据《监督法》第二章到第八章的规定，我国城市公用事业政府监管的立法监督有七种监督形式，各种监督形式规定如下：

(一) 听取和审议城市公用事业政府监管的专项工作报告

听取和审议专项工作报告是人大监督的主要形式。按照宪法、法律规定，人民代表大会每年举行一次会议，听取和审议工作报告，这是人大对城市公用事业政府监管机关全面工作进行的监督，具有宏观性、整体性。在人代会闭会期间，人大要对城市公用事业政府监管机关的工作进行经常性监督，监督任务就由人大的常设机构来承担。

1. 听取和审议专项工作报告监督的特点

(1) 具有经常性。常委会会议法定两个月开一次，根据工作需要可以加密会议，常委会一年可以开八次会议左右，每次常委会都可以听取和审议城市公用事业政府监管机关工作报告，把城市公用事业政府监管机关的运作置于经常监督之下，有利于加大人大的监督力度。

(2) 具有针对性。人大常委会实施经常性的监督，是针对公众要求迫切解决的倾向性、普遍性的重大问题，有针对性的实施监督，促使城市公用事业政府监管机关采取措施，改进工作、解决问题，推进依法行政。

(3) 具有及时性。人大常委会在年内会议上，通过听取和审议专项工作报告，可以对城市公用事业政府监管机关工作中存在的重大问题及时实施监督，而不等到一年一度的人代会才集中审议处理，增强了监督的时效性，以充分发挥权力机关的作用。

(4) 具有实效性。听取和审议城市公用事业政府监管机关专项工作报告，集中监督解决城市公用事业政府监管机关普遍性的重大问题，人大常委会进行专题、专项监督，目标集中，对监督的问题事后跟踪解决，这种专题性的监督，具有很强的实效性。

2. 听取和审议专项工作报告监督的形式

包括工作评议和个案监督。开展工作评议，可以把对城市公用事业政府监管机关工作的监督和对人的监督有机统一起来，在工作评议中，把对城市公用事业政府监管机关有关部门主管领导干部的工作业绩和存在的问题进行评议，实际上体现了对其履行职责的监督。人大常委会对城市公用事业政府监管机关工作评议的意见可以作为组织部门评价、使用干部的一项重要依据。工作评议可以围绕重大问题反映开展多次评议，直到把问题解决为止。监督法把个案监督纳入工作监督的范围，主要通过听取和审议城市公用事业政府监管机关专项工作报告、执法检查、工作评议等方式，督促城市公用事业政府监管机关完善内部监督制度，重点解决城市公用事业政府监管机关工作中的重点问题，促进城市公用事业政府监管机关工作公平、效率。

3. 听取和审议专项工作报告监督的途径和程序

具体包括以下途径和程序：

（1）确定议题途径。依照《监督法》第九条规定，人大常委会听取和审议城市公用事业政府监管机关专项报告的议题，具体是：本级人大常委会在执法检查中发现的突出问题；本级人大代表对当地政府及其城市公用事业监管部门工作提出的建议、批评和意见集中反映的问题；本级人大常委会组成人员提出的比较集中的问题；本级人大专门委员会、常委会工作机构在调查研究中发现的突出问题；人民来信来访集中反映的问题；社会普遍关注的其他问题。从这六个途径反映出来的问题都是社会普遍关注的重大问题，是最关心、最直接、最现实的利益问题。这种专题性的监督，更具有经常性、及时性、针对性和实效性。

（2）听取和审议专项工作报告的程序。一是制定听取和审议城市公用事业政府监管专项工作报告的计划。二是听取和审议城市公用事业政府监管专项工作报告年度计划向社会公布。三是在常委会听取和审议专项报告前，组织常委会组成人员和代表对城市公用事业政府监管相关议题视察调研。四是城市公用事业政府监管专项工作报告形成过程：专委会和常委会办事机构将该议题调研和通过各种渠道反映的问题进行汇总，交城市公用事业政府监管机关研究，城市公用事业政府监管机关在报告中要回应问题，在常委会召开的20日前将专项工作报告送人大专委会或常委会办事机构征求意见，再修改后在常委会举行10日前送交人大常委会，在常委会召开的7日前将修改报告发给常委会组成人员，做好审议的准备。五是常委会会议听取和审议城市公用事业政府监管专项工作报告。六是城市公用事业政府监管机关对常委会的决议执行或对审议意见研究处理结果在期限内向市人大常委会书面报告。七是城市公用事业政府监管机关对专项工作报告决议执行情况和审议意见研究处理情况的报告,向人代会通报并向社会公开。

(二) 对公用事业政府监管的预算和计划进行监督

各级人大对计划和预算的审查和批准职权,虽然具有监督性质,但主要还是属于人大对重大事项决定权的性质。既是工作监督,同时具有法律监督的特征。监督法就人大常委会对城市公用事业计划和预算的监督职权作出规定,其内容包括:

1. 城市公用事业政府监管计划监督的内容和程序

计划监督是指各级人大常委会对本级人大审查和批准的城市公用事业发展计划的实施情况进行监督。监督形式和程序有:一是听取和审议半年度城市公用事业计划执行情况的报告。二是审查和批准城市公用事业计划调整方案。三是听取和审议城市公用事业中长期规划的中期评估报告。四是对城市公用事业重大建设项目的监督。

2. 城市公用事业政府监管预算监督的内容和程序

预算监督的内容:一是城市公用事业预算收支平衡情况;二是城市公用事业重点支出的安排和资金到位情况;三是城市公用事业部门预算制度建设和执行情况;四是本级人民代表大会关于批准城市公用事业预算的决议执行情况。

预算监督的主要程序:一是审查和批准决算。二是听取和审议城市公用事业半年度预算执行情况的报告。三是审查和批准预算调整方案。

3. 听取和审议城市公用事业政府监管审计工作报告

监督法规定,常委会每年审查和批准决算的同时,听取和审议本级人民政府提出的审计机关关于上一年度预算执行和其他财政收支的审计工作报告,提出审议意见,常委会认为有必要时对城市公用事业政府监管审计工作报告作出决议,本级政府对执行决议和处理审议意见情况书面报告常委会,并向人代会通报和向社会公开。

(三) 城市公用事业政府监管的法律法规实施情况检查

执法检查是人大常委会行使监督职权的重要方式,其目的就是为了保障宪法和法律的正确实施,保证行政权、审判权、检察权依法正确行使,保护公民和法人的合法权利。城市公用事业政府监管机关的执法检查主体是各级人大常委会,执法检查的监督对象是城市公用事业政府监管机关的法律实施情况。凡是有法律、法规规定的城市公用事业政府监管的机关，以及有关法律、法规虽然没有直接规定，但法律法规的实施涉及的城市公用事业政府监管相关机构，都可以纳入执法检查监督对象和范围。城市公用事业政府监管机关的执法检查既是法律监督，也是工作监督。执法检查制度的运行，对依法治国方略的实施具有十分重要的作用。

1. 城市公用事业政府监管机关的执法检查工作组的组织与实施

依据监督法规定，具体包括：一是制订执法检查计划。二是拟定执法检查方案。三是组织执法检查组，组长由常委会副主任担任，成员由常委会组成人员、专委会组成人员和人大代表组成。四是组织开展执法检查，在检查中要注重实效，切实做到轻车简从；执法检查中不直接处理案件；充分发挥舆论监督作用。五是执法检查报告的形成。执法检查组及时提出检查报告，由主任会议提请常委会审议。

2. 城市公用事业政府监管机关的执法检查报告的审议和处理

由执法检查组组长向常委会全体会议作执法检查报告；有关法律规定实施主管机关派人听取意见、回答询问。常委会审议执法检查报告后，将报告和审议意见交由城市公用事业政府监管机关研究处理。有关城市公用事业专门委员会或工作委员会跟踪监督落实。城市公用事业政府监管有关部门接到执法检查报告和审议意见后，要认真进行整改。处理结果向人大常委会书面报告，并向人代会通报和向社会公开。

3. 城市公用事业政府监管机关对执法检查的后续跟踪

执法检查的后续跟踪是执法检查工作的重要组成部分。对于城市公用事业关系公众切身利益，公众普遍关注，反映强烈的城市公用事业突出问题，人大常委会可以进行多次检查，直把问题解决为止。依据监督法明确规定，对城市公用事业政府监管机关向常务委员会提出研究处理情况报告，必要时，由委员长会议或者主任会议决定提请常务委员会审议，或者由常务委员会组织跟踪检查；常务委员会也可以委托本级人民代表大会有关专门委员会或者常务委员会有关工作机构组织跟踪检查。这就为人大常委会开展对城市公用事业政府监管机关法律、法规实施情况的跟踪检查提供了法律依据。所谓的"必要"，表现为：一是指城市公用事业政府监管法律法规实施主管机关对整改工作认识不到位，措施不得力，成效不明显，常务委员会组成人员仍不满意；二是指城市公用事业政府监管法律法规实施主管机关虽已采取措施，但整改目标的实现需要一个不断推进的过程，因而需要继续进行审议或者跟踪检查。不论是继续进行审议或者组织跟踪检查，都需要委员长会议或者主任会议作出决定。

（四）城市公用事业政府监管规范性文件的备案审查

1. 城市公用事业政府监管规范性文件范围

除宪法和法律外，有关城市公用事业政府监管机关的规范性文件范围，一是属于法的渊源的城市公用事业政府监管机关的行政法规、地方性法规、自治条件和单行条例、国务院部门规章、地方政府规章。二是地方各级人大及其常委会有关城市公用事业政府监管机关的决议、决定，地方各级人民政府发布的有城市关公用事业政府监管机关的决定、命令、规定、行政措施。

2. 对城市公用事业政府监管规范性文件的备案审查

（1）备案审查的程序。对城市公用事业政府监管机关规范性文件的制定机关提出备案要求，包括备案文件内容、文件份数、报送备案的时限等。对城市公用事业政府监管机关的规范性文件的审查工作分主动审查和被动审查。主动审查是对城市公用事业政府监管机关明显违宪、违法等不适当的文件进行的审查；被动审查是有关方面就城市公用事业政府监管机关提出审查要求后予以审查。审查工作在人大常委会秘书长主持下，由城市公用事业专门委员会、工作委员会和其他办事机构分工合作进行。审查结束，向报送机关提出书面审查意见。

（2）撤销对城市公用事业政府监管机关的规范性文件的"不适当"的规范性文件。"不适当"的规范性文件有以下三种：第一，超越权限，限制或者剥夺公民、法人和组织的合法权益，或者增加公民、法人和组织义务的。越权违法，凡属上级机关行政的权力，未经授权、下级机关不得行使。凡属权力机关行使的权力，未经授权，行政机关不得行使。公民、法人和其他组织的合法权益，不经法定程序，不准予以限制或剥夺。不得增加公民、法人和其他组织的义务。如乱收费、乱摊派等文件必须审查撤销。第二，违反法律、法规规定的。如违反法律、法规的立法宗旨、违反法律、法规的具体规定，违法设定行改许可，违法设定行政处罚等。第三，有其他不适当的情形，应当予以撤销的。如不合理、不公平的城市公用事业政府监管机关发布的规定。

（五）对城市公用事业政府监管机关的专题询问和质询

1. 专题询问的提出与答复

"询问"是法律赋予人大代表和人大常委会组成人员的一项重要权

力，是人大行使对城市公用事业政府监管机关监督职权的一种重要形式。专题询问虽然属于询问的范围，但与一般询问不同，是有计划、有重点、有组织的询问，因而更具有庄严性和影响力。提出城市公用事业专题询问的主体，主要是人大常委会组成人员，同时，列席常委会会议和本级人大代表、专委会委员、常委会工作机构负责人和下一级人大常委会负责人也可以询问。提出城市公用事业专题询问的时间届定在常委会会议期间。其内容应与城市公用事业报告和议案有关。询问对象是在审议的议案和报告所涉及的城市公用事业相关机关，对询问的答复是城市公用事业相关机关负责人。答复可以书面答复或口头答复，答复不清楚的同时，可以当场继续提出询问。2010年6月24日，十一届全国人大常委会第十五次会议首次进行专题询问。[①] 在当时，全国人大常委会开展了三次专题询问，为地方人大开启了新形势下专题询问示范的先河。受此示范效应的影响，全国各级人大常委会在行使监督职权中，都更积极主动地运用这一形式。

2. 质询案的提出与答复

质询也是人大监督政府的一种方式。质询案是指人民代表或人民代表大会常务委员会组成人员在人民代表大会或常务委员会会议期间就城市公用事业的施政方针、行政措施以及其他事项，向城市公用事业政府监管机关及主要官员提出质问并要求答复的一种书面文件。

（1）质询案提出的方式。根据《中华人民共和国地方各级人民代表大会和地方各级人民政府组织法》规定（以下简称《组织法》），质询案的提出有两种方式：一是向地方各级人民代表大会提出。根据该法第二十八条[②]规定，提出质询案有以下要求：①质询案提出时间：地方各级人民代表大

---

① 《全国人大常委会首次进行专题询问》，财政部，http：//news.jcrb.com/jxsw/201006/t20100624_378676.html 2010-06-24。

② 《中华人民共和国地方各级人民代表大会和地方各级人民政府组织法》第二十八条规定："地方各级人民代表大会举行会议的时候，代表十人以上联名可以书面提出对本级人民政府和它所属各工作部门以及人民法院、人民检察院的质询案。质询案必须写明质询对象、质询的问题和内容。

质询案由主席团决定交由受质询机关在主席团会议、大会全体会议或者有关的专门委员会会议上口头答复，或者由受质询机关书面答复。在主席团会议或者专门委员会会议上答复的，提质询案的代表有权列席会议，发表意见；主席团认为必要的时候，可以将答复质询案的情况报告印发会议。

质询案以口头答复的，应当由受质询机关的负责人到会答复；质询案以书面答复的，应当由受质询机关的负责人签署，由主席团印发会议或者印发提质询案的代表。"

会举行会议时。②质询案的形式：必须采取书面形式，写明质询对象，质询的问题和质询的内容，不符合以上三点要求的质询案不能成立，主席团不能交有关机关答复。③质询的主体：地方各级人大代表10名以上联名。④质询的对象：本级人民政府城市公用事业主管部门和它所属各工作部门。⑤质询的程序：质询案由主席团决定交受质询机关在主席团会议、大会全体会议或者有关的专门委员会会议上书面或者口头答复。但主席团只能决定答复的形式，不能决定不交受质询机关答复。主席团决定由受质询机关在主席团或者专门委员会会议上答复的，提出质询案的代表有权列席会议，发表意见。发表意见就是针对受质询机关的答复，代表认为不清楚的问题可提出要求进一步答复的意见，或者对答复是否满意发表意见。⑥质询案答复的形式：受质询机关口头答复或书面答复。由受质询机关口头答复的，受质询机关负责人应当到会答复；质询案以书面形式答复的，受质询机关负责人应当在答复意见上签署，以示答复意见确实代表受质询机关的意见和对人民代表大会的尊重。质询案以书面答复的，主席团应当将答复意见印发会议或者只印发提出质询案的代表。质询案在专门委员会会议上答复的，有关专门委员会一般应当将答复情况向主席团报告，主席团认为必要时，可以将答复情况报告印发会议。⑦质询的效果：《中华人民共和国全国人民代表大会和地方各级人民代表大会代表法》第十四条规定："质询案按照主席团的决定由受质询机关答复。提出质询案的代表半数以上对答复不满意的，可以要求受质询机关再作答复。"二是向县级以上地方各级人民大常务委员会提出。根据《组织法》第四十七条规定①，提出质询案有以下要求：①质询案提出时间：在常委会会议期间提出。②质询案的形式：采用书面形式提出，不能口头提出，要写明质询的

---

① 《中华人民共和国地方各级人民代表大会和地方各级人民政府组织法》第四十七条规定："在常务委员会会议期间，省、自治区、直辖市、自治州、设区的市的人民代表大会常务委员会组成人员五人以上联名，县级的人民代表大会常务委员会组成人员三人以上联名，可以向常务委员会书面提出对本级人民政府、人民法院、人民检察院的质询案。质询案必须写明质询对象、质询的问题和内容。

质询案由主任会议决定交由受质询机关在常务委员会全体会议上或者有关的专门委员会会议上口头答复，或者由受质询机关书面答复。在专门委员会会议上答复的，提质询案的常务委员会组成人员有权列席会议，发表意见；主任会议认为必要的时候，可以将答复质询案的情况报告印发会议。

质询案以口头答复的，应当由受质询机关的负责人到会答复；质询案以书面答复的，应当由受质询机关的负责人签署，由主任会议印发会议或者印发提质询案的常务委员会组成人员"。

对象、质询的问题和质询的内容。③质询的主体：省、自治区、直辖市、自治州、设区的市人大常委会组成人员5人以上联名；县级人大常委会组成人员3人以上联名。④质询的对象：本级人民政府城市公用事业主管部门和它所属各工作部门。⑤质询的程序：质询案由常委会主任会议决定处理，但主任会议只能决定受询机关答复质询案的时间、地点和方式，不能决定受质询机关不作答复。主任会议可以决定受质询机关在常委会全体会议上作出答复，也可以决定受质询机关在有关专门委员会会议上作出答复。⑥质询案答复形式：由主任会议决定受质询机关口头答复或者书面答复。口头答复由受质询机关的负责人到会。书面答复由受质询机关的负责人签署，由主任会议印发会议或者印发提出质询案的常务委员会组成人员。

（2）提出质询案的程序及要求。质询案的提出和答复必须按法律要求和法定程序进行。程序主要包括提起、答复、处理三个阶段。具体程序和要求包括：一是时间要求。质询案必须在本级人代会或常委会会议期间，根据大代会或常委会会议决定的截止时间内提出。人大及其常委会闭会期间不能提出质询案。因为人大及常委会只有开会才能行使职权，也只有开会，代表及其常委会才能一起讨论提出质询案，被质询的城市公用事业政府监管机关才能作出答复。二是联名要求。依据《组织法》第二十八条、第四十七条规定，地方各级人民代表大会举行会议的时候，代表10人以上联名可以书面提出对本级人民政府城市公用事业主管部门和它所属各工作部门的质询案；在常务委员会会议期间，设区的市以上人大常务委员会组成人员5人以上联名、县级人大常委会组成人员3人以上联名，可以向人大常务委员会书面提出对本级人民政府城市公用事业主管部门和它所属各工作部门的质询案。人大代表或常委会组成人员个人不能单独提出质询，必须符合法定人数。三是对象要求。《组织法》规定，人民代表大会期间，质询的对象为本级人民政府城市公用事业主管部门和它所属各工作部门。四是质询要求。质询案必须写明质询对象，即写明质询是针对哪个本级人民政府城市公用事业主管部门或它所属各工作部门提出，否则就无法确定应由谁负责答复；必须写明质询的问题，即必须写明质询什么事情。没有明确的问题，被质询机关就无法答复；必须写明质询的内容，即必须写明质询的理由和情况，但也必须是被质询对象职权范围之内，具有法律和政策、事实依据。五是对质询案答复不满意有三种情况：其一，是答复没有针对性，问非所答；其二，城市公用事业政府监管机关不够谦恭，不接受批评；其三，城市公用事业政府监管机关认为自己正确，不准备议变。人大常委会组成人员认为答复不满意的可再作答复，常委会组成人员认为有必要，可以依法采取其他行动，包括向常委会建议该议题作为专项报告，建议进行执法检查等。

（六）对公用事业政府监管特定问题的调查

1. 特定问题调查的性质

特定问题调查，在国外议会称国政调查，是国家权力机关为了正确行使职权就某一城市公用事业政府监管机关专门问题所进行的一种调查活动，是国家权力机关行使监督权的一种非常措施。特定问题调查是常委会对属于职权范围的事项需要作出决议、决定，但有关重大事项不清的情况进行的调查。特定问题调查，要组织特定问题调查委员会，调查委员会是临时设定的组织，不是常设机构，特定问题调查结束，机构自行解散。

2. 特定问题调查委员会的调查权

调查委员会的工作是国家权力机关工作的组成部分，依据监督法的规定[①]，特定问题调查委员会的调查权是法定的权力，主要包括：一是获取材料权。为了保证调查委员会获得真实、准确的材料，法律规定城市公用事业政府监管机关有义务向其提供必要的材料。二是保密权。为了保障城市公用事业政府监管机关相对人的合法权益，避免因提供材料而受到不必要的干扰、打击报复等，如果相对人要求对材料来源保密的，调查委员会应当采取必要措施予以保密。为了保证调查委员会调查工作的顺利进行，避免来自不同方面的干预、干扰，调查委员会在调查过程中，可以不公布调查情况和材料。

3. 特定问题调查委员会报告的提出和审议决定

城市公用事业政府监管机关特定问题调查委员会是人大常委会为搞清某一特定问题而临时设立的特别工作机构，是为人大常委会服务的机构，它自己不能决定问题。因此，调查委员会在调查工作结束后，应当及时向组织它的人大常委会提出调查报告。调查报告应当对当时设立调查委员会的理由作出回答，一般应当包括调查过程、调查结论、结论依据以及处理

---

① 《监督法》第四十二条规定："调查委员会进行调查时，有关的国家机关、社会团体、企业事业组织和公民都有义务向其提供必要的材料。""提供材料的公民要求对材料来源保密的，调查委员会应当予以保密。""调查委员会在调查过程中，可以不公布调查的情况和材料。"

建议等。调查委员会的调查报告按以下程序处理：（1）由委员长会议或者主任会议决定将调查委员会的报告列入常委会会议议程；（2）常委会全体会议听取调查委员会作调查情况的报告；（3）常委会会议对调查委员会的报告进行审议讨论，提出意见，调查委员会成员可以对常委会组成人员审议中提出的问题，作必要的解释、说明；（4）常委会根据情况，可以对有关特定问题作出决议、决定。

（七）公用事业政府监管机关撤职案的审议和决定

1. 撤职适用的对象范围

撤职是对有违法、违纪或者失职行为的城市公用事业政府监管机关工作人员在其任期届满或者正常卸任之前，依法撤销其所任职务的一种立法人事监督行为。其适用范围，一是个别政府副职领导人员。这和个别任免政府副职领导人员是相对应的。《地方组织法》第四十四条第（9）项规定："县级以上地方各级人大常委会在本级人大闭会期间，决定副省长、自治区副主席、副市长、副州长、副县长、副区长的个别任免。"对于政府副职领导人员，本级人大常委会可以个别任免，因而也可以个别撤职。需要明确的是，个别撤职并不只限于本级人大常委会个别任命产生的政府副职领导人，对于由人代会选举产生的政府副职领导人，本级人大常委会也可以决定"个别"撤职。这里不是对特定人员的限制，而是对数量上的限制，即只能是"个别"。政府副职领导人的任用决定权，原则上属于代表大会，但在大会闭会期间，也有个别需要调整的，因此，作为例外，法律授权常委会也可以任免、撤销政府副职领导人，但应限于"个别"。那么应当如何界定"个别"呢？参照对"个别任免"的解释，"个别撤职"可以理解为在两次人大会议之间，人大常委会可以个别撤销政府的副职领导人，但数额应控制在一二名内。二是政府正、副职领导人员以外的其他组成人员，包括秘书长、厅长、局长、委员会主任、科长等。根据《地方组织法》第四十四条第（10）项的规定："县级以上地方各级人大常委会根据本级人民政府正职首长的提名，决定本级人民政府秘书长、厅长、局长、委员会主任、科长的任免，报上一级人民政府备案。"对于上述人员，本级人大常委会有权任免，因此也有权决定撤职。对于这部分政府组成人员，人民代表大会还有权罢免。

2. 撤职案的提出、审议与决定

关于撤职案的提出、审议与决定，法律作出了如下规定：

(1) 撤职案的提出主体。根据《监督法》规定①，可以向本级人大常委会提出撤职案的主体有三类：一是县级以上地方各级人民政府、人民法院和人民检察院。应由本级人民政府正职首长、人民法院院长和人民检察院检察长签署提出。二是县级以上地方各级人大常委会主任会议。三是常委会组成人员五分之一以上联名提出。

(2) 撤职案的内容要件。《监督法》对撤职案内容要件做了规定②，即撤职案应当写明撤职对象和理由。撤职对象就是被要求撤销城市公用事业政府监管机关职务人员的姓名和所任职务。这是撤职案直接指向的目标，一定要明确无误。撤职理由就是提出城市公用事业政府监管机关撤职案所依据的事实和法律根据。对于在什么情况下或者对于什么样的行为可以提出撤职案，法律没有规定，但是提出撤职案必须有充分的理由。这种理由大体可以归纳为以下方面：一是认为有违法违纪行为，如贪污、行贿、受贿，利用职务之便为自己或者他人谋取私利等；二是认为有失职渎职行为，如玩忽职守，贻误工作，漠视人民生命和财产并造成损失等。前者是一种积极的作为，后者是一种消极的不作为。判定是否需要撤职，既要考虑情节，又要考虑后果。情节严重，给国家和人民利益造成重大损失或严重后果的；或者是触犯刑律，构成犯罪的，都是撤职的重要理由。提出城市公用事业政府监管机关撤职案还应当提供有关材料，以支持撤职理由，主要是有关城市公用事业政府监管机关工作人员违法违纪、失职渎职的事实、证据等。有关材料作为撤职案的附件，一并提交。

(3) 撤职案的处理。撤职案提出后，其处理程序有两种：一是对于事实清楚、证据确凿的撤职案，由本级人大常委会主任会议直接提请本级人大常委会会议进行审议。"一府两院"和主任会议提出的撤职案，有关部门事先进行大量的调查取证工作，一般符合事实清楚、证据确凿的要

---

① 《监督法》第四十五条规定："县级以上地方各级人民政府、人民法院和人民检察院，可以向本级人民代表大会常务委员会提出对本法第四十四条所列国家机关工作人员的撤职案。

县级以上地方各级人民代表大会常务委员会主任会议，可以向常务委员会提出对本法第四十四条所列国家机关工作人员的撤职案。

县级以上地方各级人民代表大会常务委员会五分之一以上的组成人员书面联名，可以向常务委员会提出对本法第四十四条所列国家机关工作人员的撤职案，由主任会议决定是否提请常务委员会会议审议；或者由主任会议提议，经全体会议决定，组织调查委员会，由以后的常务委员会会议根据调查委员会的报告审议决定"。

② 《监督法》第四十六条第一款规定："撤职案应当写明撤职的对象和理由，并提供有关的材料。"

求。因此，一般情况下应直接提请常委会会议审议。二是对于撤职案指控的事实是否成立，证据和事实尚不清楚的，由主任会议决定暂不提请常委会会议审议，而是向常委会提议组织特定问题的调查委员会，由以后的常委会会议根据调查委员会报告审议决定。这实际上是为撤职设计了"冷处理"程序，以便有一个缓冲的时间，避免在有关事实尚未搞清楚的情况下草率作出决定，体现了对人的处理要慎重的原则。对于常委会组成人员联名提出的撤职案，主任会议要根据撤职案所提出的事实和证据等情况，决定是提请常委会会议审议，还是提议组织特定问题调查委员会，待查清有关问题和事实后再审议决定。

（4）撤职案的审议和表决。根据《监督法》规定①，列入常委会议程的撤职案，由常委会全体会议和分组会议审议。常委会组成人员可以就撤职案的事实是否清楚，证据是否确凿，理由是否充分，适用法律是否正确，处理是否恰当等发表意见和看法。在撤职案提请表决前，被提出撤职的人员有权在常委会会议上申辩，就撤职案所提出的事实、证据和理由等提出反驳意见，为自己申诉和辩护。申辩的形式有两种：一是口头申辩，二是书面申辩。如果口头申辩不方便，可以提出书面申辩意见，由主任会议决定印发常委会会议。撤职案经常委会组成人员审议，如果没有对撤职案提出相反的事实和证据，意见比较一致，主任会议应当将撤职案提请常委会全体会议表决。表决撤职案，采用无记名投票方式。表决由常委会全体组成人员过半数通过。

第二节　城市公用事业政府监管立法监督的发展与变迁

1949年新中国成立以来，我国的法制建设经历了曲折起伏、坎坷不平的道路。我国的人大立法监督制度也经历了一个形成、发展和逐步完善的阶段。这集中体现在1954年《宪法》、1978年《宪法》和1982年《宪

---

① 《监督法》第四十六条第二款规定："撤职案在提请表决前，被提出撤职的人员有权在常务委员会会议上提出申辩意见，或者书面提出申辩意见，由主任会议决定印发常务委员会会议。

　　撤职案的表决采用无记名投票的方式，由常务委员会全体组成人员的过半数通过。"

法》以及依据《宪法》而制定的《地方组织法》、《立法法》、《监督法》等法律之中。因此，我国立法监督制度的产生和发展历史，也就是我国城市公用事业政府监管的立法监督的发展与变迁史。

一 城市公用事业政府监管立法监督的探索形成阶段

作为我国第一部社会主义类型的根本大法，1954年《宪法》第三十一条第六、七款规定："全国人大常委会有权撤销国务院制定的同宪法、法律和法令相抵触的决议和命令，改变或者撤销省、自治区、直辖市国家权力机关的不适当的决议。"同时，第六十条规定："地方各级人大在本行政区域内，保证法律、法令的遵守和执行，有权改变或撤销本级人民委员会的不适当的决议和命令。县级以上人大有权改变或撤销下一级人民代表大会的不适当的决议和下一级人民委员会的不适当的决议和命令。"这些规定，肯定了全国人大常委会和县级以上的地方人大是立法监督的法定主体，初步确立了我国立法监督制度。

二 城市公用事业政府监管立法监督的全面恢复和不断规范阶段

1966年起的十年间，由于受"文化大革命"的影响，我国的法制建设遭到严重践踏。在特殊社会环境和政治环境中通过的1975年《宪法》，并没有对人大监督宪法实施及立法监督作出规定。我国的立法监督制度不仅在实践中不复存在，而且在立法上也没有了法律依据。可以说，中国的立法监督制度从制度上消失。

1978年通过的《宪法》恢复了1954年《宪法》有关全国人大及其常委会监督宪法和法律的实施，改变或者撤销省级国家权力机关的不适当的决议等一些规定，重新确立了立法监督制度。1979年制定的《地方组织法》，则对立法监督体制有了发展，对县级以上的国家权力机关及其常设机关、人民公社和镇的人大规定了不同范围的立法监督权。

随着1982年《宪法》的通过和《地方组织法》的三次修改，我国的立法监督制度得到了新的发展。1982年《宪法》总结了历史经验教训，并根据地方县级以上人大设立常委会以及全国人大常委会和地方人大及其常委会权力的扩大等情况，对立法监督做了进一步规定，不仅扩大了立法监督主体范围，而且扩大了立法监督适用范围，很大程度上完善了立法监督制度。

三 城市公用事业政府监管立法监督的健康发展和创新阶段

2000年3月15日《立法法》颁布，标志着我国的立法监督制度进入了一个制度化、规范化的发展时期。《立法法》不仅对我国的立法监督制度进行了总结，并且在此基础上以专章的形式完善了我国的立法监督制度，规定了对各类规范性法律文件进行监督的具体运作程序，一定程度上解决了我国长期以来进行立法监督缺乏具体立法规制的状况。

与此同时，一些规范性文件的出台，也具体规定了立法监督的运行程序。如1990年国务院发布了《法规规章备案规定》（2002年修订），详细规定了地方性法规、地方规章、部门规章的备案程序。2000年九届全国人大常委会第三十四次委员长会议通过了依据《立法法》制定的《行政法规、地方性法规、自治条例和单行条例、经济特区法规备案审查工作程序》，使法规备案工作有了规范化程序。《立法法》颁布实施后，地方各级人大及其常委会对立法监督工作逐步重视，一些省市专门制定了规章备案审查的地方性法规，其他省市也都在其制定的地方立法条例中对立法监督工作作出专门规定，使地方立法监督工作有法可依，避免了随意性。这些规范性文件的制定和实施，为立法监督的实际运作发挥了重要作用，对于我国立法监督制度的发展具有积极的现实意义。

2006年8月27日，《中华人民共和国各级人民代表大会常务委员会监督法》由全国人大常委会高票通过。作为一部宪法性法律，《监督法》从酝酿到起草再到正式公布，历经全国人大常委会四次审议，前后经历了20年，在我国立法史上极为罕见。立法和监督是宪法赋予立法机关的两项重要职权，这两项职权的行使，都需要有相应的法律使之规范化、程序化。《监督法》对监督原则、监督主体和对象、监督范围和内容、监督程序等都做了相应规定，以对行政监督、司法监督为中心，以关系改革发展稳定大局和工众切身利益、社会普遍关注的问题作为监督重点，实行财政监督、法律监督和人事监督。其颁布实施，无疑对各级人大常委会依法行使监督职权，加强和改进监督工作，增强监督实效，促进依法行政和公正司法，推进行政体制改革以及社会主义民主法制建设都具有重大的积极意义。

经过60多年的曲折发展，我国立法监督制度形成了体现中国国情特色和风格，具体表现为：

（一）以人大为中心，其他监督主体相配合

我国宪法和有关法律规定，有权实施立法监督活动的主体主要为国家权力机关和国家行政机关,但国家行政机关只审查、改变或撤销自己所属的机构和下级行政机关的规范性文件,而作为国家最高权力机关的全国人大及其常委会,不仅可以审查撤销人大自身的规范性文件,还可以审查撤销国家行政机关的规范性文件;地方人大及其常委会作为地方国家权力机关,不仅可以审查撤销下一级人大及其常委会的决议,也可以审查撤销同级人民政府的规章、决定和命令。因此,国家权力机关在我国立法监督体制中处于主导和支配地位。

(二) 监督内容的普遍性和形式的多样性

《宪法》规定,全国人大及其常委会监督宪法的实施,地方各级人大及其常委会在本行政区域内,保证宪法、法律和上级人大决议的遵守和执行。人大对一切法律、法规和规章的制定都有监督之权,对一切国家机关的规范性文件都可施行监督,它的监督内容最为广泛。监督对象的广泛性和监督内容的丰富性决定了人大立法监督方式的多样性。它既有普通的监督手段,如备案,也有特殊的带有专门性的处理方式,如改变或撤销;既有事前的监督程序,如批准,也有事后的监督形式,如审查。多种形式的有机结合,保证了权力机关立法监督目的的实现,构成了人大监督权力的内容。

(三) 自上而下的单向性

全国以及地方各级人大对其他国家机关的监督权,具有至上的权威性。在我国的立法权限体制中,只有处于高层次立法地位的国家机关,才有权对处于低层次立法机关的立法活动进行监督,而不能相反。在相同层次的国家机关之间,只有权力机关才有权对行政机关等其他有权立法主体的立法活动进行监督,同样也不能相反。因此这种监督在关系上表现为"自上而下"的而不是"自下而上"的,"单向"的而不是"双向"的特点。

2014年10月党的十八届四中全会通过《中共中央关于全面推进依法治国若干重大问题的决定》,确立了全面推进依法治国的总目标、总任务,提出要建设"完善以宪法为核心的中国特色社会主义法律体系,加强宪法实施;深入推进依法行政,加快建设法治政府"来实现"科学立法、严格执法、公正司法、全民守法,促进国家治理体系和治理能力现代化"的目标,也为加强和改进城市公用事业政府监管立法监督指明了方向。

第三节 城市公用事业政府监管立法监督存在的问题

城市公用事业政府监管立法监督是最高权力机关的监督，是代表人民进行的监督。但目前实际情况是，一些地方的人大监督机构形同虚设，监督职能明显弱化；人大监督的法律体系不完善，监督的方法与手段落后，监督保障机制尚未建立。立法监督效果与人们的期待有一定距离，和法律所赋予人大的权力也有差距。具体来说，城市公用事业政府监管立法监督存在问题。

一 监督短缺导致无效监督和无权监督

近年来，人大在实践中的监督地位与作用有所增强，但是，从总体上看，监督不力的痼疾仍未解决，以有效监督为尺度，人大的监督工作在实践中仍有很多问题，人大监督的实际缺位使我国的执法状况更趋恶化，反过来扭曲了人大的形象与权威，进一步导致人大监督权威弱化。这主要表现在：

（一）人大对城市公用事业政府监管现行法规的执行情况缺乏监督

不仅有相当多的城市公用事业政府监管法规的执法情况未能触及，对城市公用事业上级垂直领导部门的执法施政行为及政府部门的抽象行政行为也基本处于不监不督的空白状态。

（二）法律赋予的立法监督权力没有得到很好的运用

在现有的监督方式中，地方人大运用频率较高的是听取审议城市公用事业政府监管机关工作报告、视察和调查、工作评议或述职评议、受理公众的申诉控告和检举等，占人大日常工作很大部分。而法律规定的如询问和质询、特定问题调查、罢免和撤职等刚性监督手段却很少运用，甚至搁置不用。这三种监督形式没有得到有效运用，同这三种监督形式的规则本身不完善有关，尽管监督法对此作了完善，但还存在内容过于原则，缺乏可操作性等问题。如监督法没有明确质询案提交及答复的期限，作为一种权力行使的程序，期限不明确无疑会造成低效率或久拖不决，甚至不能保证权力实现。没有明确责任追究制度，在常委会组成人员对城市公用事业政府监管机关的答复不满意的程序方面规定得很笼统，仅规定"提质询案的常委会组成人员的过半数对受质询机关的答复不满意的,可以提出要求,经委员长会议或者主任会议决定,受质询机关再作答复"①,该条没有规定常委会或者常委会组成人员如果对再次答复仍然不满意可以采取何种措施,以及如果不满意质询答复,城市公用事业政府监管机关应承担何种法律责任等,不利于质询权的真正实现。再如针对特定问题调查没有确立取证强制制度。《监督法》第四十二条规定:"调查委员会进行调查的时候,一切有关的国家机关、社会团体和公民都有义务向它提供必要的材料。"但没有规定城市公用事业政府监管机关拒绝提供必要的材料怎么办?世界大多数国家都规定取证强制制度,如美国相关法律规定,被调查的当事人必须参加听证会。如果证人拒绝作证,或者提供虚假证词,就会因"藐视国会罪"、"伪证罪"受到刑事处罚。监督法的这一规定缺乏必要的强制制度的保障必然会降低调查委员会的权威性和可操作性。又如,对撤职案的审议和决定的规定,没有涉及人大如何与党委在干部撤职程序中的衔接,在坚持党管干部原则下,如何依法行使撤职权,还需人大在工作实践中不断探索。

(三) 大量运用探索性监督方式,缺乏具体的法律依据

近十多年来,地方人大常委会在行使监督职权过程中,进行大胆探索和尝试,创设了多种新的监督方式。主要有代表评议、述职评议、推行执法责任制、错案追究制、个案监督、运用法律监督书或者审议意见书等。其中有的已成为各级人大常委会行使监督权的主要方式,如代表评议。有的仍在进一步探索和实践中。这些新的监督方式,从法律上看,实质是地方人大创设的新的监督权力。但是,这些新的监督方式不是国家法律设定的,在现行的宪法和法律中找不到任何具体的规定,而且或多或少带有行政工作方式的痕迹和随意性。

二 监督滞后,重视事后监督忽视实时监督

人大立法监督忽视对城市公用事业政府监管机关的日常监督,即缺少对城市公用事业政府监管机关行为的实时性监督。所谓实时性监督,是指人大对城市公用事业政府监管机关行为的一贯随时的有效监督,目的是发现问题能予以及时纠正。而目前,人大立法监督往往存在只重视法律、法

---

① 《监督法》第三十七条规定:"提质询案的常务委员会组成人员的过半数对受质询机关的答复不满意的,可以提出要求,经委员长会议或者主任会议决定,由受质询机关再作答复。"

规明确规定的定期监督,而忽视了大量日常监督,主要还是在一年一次的全体代表大会对政府工作报告的审议或几次时间较短的常委会会议施行监督,对城市公用事业政府监管机关工作中随时出现的问题缺乏强有力的监督措施和监督方法,导致出现问题无法及时纠正。人大对城市公用事业政府监管机关的监督迟缓滞后,注重事后监督,往往在事情已成定局时才予以监督,作为形式上的补充和追认,这种监督方式往往是"亡羊补牢",与及时监督和有效性监督原则不相称。

三 盲目监督和监督工作形式化

(一) 忽视监督程序

人大监督程序,是指人大及其常委会行使监督权对监督对象的了解、监督行为的启动、对监督对象的处置、惩戒等前后相续的法定顺序、过程和方式。程序对维护社会正义、现实正义至关重要。人大对城市公用事业政府监管机关的监督往往注重监督效果而忽视监督程序。即使按照程序进行,也只是按照各地自行制定的决定、规定、办法等,缺乏统一有效的程序规定。如质询的程序规定就没有,法律规定质询也是人大监督的重要方式之一,法律只规定人代会十人以上可质询,但如何质询,什么情况下质询,质询内容是什么,质询后果如何,法律没有具体规定,增加了质询的随意性。

(二) 监督程序难以启动

按照立法法和地方组织法规定,地方人大常委会有权对越权、违反上位法或规定不适当的规章予以改变或撤销,县级以上地方人大常委会有权撤销本级人民政府不适当的决定和命令。但法律没有具体规定审查程序由谁启动,通过什么方式启动。最有积极性启动程序的是利益受到或可能受到城市公用事业政府监管机关政府规章决定命令损害的公民、企业事业组织和社会团体,但法律还没有明确规定这类行政相对人有向地方人大提出审查建议的权利。因此,尽管城市公用事业政府监管机关存在越权、违反上位法或规定不适当规章和违法的"红头文件",但罕有被地方人大撤销的。

(三) 一些监督方式流于表面

人民代表大会审议城市公用事业政府监管机关的工作报告,是对城市公用事业政府监管机关进行全面的基本的监督。由于城市公用事业政府监管机关的报告都是在开会审议前才发给代表,代表事先没有时间做充分的调查研究，导致审议走形式。如果代表对工作报告不满意，工作报告未获代表大会批准通过怎么办？报告人有没有引咎辞职的问题？现实中已出现这种情况，而法律上却没有规定。① 对城市公用事业政府监管机关计划、预算的审查批准和对其执行情况的监督是人大及其常委会工作监督的重点。由于计划和预算的专门性、技术性较强，加上人代会会期短，代表很难进行深入、全面的审查，使这项重要的监督工作流于形式。代表大会结束后，代表们提出的意见也没有得到反馈。对经人代会批准的财政预算，在执行中出现重大变更后，人大常委会通常是在审查批准预算后予以追认，很少采取相应处理措施。

四 监督缺乏强制性

人大对城市公用事业政府监管机关的监督是依法监督，应该是全面而又有力度的。从目前看，人大在监督城市公用事业政府监管机关行为方面往往是"浅尝辄止"，监督缺乏强制性，依法监督的权威性表现不出来。具体表现为：

（一）人大对城市公用事业政府监管机关的监督缺少强制性

人大对城市公用事业政府监管机关的监督往往是在全体代表大会或常委会会议期间听取汇报、审议工作报告或闭会中的视察调查后，和风细雨提几条建议或意见，视察及执法检查等监督形式较多，改变或撤销不适当决定、命令，质询、特定问题调查、罢免或撤职等带有"惩戒性"的法律监督形式使用较少，触及深层次问题的监督过少，只重视形式上的至上与程序上的合法，很难解决实质问题，对一些重大问题常常是有权无威，有名无实，体现不出监督的强制性，从而使得监督缺乏力度。

（二）对城市公用事业政府监管机关的监督存在纠正违法不力问题

执法检查最主要的目的在于纠正城市公用事业政府监管机关的违法行为，使法律得到有效的实施。但是，目前的状况是人大在对城市公用事业政府监管机关执法检查中难以克服例行公事走过场的弊端，检查监督范围过大，缺乏重点目标，缺乏深入实地调查研究，事后纠正跟踪处理。在法律上的有效性并不等于直接具有法律效力，对检查出的问题，因为相关法律没有明确规定法律责任的追究，只能转交相关部门进行处理，充分暴露

---

① 《地方人大常委会发展历程中重大事件点评》（之五），http://www.gsgzrd.com/show.aspx?id=263&cid=36，2012年4月18日。

出人大监督明显缺乏运用具有法律效力的监督手段,导致城市公用事业政府监管机关的侥幸心理和短期行为,难以直接纠正违法行为和查处违法人员。

五 立法监督法律责任规定欠缺

法律责任是由特定法律事实所引起的对损害予以赔偿、补偿或接受惩罚的特殊义务。[①] 现代宪政民主政治从某种程序上说,就是责任政治,没有任何一个国家机关可以享有过错豁免权而不负过错责任。从法律角度说,任何国家机关违法就必定承担法律责任。无论是立法主体还是立法监督主体,只要违法行使职权,理应承担与此相应的过错法律责任。对立法机关来说,它应该为立法权行使当中出现的不当与违法行为承担法律责任;而就立法监督主体而言,当它应当发现而且能够发现立法监督过错,却没有及时纠正这些过错时,或行使立法监督权过程中出现了违法或不当时,应当承担相应的法律责任。法律责任是立法监督制度不可缺少的组成部分,其影响着立法监督的效果。但是,我国法律对此几乎没有规定。

---

① 张文显:《法理学》,高等教育出版社、北京大学出版社2003年版,第122页。

第三章 城市公用事业政府监管立法监督的机理与机制

在城市公用事业政府监管立法监督的研究中，概念及原理占有十分重要的地位，具有研究定向、指引的功能。只有明确城市公用事业政府监管立法监督基本概念，对其内涵做清晰的了解和认识，在此基础上明确其特征、性质等基本理论问题，才能使研究课题有一个稳固的理论基础。在此基础上通过对国外城市公用事业政府监管立法监督制度的剖析与借鉴，才能提出城市公用事业政府监管立法监督的创新对策。

第一节 城市公用事业政府监管立法监督机理

一 城市公用事业政府监管立法监督的概念及特征

什么是立法监督？学者对此有不同的认识，从不同的角度进行了界定，代表性的观点有："立法监督是指特定的监督主体在法定的权限内，依照法定程序，对立法过程及其结果所进行的审查和监控。"[1] "立法监督是指特定主体对立法权运作过程及其结果的审查和控制。"[2] 立法监督是指享有立法监督权的主体对依照立法程序制定的规范性法律文件的合宪性、合法性或者适当性进行审查并依法决定该规范性法律文件的法律效力的法律制度。"[3] "立法监督指立法机关在国家政治体制中的监督职能和立法系统内部的监督机制两个方面。"[4] "立法监督是国家立法机关依宪法的规定对国家行政机关、司法机关以及下级立法机关的职权活动进行监督的

---

[1] 朱力宇、张曙光：《立法学》，中国人民大学出版社2006年版，第208页。
[2] 周旺生：《立法学教程》，法律出版社1995年版，第184页。
[3] 周伟：《论立法监督的概念》，《法学论坛》1996年第12期。
[4] 谷安梁：《立法学》，法律出版社1993年版，第156页。

权力。"① 以上五种观点可以分为广义说和狭义说，前三种是狭义说，后两种为广义说。本书的立法监督采广义说。所谓城市公用事业政府监管的立法监督是指国家立法机关（各级人大及其常委会）依宪法的规定，通过法定方式和程序，对城市公用事业政府监管机关及其工作人员所实施的职权行为进行合法性、合理性审查活动的权力。因此，本书的立法监督，也可以称为人大的监督。人大对城市公用事业政府监管机关的立法监督，本质是一种权力监督，即监督主体依法运用权力对监督客体的权力运用进行监督。在现代社会，这样的权力监督体现的是一种法的关系，因为与其他监督形式相比，它往往具有法的性质。具体体现出以下特点：

（一）立法监督的法律性

人大对城市公用事业政府监管机关及工作人员的监督是依据法律授权实施的。首先，人大与城市公用事业政府监管机关及其工作人员之间监督关系是宪法和法律明确规定的；其次，人大实施监督的权限范围也是由法律规定的；最后，监督的主要实现形式也是宪法和法律规定的，它的监督手段必须具有法律依据，行使时受法律的保护。

（二）立法监督的权威性

人大监督处于监督体系的最高层次，人大用宪法、法律和人大产生的有关决议去检查、评议、规范城市公用事业政府监管机关及其工作人员工作，保证宪法、法律和有关决定、决议的执行。它是依照法定权力实施的，直接产生法律效力，是属于国家权力性质的监督，具有法律强制性。从监督主体之间的关系看，人大监督主体是权力机关，而其他的监督，如司法和行政监督的主体则是国家司法机关和行政机关。根据宪法规定"一府两院"由人大产生都要对它负责，并受它监督，由此其他的国家机关监督自然就处于人大监督的范围之内。因此，人大对城市公用事业政府监管机关的立法监督不但具有法律的强制性，还拥有监督系统中的最高地位，即具有最高的权威性。

（三）立法监督的民主性

各级人大的监督职能必须通过人民代表大会会议和人大常委会会议才能行使，其实现原则是民主集中制，只有在行使过程中深入调查研究，广泛听取代表和公众及各方面的意见，通过严格的民主程序，经过各级代表

---

① 刘明利：《立法学》，山东大学出版社2002年版，第224页。

大会或常委会会议审议通过，才能产生监督效力。各级人民代表大会主席团和常务主席，人大常委会主任和主任会议都不能代替人民代表大会及其常务委员会行使职权。以会议形式实施集体监督，是人大监督与其他依靠执行个体或机构实施监督的监督形式之间的重要区别，其严格的民主程序和原则形成了各级人大对城市公用事业政府监管机关进行监督的基本特点。

（四）立法监督内容的广泛性

人大对城市公用事业政府监管机关监督的内容包括人事监督、财政监督、行政权力监督等。通过对城市公用事业政府监管机关及工作人员的任免，监督对城市公用事业政府监管机关的人事安排；通过审查和批准城市公用事业政府监管机关的计划和预算的执行情况，监督政府财政；通过听取和审查城市公用事业政府监管机关工作报告，监督城市公用事业政府监管机关权力的行使。正是在这种广泛的全面的最具有普遍性的监督之下，人大将城市公用事业政府监管机关的重要方面、重要领域全部纳入其监督范围之中，"监督能力所及范围是其他监督形式难以达到的"。[①]

（五）立法监督行为的间接性

人大在对城市公用事业政府监管机关监督过程中发现监督对象有违反法律规定的情形时，多采取间接的方式加以解决，即转交有关部门，由有权机关作出处理，或直接督促违法机关及时纠正自身不法行为。从人大监督的方式上看，听取工作汇报、质询、询问、调查、视察、接受公民申诉和控告检举、个案监督等都是通过评价、批评、建议、督促等手段以达到监督目的，人大自身一般不直接参与纠正与处理违法事件。这一间接性特点是由人大的职能特征所决定的。

二 城市公用事业政府监管立法监督的内在规定性

我国城市公用事业政府监管的立法监督是基于人大的监督权而产生，并成为我国国家监督体系的重要组成部分。然而，由于人大立法监督权特有的内在规定性，决定了城市公用事业政府监管立法监督的特殊地位与功能，因此，城市公用事业政府监管的立法监督权内在规定性的界定具有核心的地位。孟德斯鸠认为："一切有权力的人都容易滥用权力，这是万古不易的一条经验。"[②] 几千年的权力运行历程证明权力本

---

① 汤唯、孙季萍：《法律监督论纲》，北京大学出版社2001年版，第224页。
② ［法］孟德斯鸠：《论法的精神》上册，商务印书馆2001年版，第342页。

身的易腐性，决定了必须将权力置于经常、有效的监督控制之下。马克思、恩格斯指出，为防止新型的人民的国家发生蜕变，人民自己的所有的代表和官吏，必须可以毫不例外地随时撤换和罢免，即人民必须对自己委托的权力加强监督和控制。我们要利用好权力，防止权力滥用与异化，就必须对权力进行监督制约，即有权力必须有监督。因此，监督权的实质就是监督制约权力，这也是监督权存在的必要性所在。人大的监督权，"就是各级人大及其常委会为全面保证国家法律的实施和维护人民的根本利益，防止行政、司法机关滥用权力，通过法定的方式和程序，对由它产生的国家机关实施的检查、调查、督促、纠正、处理的强制性权力。"[1] 其内在规定性就是由人大代表人民行使的监督制约国家权力的一项国家权力机关职权。这种内在规定性的界定主要从权力制约的运行规律来考察。

（一）权利制约权力

按照人民主权理论，人民是国家权力的来源，国家一切权力来源于人民的授予，国家权力尊重和保障公民的权利和自由，人民能自主、平等地参与国家权力的运转和公共政策的形成，"人民是一切国家权力的最终拥有者，人民有权对国家权力进行有效的监督和控制"。[2] 我国是人民民主专政的社会主义国家，人民是国家的主人，宪法也明确规定国家的一切权力属于人民。因此，人民享有并行使监督权。城市公用事业政府监管机关及其工作人员权力的行使，是向人民负责，按人民选出的代表制定的法律行事。"如果政府违背人民的意志，损害人民的利益，或行使权力超出法定的范围，应对人民承担责任，直至受到惩罚。"[3] 人民只有从根本上保留这种对政府监督控制的权力，才能有效地保证城市公用事业政府监管的机关及其工作人员行使权力的合法性与正当性。人大对城市公用事业监管的监督权属于人民，由人民享有，人大监督权的行使过程就是人民意志的实现过程，也是将人民的权利转化为权力的过程。这种权力源自人民性，从权力的本原出发，追求最深层次的制约，实现"以权利制约权力"的理念，体现规制权力之本。

---

[1] 蔡定剑：《人民代表大会制度》，法律出版社2003年版，第372页。
[2] 肖君拥：《人民主权论》，山东人民出版社2005年版，第18页。
[3] 杜力夫：《权力监督与制约研究》，吉林人民出版社2004年版，第247页。

(二) 权力制约权力

从理论上讲，人民可以对城市公用事业政府监管机关及其工作人员行为行使监督权。但事实上，对城市公用事业政府监管的立法监督权完全由人民直接行使是不可能的，人民只能把立法监督权力授予自己的代表以及由代表组成的机构行使。根据代议制原理，这一机构在我国就是人民代表大会及其常委会。对城市公用事业政府监管机关及其工作人员的立法监督由人大及其常委会代为行使，是实现人民当家做主、体现主权在民的必然要求。"人民代表大会的权力结构代表了人类政治制度的必然趋势"。① 城市公用事业政府监管机关及其工作人员的监督权委托给人大及其常委会行使，立法监督权就成为国家权力机关的一项重要职权，具有了国家职权性。根据城市公用事业政府监管机关及其工作人员的行政权力的运行规律，行政权力具有强制性等特征，因此必须以权力制约权力。因为要有效制约权力，必须要求监督之力大于或等于被监督之力，才能有效地相互制约和抗衡。只有立法监督主体"具备足够的力量与被监督主体相抗衡，才能达到制约和监督的目的，才能有效地抵制权力的异化"。② 所以，对城市公用事业政府监管的立法监督权的国家职权性体现"以权力制约权力"之道。

三 城市公用事业政府监管立法监督的法律依据

"法治国家应当遵循公权法定原则。"③ 城市公用事业政府监管的立法监督必须有法律规定才具有现实合法性。

(一) 宪法是最高法律依据

宪法关于人大地位和作用、工作监督以及重大事项决定、人事任免等职权的原则规定，是城市公用事业政府监管的立法监督权的最高法律依据。《宪法》第三条规定："国家行政机关、审判机关、检察机关都由人民代表大会产生，对它负责，受它监督。"就地方人大常委会的监督职能，《宪法》第九十六条规定："地方各级人民代表大会是地方国家权力机关。"同时，依据《宪法》第一百零四条明确规定，县级以上地方各级人大常委会监督权由两部分构成：一是为确保"一府两院"正确行使职权所进行的工作监督，二是为维护国家法制统一所进行的法律监督，即有权撤销本级人民政

---

① 王惠岩：《论民主与法制》，《政治学研究》2000 年第 3 期。
② 杜力夫：《权力监督与制约研究》，吉林人民出版社 2004 年版，第 58 页。
③ 崔建华：《人大监督若干基本问题研究》，http://www.people.tom.cn/GB/14576/14841/2968688.html，2004 年 11 月。

府不适当的决定和命令、撤销下一级人民代表大会不适当的决议。除宪法以上规定外,《地方组织法》根据宪法的以上规定做出具体的细化规定。

(二)《监督法》是具体法律依据

2007年1月1日开始实行的《监督法》是规范我国各级人大常委会立法监督工作的具体法律依据。此外,《选举法》、《全国人大组织法》、《立法法》、《预算法》和《审计法》等法律,各地的地方性法规、民族自治地方的自治条例、单行条例,以及各级人大的有关决议、决定,对本级人大对城市公用事业政府监管的立法监督工作有一些具体规定。

四 城市公用事业政府监管立法监督的作用

(一)立法监督是制约城市公用事业政府监管权力的根本途径

城市公用事业政府监管权力具有强制性、占有性、扩张性和排他性等特性,这些特性使权力呈现出独特的价值和作用,为权力腐败提供了客观条件,同时也为强化权力制约提供了依据。城市公用事业政府监管的立法监督从外在价值看,是据法监督。人大对城市公用事业政府监管机关的监督关系是宪法和法律明确规定的,其监督权限、范围、形式、程序均由宪法和法律规定。从内在价值看,人大对城市公用事业政府监管的立法监督是以法监督。人大通过制定宪法、法律及其产生的相关决议去规范、检查、评议城市公用事业政府监管机关的工作,同时又保证宪法、法律和相关决议的贯彻执行。人大对城市公用事业政府监管机关的立法监督从本质上体现了权利制约权力、权力制约权力、法律制约权力的基本思路和精神内涵,在整个国家监督体系中处于主导地位,是制约城市公用事业政府监管机关权力的根本途径。

(二)立法监督有助于城市公用事业政府监管机关依法监管

依法监管,是指城市公用事业政府监管行政机关及其工作人员依据宪法和法律赋予的职责权限,在法律规定的职权范围内,依法对城市公用事业进行有效管理活动。它要求城市公用事业政府监管行政机关和工作人员都必须严格按照法律规定,在法定职权范围内,充分行使管理城市公用事务的行政职能,做到既不失职,又不越权,更不能非法侵犯公民的合法权益。依法行政的范围,包括行政立法、行政执法、行政司法都要依法进行,其核心是行政执法。因为行政执法,是城市公用事业政府监管行政机关及其工作人员行使国家公共权力,按照法律、法规赋予的职权,对管理相对人采取直接影响其权利义务的行为,或者对管理相对人的权利义务的行使和履行情况直接进行监督检查并作出处理结果的行为,最容易侵犯公民、法人或其他组织的合法权益。所以,依法行政的核心,是依法行政执法。有权力就必须有监督。要使城市公用事业政府监管行政机关和工作人员依法行政,就必须把行政执法活动置于严格的监督之下。我国目前已建立起一套有效的法律监督机制:有国家权力机关的监督、国家专门行政机关的监督、国家司法机关的监督和社会团体、人民群众、社会舆论的监督,这些监督从不同的渠道保证了行政机关对行政法律规范的正确实施。而国家权力机关对城市公用事业政府监管行政机关的立法监督是最权威的监督,对促进城市公用事业政府监管行政机关依法行政发挥重要作用。

(三) 立法监督推进城市公用事业健康发展

通过加强对城市公用事业政府监管机关的立法监督,保障城市公用事业政府监管机关重大决策的科学性和可行性,防止出现严重失误和损失,推进城市公用事业健康发展。

五 城市公用事业政府监管立法监督的原则

城市公用事业政府监管的立法监督的原则应当贯穿于整个立法监督工作始终,并为立法监督主体自始遵守。它以民主与法制为基本要求,以解决立法监督实践中的实际问题为目的。依据《监督法》的规定,城市公用事业政府监管的立法监督应遵循以下原则:

(一) 依法行使职权原则

《监督法》第二条规定:"各级人民代表大会常务委员会依据宪法和有关法律的规定,行使监督职权。各级人民代表大会常务委员会行使监督职权的程序,适用本法;本法没有规定的,适用有关法律的规定。"这就是人大常委会在对城市公用事业政府监管的立法监督活动中必须依法行使职权原则的规定,也是人大常委会行使立法监督职权必须坚持的法制原则。按照监督法的规定,人大常委会依法行使立法监督职权原则的内容,主要包括主体合法、对象合法、形式合法和程序合法四个方面。

1. 监督主体必须合法

所谓监督主体,是指谁有权行使监督权。根据《监督法》第一条规定:"为保障全国人民代表大会常务委员会和县级以上地方各级人民代表大会常务委员会依法行使监督职权。"因此,监督法规定的行使立法监督权的主体只能是县级以上各级人大常委会。各级人大只能依宪法和有关法律的有关规定行使对城市公用事业政府监管的监督权。监督法规定行使监督职权的主体只能是人大常委会。《监督法》共有48个条文,其中有16个达1/3的条文对委员长会议、主任会议或专门委员会、办事机构和工作机构在监督工作中的职责作了规定。人大常委会行使监督权中的许多工作是由委员长会议、主任会议或专门委员会、办事机构和工作机构具体组织实施的。但这种作用与人大常委会行使监督权的作用的性质是不同的。应当明确一点,就是是否行使监督权,对某一事项行使监督权,对监督中有关的问题的处理是否作出的决定、决议等,只能由人大常委会决定,委员长会议或主任会议、专门委员会、办事机构或工作机构均无权决定,所起的作用只是协助人大常委会行使监督职权。

2. 监督对象必须合法

所谓监督对象,是指人大常委会有权对谁和哪些事项进行监督。根据《监督法》第五条、第三十条、第三十五条、第四十四条的规定,人大常委会对城市公用事业政府监管的立法监督的监督对象主要有:本级人民政府;本级人民政府中城市公用事业政府监管领导人;下一级人大及其常委会,但只限于撤销同宪法、法律和行政法规相抵触的地方性法规或不适当的城市公用事业政府监管决定、决议,不能对下一级人大及其常委会的其他方面进行监督;本级人民政府城市公用事业政府监管部门。

3. 监督方式要合法

所谓监督方式,是指人大常委会通过哪些途径来实现立法监督权。监督法主要规定了七种监督方式,即听取和审议城市公用事业政府监管的专项工作报告;审查和批准城市公用事业政府监管决算,听取和审议城市公用事业政府监管发展计划、预算的执行情况报告,听取和审议城市公用事业政府监管审计工作报告;城市公用事业政府监管法律法规实施情况的检查;城市公用事业政府监管规范性文件的备案审查;城市公用事业政府监管询问和质询;城市公用事业政府监管特定问题调查;城市公用事业政府监管撤职案的审议和决定。人大常委会行使立法监督权,只能按监督法规定的七种形式进行,不应另行创设。

4. 监督内容和程序要合法

监督法主要是从程序方面,对各级人大常委会行使城市公用事业政府监管立法监督权进行规范,是一部程序法。

(二) 集体行使职权原则

《监督法》第四条规定:"各级人民代表大会常务委员会按照民主集

中制的原则,集体行使监督职权。"这是人大常委会集体行使监督职权原则的法律依据,也是人大常委会行使立法监督职权必须遵循的组织原则。集体行使职权原则,贯穿监督工作始终。按照这一原则要求,人大常委会对城市公用事业政府监管的立法监督工作,必须充分发扬民主,广泛听取公众意见,在充分体现公众利益和要求的基础上,始终坚持集体讨论问题,严格按程序集体决定问题。经过集体审议、民主讨论后,需要作出决议或决定时,依法定程序进行表决,得到全体组成人员过半数赞成的,才能作出决定或决议。因此,需要明确的是,作为常委会组成人员的个人,不是行使城市公用事业政府监管立法监督权的主体,其所参加的城市公用事业政府监管立法监督活动,所提出的建议、批评和意见,不能代替人大常委会作出具有法律效力的决议或决定。

(三)接受人民代表大会监督原则

《监督法》第六条规定:"各级人民代表大会常务委员会行使监督职权的情况,应当向本级人民代表大会报告,接受监督。"人大常委会行使立法监督权必须接受人民代表大会监督的原则,解决了人大常委会监督工作实践中存在的自己受不受监督、谁来监督的疑问。人民代表大会对本级人大常委会的监督,理应包括对常委会行使监督权的监督。这种监督主要体现在监督法规定的常委会应将监督工作情况,向本级人大代表通报。为使人大常委会行使监督权必须接受人民代表大会监督的原则落到实处,监督法作了具体规定。具体包括:第一,常委会听取的城市公用事业政府监管机构专项工作报告及审议意见,本级人民政府对审议意见研究处理情况或执行决议情况的报告,应向本级人大代表通报。第二,常委会听取城市公用事业政府监管机构计划执行情况报告、预算执行情况报告和审计工作报告及审议意见,本级人民政府对审议意见研究处理情况或者执行决议情况的报告,应向本级人大代表通报。第三,常委会对城市公用事业政府监管机构的执法检查报告及审议意见,本级人民政府对审议意见研究处理情况的报告,应向本级人大代表通报。至于以何种形式何时通报,法律没有作强制性规定,可以是每一监督活动结束后,以公报、报纸或其他新闻媒体或者寄送的形式向代表通报。这些规定的目的是保障人大代表知情权,便于人大代表对常委会工作的监督。

(四)公开原则

《监督法》第七条规定:"各级人民代表大会常务委员会行使监督职

权的情况,向社会公开。"各级人大常委会行使监督权要向社会公开是我国法律第一次明确规定。监督公开原则,是宪法确立的人民主权原则的体现。公众对城市公用事业政府监管享有知情权、参与权和监督权。知情权是公众行使参与权、监督权的前提和保证。要保障公众对城市公用事业政府监管机关的监督,各级人大常委会行使对城市公用事业政府监管机关的立法监督职权,就应当向社会公开。《监督法》第十一条规定:"常委会听取和审议专项工作报告前,常委会办事机构应当将各方面对该项工作的意见汇总,交由本级人民政府研究,并在专项工作报告中作出回应。""各方面的意见"当然包括公众提出的对城市公用事业政府监管机关意见,经汇总交由人民政府研究,并在向人大常委会所作的报告中对公众所提的意见,应有所回答。但是,公开原则的体现也是有限制的,并不是人大常委会行使立法监督职权的所有情况都必须向社会公开。对城市公用事业政府监管机涉及国家秘密和依法应受保护的商业秘密不宜公开外,其他有关立法监督的议题、内容、方式、程序、做出监督的决定、决议以及对监督问题研究处理的情况,原则上都应当向社会公开。

基于公开原则要求,监督法体现公开原则的规定主要有:《监督法》第十四条第二款、第二十条第二款、第二十七条第二款规定,即人大常委会行使监督职权的情况,凡是向本级人大代表通报的内容,必须同时向社会公布,接受人民监督。除以上三条之外,监督法对公开原则的规定还增加了两条。即第八条第二款规定:常委会听取和审议城市公用事业政府监管机关专项工作报告的年度计划,经委员长会议或主任会议通过,印发常委委员会组成人员并向社会公布;第二十三条第一款规定:常委会对城市公用事业政府监管机关年度执法检查计划,经委员长会议或主任会议通过,印发常务委员会组成人员并向社会公布。

第二节 国外城市公用事业政府监管立法监督的借鉴

在现代民主国家,议会的监督职能日益重要,这一方面固然是因为行使监督权乃是民主体制之下议会职能的重要组成部分,另一方面也是因为行政权在各国均呈现日益扩张趋势,为维护有限政府和责任政府原则,必须对行政权力加以全面监督与制约。因此，对政府的各种行为进行严密的监督与控制是各国议会（国会）所不可推卸且极为重要的职责。以下主要介绍英国、美国、新加坡三国议会的一些有益经验。

一　国外城市公用事业政府监管立法监督的主要做法

（一）城市公用事业政府监管机构依法设立、相对独立

英国、美国和新加坡的城市公用事业政府监管机构都是先由国会或议会讨论设立，并规定其监管范围和职权，然后由"政府（总统或有关部门）任命其领导人，负责组建该监管机构"。[①] 监管机构都具有相对独立性。独立性主要体现在三个方面：一是监管机构都是经过国会或议会决定，依法设立；二是监管机构虽然隶属于政府，但都相对独立于政府部门；三是监管机构的经费尽管来源不同，但都相对独立。

英国由议会批准设立了燃气供应办公室、电力监管办公室、自来水和污水的水务办公室等行业监管机构，并且各个办公室都独立于其他政府部门。监管机构经费由议会提供，以保证其相对独立性。美国公用事业监管机构由"立法机构批准设立，并规定其范围和职权，然后由总统任命其领导人"。[②] 例如，美国能源监管委员会"一般由5位专职委员组成，委员由总统提名，经参议院同意任命产生。委员一般来自不同党派，任期5—7年，交错任期"。[③] 经费直接依赖向被监管企业征收必要的经费来维持运转。新加坡公用事业监管机构是由国会通过专门立法设立，隶属于政府主管部门，具有独立的决策和行使监管的职能。监管机构预算由监管部门自己制定，报国会审议通过后在媒体上公布，接受公众监督。国会通过预算后，经费一部分由政府拨付，另一部分通过向被监管企业收取一定许可费的方式获得。

（二）城市公用事业政府监管立法监督的内容

随着社会的发展，行政权的加强，英国、美国、新加坡三国不断强化对其监督功能，扩大议会监督内容范围。对城市公用事业政府监管机构的立法监督的主要内容：一是议会对城市公用事业政府监管机构履行职责行为的监督，即工作监督。议会通过工作监督，促使城市公用事业政府监管机关严格依法，公正行使权力，对行政权是有力的制约。二是议会对城市

[①] 钱家骏：《美英对公用事业的管制》，《国际技术经济研究》1997年第10期。
[②] 同上。
[③] 王俊豪：《美国联邦通信委员会及其运行机制》，经济管理出版2003年版，第55页。

公用事业政府监管机构法律实施情况的监督，亦称法律监督。通过法律监督，依法纠正城市公用事业政府监管机关及其工作人员违法行为。三是对城市公用事业政府监管机构财政的监督。英国、美国、新加坡国家议会都掌握财政大权，城市公用事业政府监管机构的财政来源均通过议会批准，并对执行情况进行监督。四是对城市公用事业政府监管机构任免官员的监督。议会有权对依法任命的城市公用事业政府监管机构重要领导人进行监督。

（三）城市公用事业政府监管立法监督的方式

英国、美国、新加坡等国议会主要通过以下手段对城市公用事业政府监管机构进行监督：

1. 对城市公用事业政府监管机构的质询和询问

质询和询问是英国、新加坡等内阁制国家议会监督政府的一种形式，主要是指议员有权以口头或书面方式向城市公用事业政府监管机构首脑及成员提出问题，对方必须给予答复。英国、新加坡等国对于质询的方式、程序及政府的答复等，均有明确的法律规定。在总统制的美国议员没有质询权，但议会下的委员会有权就城市公用事业政府监管机构的许多问题举行听证会，要求城市公用事业政府监管机构官员出席作证，提供情况，回答问题，同样具有质询性质。

2. 对城市公用事业政府监管行政立法行为的审查批准

英国、美国、新加坡均确认政府的依法行政原则，政府是议会所制定的法律的主要执行者，因此，议会一般都有权对城市公用事业政府监管机构重要的行政立法进行事前或事中的审查。与这些国家存在的违宪审查制度共同构成了对政府行政法制创制行为的制约。比如在美国，众议院内设的城市公用事业委员会有权对城市公用事业领域的法律或者政府行为进行经常性的审查。

3. 对城市公用事业政府监管机构人事的弹劾或者罢免

主要是指议会有权对城市公用事业政府监管国家高级公务人员的任命进行提名、批准，并且有权弹劾或者罢免某些高级官员，包括对城市公用事业政府监管官员的选举、任命、认定、弹劾、罢免等。比如在美国，城市公用事业政府监管机构部长、负责人等由总统经参议院批准后任命。参议院有权审查总统提名的人选并予以否决，并且只有过半数的议员同意，提名方可被批准。在具体的议事程序上，总统的提名应当首先被交由相关的委员会，由相关的委员会举行听证会，对被提名人进行了解和考察。当一项提名被批准或者被否决后，多数派中的任一位参议员可以在参议院召开秘密会议后两日内提出动议要求重新予以考虑，对该动议的审议在参议院休会时仍旧悬而未决的，该审议将被终止；另外，除非总统重新将被批准或者被否决的提名提交参议院，否则，该提名将不得在以后会议中讨论。议会对城市公用事业政府监管的人事安排加以控制和影响，也是议会监督、制约城市公用事业政府监管的重要手段，在监督和控制城市公用事业政府监管方面起着极为重要的作用。

4. 对城市公用事业政府监管机关活动的调查

议会为了进行城市公用事业政府监管立法并对政府进行监督，有权组织专门机构对城市公用事业政府监管政府的行为进行调查，一般被称为"国政调查权"。这是议会为了行使其固有的立法权、预算权、人事权、审议权等了解民意、查明事实的重要手段，也是议会了解城市公用事业政府监管机构的行政行为、对其实施有效监督不可或缺的方法。议会的调查权包括对城市公用事业政府监管行政机关法律执行情况、有关制度的缺失等的调查，以及对城市公用事业政府监管官员贪污渎职、工作无效率或浪费等问题的调查等。各国议会中承担调查职能的城市公用事业政府监管委员会为了实施调查，可以召开听证会、调查会，或者采取准司法性的程序。

二 国外城市公用事业政府监管立法监督的经验启示

英国、美国、新加坡三国城市公用事业政府监管立法监督，透射出一种宪政的思维方式，体现人民对政府权力的一种严格和不可或缺的制约。以上三个国家的立法监督，因与我国国情不同，因此其经验不可能完全照搬，但作为城市公用事业政府监管的立法监督的典型代表，其成功之处仍可为我国提供有意义的启示及借鉴。

（一）城市公用事业政府监管立法监督应立法先行、依法监督

英国、美国、新加坡三国城市公用事业政府监管的立法监督最大特点就是十分注重监督的立法。用大量的法律、法规来规范立法监督行为。立法监督有完备的法律法规作为依据，依法行使监督职责，法律约束力很强、权威性很高。目前，英国、美国、新加坡三国不仅在宪法中以专篇或专章的形式规定了议会立法监督制度的主要内容，同时还依据宪法制定了专门的监督法及相关法规。如美国国会先后通过了《政府管理改革法》

和《单项否决权法》等，为立法监督提供法律依据。综观英国、美国、新加坡三国立法监督法律建设情况，不难发现，三国普遍重视法制建设，立法监督的法治化程度较高，使得三国对城市公用事业政府监管的立法监督以法制建设为先导，在法律框架内卓有成效地开展立法监督。

（二）城市公用事业政府监管立法监督机制比较健全

因为城市公用事业政府监管机构实施监管时具有一定的自由裁量权。因此，英国、美国、新加坡三国都从立法、司法、行政和社会等方面建立了比较完善的对城市公用事业政府监管机构实施监管的立法、司法、行政及社会监督机制。立法监督机制健全主要表现在：三国监管机构一般由立法机构建立，并根据立法机构立法原则和授权范围行使职权，监管机构通过其政府部门定期向立法机构报告监管工作，立法机构有权通过听证和调查来了解监管机构的运作和业绩。监管机构在制定监管规章时，必须与立法机构对其法律授权相一致，而且颁布规章还必须进行审核。

（三）城市公用事业政府监管机构立法监督内容完整、程序透明

在监督内容上，对城市公用事业政府监管机关及公务人员履行职权的行为都有广泛监督的权力，促使城市公用事业政府监管机关及公务人员依法公正、平等地行使权力，具体包括工作监督和法律监督；监督方式全面，包括质询和询问、审查批准、弹劾或者罢免以及调查等方式。立法监督方式不仅限于会议讨论或辩论，还有一些其他的监督方式，而且这些监督方式的透明度都很高，诸如听证监督、审计监督以及公众监督等。如美国国会召开会议审查和辩论预算时，公众可以现场旁听，也可以在相关网站或电视上收看实况转播。

第三节　城市公用事业政府监管立法监督机制创新

城市公用事业政府监管立法监督机制包括城市公用事业政府监管的立法监督的机构和制度。创新城市公用事业政府监管的立法监督机制，就是要正视城市公用事业政府监管的立法监督机构和制度方面存在的问题，寻求解决城市公用事业政府监管的立法监督机构和制度问题之本。加强城市公用事业政府监管的立法监督机构自身建设，创新城市公用事业政府监管

的立法监督具体制度。为此,笔者认为,应该在以下方面进行创新:

一 创新城市公用事业政府监管立法监督机构

依照我国现行《监督法》规定,城市公用事业政府监管立法监督主体的范围主要限于人大常委会。很显然,我国人大的立法监督机构建设还不够,单一的监督主体,难免导致监督机构的短缺,与其拥有的巨大权力和履行的神圣职责不相称。因此,要加强城市公用事业政府监管立法监督,首先要完善城市公用事业政府监管立法监督机构建设。具体应从以下三方面加以创新:

(一)应赋予人大专门委员会城市公用事业政府监管立法监督权

人大专门委员会是人民代表大会从代表中选举产生、管辖特定范围内事务的常设机构,有权行使人大及其常委会赋予的职权。由于专门委员会是人大常设机构,其活动不受人大闭会与否的限制。为此,应当修改组织法和人大议事规则,或者制定专门委员会组织法,明确授权全国人大及地方人大专门委员会行使人大部分职权,以拓宽人大立法监督范围,增强立法监督实效。具体应赋予人大专门委员会以下职权:

(1)提出质询案的权力和质询监督权。专门委员会接受代表大会主席团或常委会交付的城市公用事业政府监管机关质询案,听取城市公用事业政府监管机关对该质询案的答复,必要的时候可以向主席团或常委会报告。

(2)行政立法监督权。赋予专门委员会对城市公用事业政府监管部门或下级权力机关的违法或不适当的规范性文件要求撤销和提出撤销议案的权力,既可以加强常委会监督职能,又不至于使常委会权力被专门委员会瓜分,因为最终决定权并不在专门委员会。

(3)城市公用事业政府监管执法监督权。专门委员会的执法监督包括两种形式:一种是对城市公用事业政府监管及其所属部门执行城市公用事业特定法律、法规、决定、决议的情况进行检查,向政府及其工作部门提出意见与建议,并限期报告办理结果。另一种是受理公民、法人和其他组织对城市公用事业政府监管机关执法活动的投诉,要求城市公用事业政府监管有关机关负责答复或处理,重大问题可向主任会议报告。为提高监督效益,专门委员会对社会投诉可以直接要求城市公用事业政府监管有关部门进行处理,对重大问题可以进行调查,向主任会议或常委会报告调查结果,或者向常委会提出城市公用事业政府监管质询案,甚至罢免案。

(4) 城市公用事业政府监管工作监督权。专门委员会对城市公用事业政府监管部门工作的监督也包括两个方面：一方面是听取工作报告，另一方面是对综合性或专项工作进行检查。对报告所涉及的或检查中发现的违法或其他问题，可以要求城市公用事业政府监管机关限期改进，重大问题可向主任会议或常委会报告。

(5) 城市公用事业政府监管调查权，委员会可以自主就城市公用事业政府监管机关的特定活动进行调查，经主任会议同意后可就调查的结果采取相应的措施，或者将调查结果向社会公布。

(二) 建议构建人大立法监督专员制度

监督专员制度发端于瑞典的议会司法专员公署制度，"人大监督专员制度是指由人大及其常委会选出通晓法律知识的杰出、正直的人担任监督员，以人大特派员的身份专门负责对行政、司法等公权力机关及其工作人员违法的或不公正的行为实施监督的制度体系"[1]。已有70多个国家建立了议会监督专员制度。建立人大监督专员制度，有利于人大及其常委会的立法监督工作经常化、制度化；有利于完善现有的监督体系，提高立法监督工作的高效性和权威性。因此，在我国立法监督机构创新过程中，在坚持人大监督的社会主义性质的前提下，尝试建立具有中国特色的人大监督专员制度，作为完善现行人大监督机构的重要补充。参照西方国家议会监督专员制度的基本结构，结合我国的实际状况，人大立法监督专员制度的基本结构和设立要求包括：

(1) 在全国人大常委会设立专门监督委员会，承担人大对城市公用事业政府监管的监督职能，监督专员的产生由监督委员会提名，经全国人大常委会投票通过并任命，监督专员直接对全国人大常委会负责。

(2) 监督专员根据需要在全国范围内跨行政区划有选择性地派出，在该区域内，对任何级别的城市公用事业政府监管的国家机关及其工作人员享有广泛的监督权，可以根据需要行使调查事实、情况通报、人事处分建议、特殊权益救济和临时处置等各种权限并享有全国人大代表同等的司法豁免权，这样的授权有助于避免地方（部门）保护主义对立法监督工作的干扰，能较好地满足某些特殊条件下加强监督的客观需要。

(3) 监督专员实行任期制（任期可以同政府一致为5年），非因个人

---

[1] 林伯海：《关于建立人大监督专员制度的思考》，《人大研究》2002年第10期。

渎职或主动提出辞职,可终身连任。在任期内任何人无权将其免职。监督专员必须每年向常委会和监督委员会报告具体工作,其具体职权和工作不受任何机关和个人的制约。

(4) 制定或修改相应的监督专员立法,如制定《人大监督专员法》,或在《监督法》中完善监督专员制度,为这项制度的建立和顺利运作提供必要的法律保障。

(三) 组织专门调查委员会制度

人大特别是人大常委会可以针对城市公用事业一些重特大安全事故组织专门调查委员会。对事件中国务院有关城市公用事业方面的执法情况、城市公用事业政府监管相关官员的渎职、腐败等进行独立全面的调查。该调查委员会应当向产生它的全国人大或人大常委会提出调查报告,由其根据报告,做出相应的决议、决定。可以说,由立法机关针对城市公用事业政府监管特定问题组成调查委员会进行全面的调查,有助于问题从根本上获得解决。

二 完善城市公用事业政府监管立法监督的法律制度

现行城市公用事业政府监管立法监督法律制度存在一定缺陷,应重视完善现行的有关人大立法监督的法律规定,不仅要完善城市公用事业政府监管立法监督的实体制度内容,更要完善立法监督的程序制度内容。

(一) 健全和完善人大监督的配套立法,确保立法监督权有效行使

法律作为一种强制性的社会规范,对保证权力监督制约的权威性、强制性和提高监督制约的效力具有重要意义。但是,目前人大的监督立法还远远不够,公众呼吁多年的廉政法、反贪污贿赂法、新闻法、举报法、行政程序法等监督法律还无出台,监督制约权力的法制不健全现象突出。因此,人大作为立法机关,责任重大,必须加快监督立法,逐步建立健全监督法规,形成较为完整的监督制约权力的法律体系和制度,在城市公用事业政府监管领域明确监督主体和客体的权利义务、监督程序和实现方式,使权力运行制度化、法制化,避免监督无法可依局面,使监督制约权力的行为依照法律法规进行,并得到法律法规保障。因此,要加强人大监督立法研究,完善立法监督体系,认真研究人大立法监督中迫切需要解决的问题,总结地方人大立法监督的经验,把一些实践中证明行之有效的监督方式、监督程序上升为具有国家强制力的法律,使人大监督工作进一步走向制度化和规范化。

(二) 进一步完善城市公用事业政府监管立法监督的实体制度内容

健全和完善城市公用事业政府监管立法监督制度，对法律已规定的制度使其完善化，增加可操作性，解决监督有法难依问题；对地方新创的监督方式要制度化、法律化、程序化和规范化，使其有法可依，真正发挥人大监督的作用。对照已实行的《监督法》，借鉴国外立法机关监督城市公用事业政府监管立法监督的成功范式，应继续完善以下几项制度：

1. 完善听取和审议城市公用事业政府监管机关专项工作报告制度

人大要在城市公用事业政府监管机关向人民代表大会或人大常委会会议报告工作的制度之外，有计划地听取和审议城市公用事业政府机关的专项工作报告。人大常委会要强化审议城市公用事业政府工作报告的效果，将听取的城市公用事业政府机关专项工作报告及审议意见，人民政府对审议意见研究处理情况或者执行决议情况通报本级人民代表大会代表，并向社会公布，从而避免城市公用事业政府部门对人大监督应付了事，同时要确立专门工作报告的法律地位，工作报告和有关工作报告决议经人大审议通过后，是城市公用事业政府机关工作的依据，应当认真执行，并按照决议要求改进工作。

2. 规范城市公用事业政府监管方面的法律、法规的实施情况执法检查制度

执法检查的主体是各级人大及其常委会和人大专门委员会，执法检查的对象是城市公用事业政府监管机关及职能部门。针对执法检查贪多求全、走形式、收效不大的情况，应从以下方面完善制度：一是突出检查重点。根据《监督法》的相关规定，各级人民代表大会常务委员会可以每年选择若干关系公众切身利益、社会普遍关注的城市公用事业重大问题，有计划地对有关法律、法规实施情况组织执法检查。二是注重检查实效。及时提出执行检查报告和审议意见，交由城市公用事业政府机关处理，并将处理结果通报本级人大代表和向社会公布。三是改善组织方式。实行自查、联查和抽查相结合，常委会组织的执法检查同各专门委员会组织的执法检查相结合，上下级人大常委会检查相结合，以实现规模效应，增强执法检查力度。四是强化制裁功能。人大监督的前提是了解信息，人大监督的目标是通过处置和制裁权，促进城市公用事业政府依法行政。因此有必要对所检查的法律、法规实施情况进行评价，提出执法中存在的问题和改进执法工作的建议，对有关法律、法规提出修改完善的建议，并对城市公

用事业政府及有关部门进行问责。

3. 完善城市公用事业政府监管立法监督质询制度

质询是人大代表监督城市公用事业政府的一种重要方式。要使人大代表的质询能够充分发挥监督城市公用事业政府的作用，有必要使人大会议或人大常委会会议的质询经常化、公开化。一是应建立质询经常化制度。各级人大和人大常委会在会议期间，要专门安排由代表或委员进行质询的时间段，从时间上保证代表或委员质询权的行使。各级人大通常每年举行一次会议，会期比较紧凑，能留给代表质询的时间不是很多，可以更多地使用书面质询的方式；而各级人大常委会一般每两个月举行一次会议，可以较多地采用口头质询方式。二是应建立质询公开化制度。除涉及国家机密的事项外，人大代表或委员向城市公用事业政府机关提出质询案，应当向社会公开，城市公用事业政府机关和部门的答复也应当公开。质询的公开化，实际上是将公众引入监督过程，将人大代表或委员对城市公用事业政府机关的质询以及城市公用事业政府监管机构的答复置于公众的视野之内，接受公众的监督。

4. 完善城市公用事业政府监管财政预算监督制度

人大对城市公用事业政府监管部门实施财政监督重点是对预算的审批监督。应从以下几个方面来改进和加强财政预算监督工作：一是明确法律责任。随着市场经济的深层推进，经济的民主性和人大监督功能必将日益彰显，这就要求在法律责任的设置上，进一步明确规定政府所编的预算草案被人大否决后所应承担的法律后果和补救措施。同时用完备而严格的法律来规范财政活动，对预算违法行为的责任追究作出严格的法律规定，只有法律责任明确，监督才能有据有力。二是规范预算编制。要求政府细化预算科目，增强预算及其执行情况的透明度，向人大提交的预算草案应包括预算收支总表、收支明细表、收支分级表、各部门基本数字表和详细而通俗易懂的草案说明书。以便审查。年中因特殊情况需要调整地方预算时，政府应当编制预算调整方案，提前一个月将预算调整案报地方人大有关专门委员会或工作委员会初审。三是推行经常性审计和绩效审计监督。经常性审计使人大对财政预算执行情况的监督由过去一年一度的周期性决算报告的审查，上升为借助审计手段的经常性监督检查。绩效审计是通过检查和评估资源利用、信息系统、风险管理、提供产品和服务、遵守法规和职业道德、监督和控制的报告系统以及运营考核来衡量公共部门管理的经济性、效率性和效果。

5. 规范城市公用事业政府监管立法监督评议制度

近年来,地方人大创制了"述职评议"和"代表评议"这种监督方式,《监督法》并没有明确规定,但也没有反对这种方式。因此,地方各级人大及其常委会可以继续探索和实践这项制度。并且要逐步规范评议制度的有关程序,明确评议制度的有关原则。如评议要公开、公正、客观和全面,综合评议结果要明确,不能把评议变成评优。人大常委会要将形成的正式评议意见交给述职对象,将审议结果向社会公布;事后要督促反馈,巩固评议成果。要注重评议成果的推广,把它和人大对政府官员的人事任免结合起来,以此作为留任、罢免、撤换的重要依据等。

(三) 完善城市公用事业政府监管立法监督程序

城市公用事业政府监管立法监督程序是保证人大立法监督权力行使合理性的有效措施,是保障公民权利的重要途径。通过完善人大立法监督程序增强人大立法监督的效果是社会主义民主法制建设的必然要求。如果立法监督程序的设计及其运作不符合立法监督实体的目的,再完善的人大立法监督实体制度也会变成泡影。因此,应从法律上完善人大立法监督的程序。

1. 构建完整协调的城市公用事业政府监管立法监督程序体系

城市公用事业政府监管立法监督制度经过长期探索和实践已经基本成熟,为城市公用事业政府监管立法监督程序的完善奠定了基础。完整协调的城市公用事业政府监管立法监督程序体系能够较好统合城市公用事业政府监管立法监督监督者和被监督者各方的立场、观点,并更容易付诸实践。构建完整协调的城市公用事业政府监管立法监督程序体系:一是建立完整的城市公用事业政府监管立法监督程序链,包括监督案的提起、调查、审议、表决和处置等环节,使每一种监督形式都具有完整的操作规程,都能单独发挥作用。同时,又要根据各种监督形式设定不同的操作标准,细化监督程序。二是合理配置城市公用事业政府监管立法监督各种监督形式和手段,形成协调的监督程序体系。要针对人大现有监督形式和手段存在的界限模糊不清、职能交叉等现象,明确各种监督形式的使用范围和条件,即在哪些情况下,符合什么条件,人大才可以或有必要使用相应的监督形式。人大监督权是分层次的,不同层次的监督形式具有不同的监督功能和监督力度,应根据监督权的层次特点,制定适用不同范围、不同力度等级的程序规则。三是强化城市公用事业政府监管立法监督程序的执行责任机制,完善评价体系,使监督权的行使真正落到实处。①

2. 建立城市公用事业政府监管立法监督的公开制度

城市公用事业政府监管立法监督公开制度可以扩大人大立法监督的民主性和社会效果。人大立法监督越公开、透明,监督效果越好。因此,只要法律允许,行使城市公用事业政府监管立法监督权都要通过多种形式公开进行,吸引广大公众参与。建立城市公用事业政府监管立法监督的公开制度包括四个方面:一是公开向社会征求城市公用事业政府监管立法监督的内容。人大常委会确定城市公用事业政府监管立法监督内容后,应及时通过媒体等渠道公示,让公众了解人大在当年或一个时期内所要开展的城市公用事业政府监管立法监督工作,以便公众通过各种形式参与。二是公开城市公用事业政府监管立法监督的结果。完成监督工作计划后,要公示常委会城市公用事业政府监管立法监督工作报告的主要内容,尤其是公示立法监督中发现的问题、主任会议反馈的意见、建议、常委会的审议意见或形成的决定、决议以及被监督者的改进措施等。对城市公用事业政府监管重大的或社会反映强烈的热点、难点问题的监督,人大在进行跟踪监督的同时,应及时通过媒介公开跟踪监督的相关结果。三是要进一步完善和实行公民旁听人大会议或常委会会议制度。应根据城市公用事业政府监管立法监督会场情况,尽可能放宽对公民申请旁听的人数限制,广泛吸引公民旁听,除涉及国家机密以外的城市公用事业政府监管立法监督都应向社会公开,允许公民旁听。四是运用现代信息传播手段,公开人大会议及活动的全过程。城市公用事业政府监管立法监督以看得见的方式得到实现,公众因城市公用事业政府监管立法监督程序本身的正当性、合理性而切实感受到"看得见的正义",认识人大的国家权力机关的形象,形成对城市公用事业政府监管立法监督的普遍尊重。

3. 建立城市公用事业政府监管立法监督听证制度

2003年12月10日,广州市人大常委会举行《广州市城市市容和环境卫生管理规定》监督听证会,首开监督听证会先河。该听证会涉及的法规是《广州市城市市容和环境卫生管理规定》,于1995年9月1日由广

---

① 张卫江:《权力法治·程序正当·体制协调——论地方人大监督制度创新的三要素》,《人大研究》2002年第10期。

州市第十届人民代表大会常务委员会第十九次会议通过，1996年7月1日起施行。后经修订并于1997年12月31日重新公布实施。为了全面地了解这个法规的实施情况，本次监督听证会确定了两个听证事项：一是政府职能部门对《广州市城市市容和环境卫生管理规定》的执行情况如何？其在城市市容、环卫设施和环境卫生等方面的管理是否到位？对违规行为的处罚是否得力？二是《广州市城市市容和环境卫生管理规定》在执行过程中存在哪些主要问题？应当采取哪些有针对性的办法和措施？听证会在程序上主要分为两个阶段。第一阶段由各位听证陈述人就听证事项进行陈述；第二阶段由听证陈述人对陈述意见比较集中的问题进行辩论。在听证陈述人陈述发言结束后，综合大家比较集中的意见，确定了两个辩论事项：一是目前广州市的环卫设施（如垃圾压缩站、公共厕所和垃圾箱等）在配套建设以及管理等方面存在的问题给市民生活造成一定影响，其主要原因是什么？应当如何解决？二是目前存在的影响广州市城市市容和环境卫生的城市"牛皮癣"、乱扔垃圾以及随地吐痰等问题的主要原因是什么？应当如何治理？监督听证结束后形成听证报告书提交广州市人大常委会审议，市人大常委会针对听证过程中发现的问题作出相关决议，向政府发出监督意见书，从而使公众的监督转化为具有法律效力的权力机关监督。

　　城市公用事业政府监管立法监督听证制度可使人大监督更加公开化、更加社会化、更加有效。听证制度将对人大履行监督职能带来三个方面的影响：一是可使人大的监督更加公开化。听证会是公开举行，与以往的闭会期间的执法检查、座谈会等相比更加公开透明。二是可使人大的监督更加社会化。在听证会上，除了可以听到城市公用事业政府监管行政机关对执法情况的陈述外，可以更多地听到城市公用事业政府监管对象或受城市公用事业政府监管行政机关管理行为直接影响的公民的声音，即听到社会公众的意见。社会公众对于城市公用事业政府监管执法的评价、法规调整社会生活的效果的意见，对促进城市公用事业政府监管行政机关改进工作和促进人大完善法规都有意义。三是可使人大监督有效性更加突出。通过听证会的陈述和辩论，城市公用事业政府监管执法检查难以发现的问题，可能在监督听证会上被发现，而且听证会后的听证报告书及常委会审议听证报告书后可能给城市公用事业政府监管的监督书，将大大强化对城市公用事业政府监管行政机关的监督力度。

因此有必要建立和完善城市公用事业政府监管立法监督听证制度，一是应明确和规范听证法律依据，在法律上赋予各级人大听证权，并拓宽听证范围。建议《监督法》把监督、重大事项决定和人事任免列入听证范围，积极尝试对预算修正案、罢免案、议案办理的听证，并逐步形成法律规范。二是要完善规范人大监督的听证程序。程序规定应包括听证的公开性与透明度、听证参加人的确定、听证的准备、听证过程的规定。三是要注重对听证结果的处理。听证会结束后要及时制作听证报告，并把听证报告作为常委会审议的重要依据，对听证参加人发表的意见和提交的书面意见进行认真归纳，合理的予以采纳；未采纳的给予书面答复，阐明理由，从而使公众的意见和愿望在城市公用事业政府监管立法监督工作中得到充分的表达，实现听证的民主性、执行性功能。

三 健全城市公用事业政府监管立法监督责任机制

权、责统一是法治原则的应有之义。健全的城市公用事业政府监管立法监督责任机制，是提高人大监督实效的前提。现行的监督法虽然规定了城市公用事业政府监管立法监督的权力，但却缺失立法监督主体自身法律责任的规定，同时监督对象责任机制也存在不足。如果缺失城市公用事业政府监管立法监督责任，人大立法监督就失去意义，因为立法监督责任即是人大监督威力所在。所以，健全城市公用事业政府监管立法监督责任制度，对立法监督主体积极正确行使监督权，立法监督对象自觉地、经常地接受立法监督有着重要的意义。

（一）完善城市公用事业政府监管立法监督主体责任机制

不受制约的权力必然导致腐败。这个真理同样适用于人大对城市公用事业政府监管立法监督权。因为人大及其常委会是国家权力机关，人大监督权的内在规定性表明它是一项国家职权，必须有法律制度对其进行制约。为此，应通过相关立法，对建立健全人大监督主体责任制提供法律保障，要对有关人员的失职行为进行必要的追究，确保依法行使监督权，只有这样，才能将监督权落到实处，才能督促人大代表和常委会、各专门委员会的组成人员在其位、谋其政，保证人大监督工作得到有效的开展，自觉地接受人民的监督。完善监督主体责任制，一是应明确责任，增强履行职责的责任感和使命感。二是把责任制重点放在人大常委会组成人员层面，这个层面是强化监督力度的重要环节，只有这个层面动起来，才能充分发挥监督主体作用，使虚监督变为实监督，柔性监督变为刚性监督。同时也有利于人大代表对常委组成人员的监督具体化，促进人大及其常委会依法行使监督权，提高监督的质量和效果。三是建议全国人大在修改《选举法》或《代表法》时，应考虑增加完善系统的可供具体操作的"代表辞职制度"内容，使其走向规范化、法制化的轨道。四是建立代表向选民和选举单位定期述职制度和罢免人民代表的制度，接受选民和原选举单位的评议，要对代表述职评议的对象、范围、内容、程序、评议结果的处理做出可操作的明确规定，从而依靠监督真正促进代表素质和能力的提高，并规定人大常委会作为受理人民群众意见的机关，有权按照一定程序罢免不称职的人民代表，强化人大代表的责任感和使命感。

（二）完善城市公用事业政府监管立法监督对象责任机制

城市公用事业政府监管立法监督对监督对象的违法、失职行为应有权追究其责任，监督对象责任机制的完善是立法监督权落实的标志。完善城市公用事业政府监管立法监督对象责任机制，一是必须强化人大处置权，如定期和不定期地考察、评议城市公用事业政府监管机构任命人员履职情况，对违法者视情节做出限期改正、责令引咎辞职、免职、撤职的处置决定。二是对城市公用事业政府监管机关及其工作人员因其过错造成不良后果的，做出责成有关部门处理或追究法律责任的处置决定等。依法行使宪法和法律赋予人大的对城市公用事业政府监管立法监督的询问和质询、特定问题调查、罢免和撤职等刚性监督手段来实现人大监督处置的威慑力。三是要由一次性监督向连续性监督转变，由注重监督过程向过程与结果双注重转变。对城市公用事业政府监管机关的工作报告进行满意度表决和发出法律监督书、审议意见书，是提高监督效力和促进问题解决的有效形式，应逐步推行。四是应注重责任追究以提高监督效果。城市公用事业政府监管立法监督效果是否理想，同能否注重责任追究关系极大。要把城市公用事业政府监管立法监督的工作与督促其查办违法人员相结合。在开展执法检查、代表评议时，对执法不公、徇私枉法人员，及时予以追究。五是应完善各级人大及其常委会对城市公用事业政府监管行政官员的问责制度。我国现行官员问责都是由各级党委建议人大进行罢免的，人大自身从没主动进行过罢免行为。根据《宪法》、《监督法》、《地方组织法》等法律，各级人大及其常委会、人大代表依照法定的方式和程序完全可以提起对城市公用事业政府监管相关行政官员的罢免案，决定撤销它任命的相关官员。但目前相关法律对各级人大行使罢免权的程序作了严格规定。如

《地方组织法》第二十一条规定，县级以上各级人大所产生的官员的罢免案须由主席团、常委会或十分之一以上的代表联名提出。无论是在中央还是在地方，十分之一代表联名都是一个很难操作的数字。正是"十分之一以上代表联名"的条件限制过于严格，导致罢免程序缺乏可操作性，因此，建议人大主张罢免案提出的条件应宽松一些，才能真正体现人大立法监督的效果。

第四章 城市公用事业政府监管司法监督现状与问题

在对城市公用事业政府监管的诸多监督中,司法监督具有独立性、直接性、法定性、强制性等特点,与行政监督、立法监督、社会监督等其他形式相比,司法监督是监督效果最直接、形式最特殊的一项国家法律监督制度。对城市公用事业政府监管进行司法监督的主要法律依据是《中华人民共和国宪法》、《中华人民共和国行政诉讼法》、《中华人民共和国刑法》、《中华人民共和国刑事诉讼法》以及其他相关行政法规。依据《宪法》、《行政诉讼法》、《刑法》和《刑事诉讼法》规定,本章对我国城市公用事业政府监管司法监督现状和问题作一梳理,主要包括城市公用事业政府监管的司法监督的主体、司法监督的内容、司法监督的标准等内容。

第一节 城市公用事业政府监管司法监督现状

一 我国城市公用事业政府监管司法监督主体

根据现行宪法的规定[①],我国司法机关是人民法院和人民检察院,它们分别行使国家的审判权和检察权,是国家机构的两个重要组成部分。我国城市公用事业政府监管司法监督的主体,是对城市公用事业政府监管进行司法监督的承担者和监督活动的实施者,包括行使国家司法权的检察机关和审判机关。根据不同主体所为的监督行为,可分为检察监督和审判监督两部分。

(一)检察监督主体

对城市公用事业政府监管进行检察监督的主体即检察机关——各级人

[①] 《宪法》第一百二十三条规定:"中华人民共和国人民法院是国家的审判机关。"第一百二十九条规定:"中华人民共和国人民检察院是国家的法律监督机关。"

民检察院。现行《宪法》第一百二十九条明确规定:"中华人民共和国人民检察院是国家的法律监督机关。"它一方面阐明了法律监督制度是我国国家制度的一项重要内容;另一方面确立了人民检察院在履行法律监督职责中的特殊地位,即检察机关是国家专门的法律监督机关。这意味着检察机关承担国家的法律监督职能,对国家法律实施的各个领域实施监督,既包括监督司法机关的执法行为,也包括监督行政机关的执法行为。《人民检察院组织法》也对检察监督行政执法行为做了规定,该法第六条明确规定:"人民检察院依法保障公民对于违法的国家工作人员提出控告的权利,追究侵犯公民的人身权利、民主权利和其他权利的人的法律责任。"依据该条规定,检察机关有追究违法国家工作人员责任的权力,而城市公用事业政府监管机关中的公务人员属国家工作人员范畴,所以城市公用事业政府监管机关执法人员当然在检察监督范围之内。以上规定为检察机关监督城市公用事业政府监管机关行政执法行为提供了具体的法律依据,直接或间接地明确了检察机关的监督职责,为检察监督城市公用事业政府监管机关行政执法行为提供了有力的法律法规基础。充分说明检察机关享有对城市公用事业政府监管机关行政执法行为进行监督的独特权力;同时,也说明开展城市公用事业政府监管机关行政执法行为检察监督,是检察机关的神圣职责。

(二) 审判监督主体

对城市公用事业政府监管进行审判监督的主体即审判机关为人民法院。我国宪法没有直接明确规定对行政权的司法监督,但宪法对行政权的司法监督也有相关条款规定。《宪法》第五条规定:"一切国家机关必须严格遵守宪法和法律,否则将被追究违法的责任。"按照《宪法》第一百二十三条①、第一百二十六条②的规定,人民法院作为国家的审判机关有权独立行使国家司法权力,审理包括行政案件、行政争议在内的各种案件和纠纷。《宪法》第四十一条规定:"我国公民对任何国家机关和工作人员的违法失职行为有向有关国家机关提出申诉、控告和检举的权利。"立法机关依据此规定,在《民事诉讼法》第三条第二款规定:"法律规定由人民法院审理的行政案件,适用本法。"由此确立了行政诉讼制度。然

---

① 《宪法》第一百二十三条规定:"中华人民共和国人民法院是国家的审判机关。"
② 《宪法》第一百二十六条规定:"人民法院依照法律规定独立行使审判权,不受行政机关、社会团体和个人的干涉。"

而，这一规定过于原则、简单，远远不能适应形势的需要。我国对行政权进行必要的司法监督作为一项完整的制度确认下来，是以《中华人民共和国行政诉讼法》的正式制定和实施为主要形式实现的。《行政诉讼法》第二条规定："人民法院审理行政案件，对具体行政行为是否合法进行审查。"这条规定，明确确定了人民法院审查具体行政行为合法性原则，确定了人民法院对行政权的司法监督制度，并在整部法典中都贯穿了这一原则与制度精神。充分说明审判机关享有对城市公用事业政府监管行政机关进行审判监督的独特权力，同时，也说明开展城市公用事业政府监管行政机关审判监督，是审判机关的神圣职责。

二 我国城市公用事业政府监管司法监督内容

（一）检察机关对我国城市公用事业政府监管的司法监督内容

人民检察院作为城市公用事业政府监管司法监督的主体，主要限于对城市公用事业政府监管机关严重违法乱纪，可能构成犯罪的城市公用事业政府监管机关工作人员的监督。人民检察院特别通过对犯有渎职罪、贪污罪、贿赂罪的城市公用事业政府监管机关工作人员进行侦查和提起公诉，实现其对行政法制司法监督职能。

1. 查处城市公用事业政府监管机关职务犯罪

现行《刑事诉讼法》和《刑法》分别就人民检察院立案侦查的范围和具体罪名明确做出规定，其中，就人民检察院立案侦查的范围，《刑事诉讼法》第十八条第二款规定："贪污贿赂犯罪，国家工作人员的渎职犯罪，国家机关工作人员利用职权实施的非法拘禁、刑讯逼供、报复陷害、非法搜查的侵犯公民人身权利的犯罪以及侵犯公民民主权利的犯罪，由人民检察院立案侦查。"涉及的具体罪名在《刑法》分则第四章、第八章和第九章，其中就违法行政所涉罪名就达四十多个。因此，在对城市公用事业政府监管机关工作人员渎职侵权类犯罪进行侦查，追究相关人员刑事责任的同时，行政执法行为自然进入检察机关监督之下。除了上述各部门单独制定的规定对检察监督有明确规定外，还有多部门联合下发的规定。如由最高检联合"全国整规办"、公安部和监察部下发的《关于在行政执法中及时移送涉嫌犯罪案件的意见》（以下简称《意见》）和由监察部、最高检和国家安全生产监督管理总局联合下发的《关于加强行政机关与检察机关在重大责任事故调查处理中的联系和配合的暂行规定》（以下简称《暂行规定》），《意见》第十四条规定："人民检察院依法对行政执法机关移送涉嫌犯罪案件情况实施监督，发现行政执法人员徇私舞弊，对依法应当移送的涉嫌犯罪案件不移送，情节严重，构成犯罪的，应当依照刑法有关的规定追究其刑事责任。"《暂行规定》第二条规定："国务院或国务院授权有关部门组成的事故调查组，应当邀请最高人民检察院参加；地方各级人民政府或政府授权有关部门组成的事故调查组，应当邀请同级检察机关参加。"

2. 依法对城市公用事业政府监管违法行为进行抗诉

对行政机关违法行政而在行政诉讼中法院又做出错误裁判，支持行政机关错误决定的，依法进行抗诉。依据《行政诉讼法》第六十四条规定[1]，就人民法院已经发生法律效力的判决、裁定，如发现存在违反法律、法规规定的情形时，明确检察机关可以行使抗诉权。这是检察机关监督城市公用事业政府监管机关行政执法行为的又一种方式。同时，在最高人民检察院制定的《人民检察院民事行政抗诉案件办案规则》中更进一步具体明确了检察机关的抗诉权的程序和内容。据此，检察监督城市公用事业政府监管机关行政执法行为得到法律的进一步明确。

3. 运用检察建议监督城市公用事业政府监管机关正确履行职责

针对城市公用事业政府监管违法行政行为损害明确具体的行政相对人，或者损害了公共利益、弱势群体的利益但受损后果较轻，或可以弥补的行为，运用检察建议的方式，监督城市公用事业政府监管责任主体纠正违法行政行为，停止侵权、消除侵害。在国务院颁布的《行政执法机关移送涉嫌犯罪案件的规定》和最高检制定的《人民检察院办理行政执法机关移送涉嫌犯罪案件的规定》中，均明确指出，检察机关在发现行政执法机关有案不移或者以罚代刑时，有权对其进行监督；在最高检制定的《人民检察院民事行政抗诉案件办案规则》[2]中更明确了检察机关可以通过检察建议这一方式进行检察监督。

---

[1] 《行政诉讼法》第六十四条规定："人民检察院对人民法院已经发生法律效力的判决、裁定，发现违反法律、法规规定的，有权按照审判监督程序提出抗诉。"
[2] 《人民检察院民事行政抗诉案件办案规则》第四十八条规定："有下列情形之一的，人民检察院可以向有关单位提出检察建议：
（一）有关国家机关或者企业事业单位存在制度隐患的；
（二）有关国家机关工作人员、企业事业单位工作人员严重违背职责，应当追究其纪律责任的；
（三）应当向有关单位提出检察建议的其他情形。"

(二) 人民法院对我国城市公用事业政府监管司法监督的内容

人民法院作为城市公用事业政府监管司法监督主体，其主要监督方式是通过行政诉讼对城市公用事业政府监管机关具体行政行为合法性进行审查，撤销城市公用事业政府监管机关违法的具体行政行为，变更城市公用事业政府监管机关显失公正的行政处罚行为，以实现其司法监督职能。

依据现行《行政诉讼法》等相关法律法规的规定，从较全面、准确的角度看，我国人民法院对城市公用事业政府监管行政机关行政活功的司法监督主要应包括以下几个方面的具体内容：

1. 在行政诉讼中人民法院对城市公用事业政府监管机关被诉具体行政行为的审查、裁判

这是我国司法监督中被国家法律规定的最为明确也最具有直接效果的一部分。《行政诉讼法》第二条规定："人民法院审理行政案件，对具体行政行为是否合法进行审查。"这条规定，明确确定了人民法院审查具体行政行为合法性原则，确定了对城市公用事业政府监管行政权的司法监督制度。在这种监督中，人民法院监督的是城市公用事业政府监管行政机关被诉的具体行政行为，即属于行政诉讼受案范围的具体行政行为，主要是城市公用事业政府监管机关作出的影响公民、法人或者其他组织人身权、财产权和经营自主权的具体行政行为。[①]

人民法院对城市公用事业政府监管机关的具体行政行为具有有力的监督手段，人民法院有权审查这种具体行政行为的合法性，对主要证据不足、适用法律、法规错误、违反法定程序和超越职权、滥用职权的具体行政行为能判决撤销，并可以要求城市公用事业政府监管机关重新做出具体行政行为，对显失公正的城市公用事业政府监管机关做出的行政处罚可以直接判决变更，对城市公用事业政府监管机关不履行或拖延履行职责的要

[①] 《行政诉讼法》第十一条规定："人民法院受理公民、法人和其他组织对下列具体行政行为不服提起的诉讼：（一）对拘留、罚款、吊销许可证和执照、责令停产停业、没收财物等行政处罚不服的；（二）对限制人身自由或者对财产的查封、扣押、冻结等行政强制措施不服的；（三）认为行政机关侵犯法律规定的经营自主权的；（四）认为符合法定条件申请行政机关颁发许可证和执照，行政机关拒绝颁发或者不予答复的；（五）申请行政机关履行保护人身权、财产权的法定职责，行政机关拒绝履行或者不予答复的；（六）认为行政机关没有依法发给抚恤金的；（七）认为行政机关违法要求履行义务的；（八）认为行政机关侵犯其他人身权、财产权的"。除前款规定外，人民法院受理法律、法规规定可以提起诉讼的其他行政案件。

判决在一定期限内履行。① 显然，人民法院在行政诉讼中对城市公用事业政府监管机关被诉具体行政行为具有直接监督效力。

2. 在行政诉讼中人民法院对城市公用事业政府监管机关部分抽象行政行为的判断和具体适用的否定

对此，人民法院监督的是作为城市公用事业政府监管具体行政行为依据的规章和监管规范性文件是否合法。我国行政诉讼法规定②，人民法院审理行政案件参照行政机关规章，并在认为规章不一致的情况下，要送请国务院作出解释和裁决，同时不给予城市公用事业政府监管机关规范性文件可作为行政诉讼判案依据或参照的地位。这就意味着人民法院可以判断城市公用事业规章的合法性并否定不合法规章和规范性文件的具体适用。这是人民法院对城市公用事业政府监管机关部分抽象行政行为具有实际作用的司法监督。这种司法监督具体表现为：

（1）人民法院在决定是否参照规章来办理行政案件时，首先应判断该规章的制定和内容是否符合法律、法规的规定，不符合的将不予参照，可见人民法院在行政诉讼中可以评断城市公用事业规章的合法性。

（2）一旦人民法院认为城市公用事业规章不合法而不作参照时，实际上就否定了该规章对案件中作为原告的公民、法人或者其他组织的约束力，可见人民法院在城市公用事业政府监管行政诉讼中实际上可以否决规章对特定对象（即提起行政诉讼的公民、法人或者其他组织）的法律效力。

（3）人民法院在认为城市公用事业规章不一致的情况下，可由最高法院送请国务院作出释解或裁决。因此，人民法院在行政诉讼中实际上能督促行政机关对城市公用事业规章的立法和适用必须做到合法、合理。

---

① 《行政诉讼法》第五十四条规定："人民法院经过审理，根据不同情况，分别作出以下判决：（一）具体行政行为证据确凿，适用法律、法规正确，符合法定程序的，判决维持。（二）具体行政行为有下列情形之一的，判决撤销或者部分撤销，并可以判决被告重新作出具体行政行为：1. 主要证据不足的；2. 适用法律、法规错误的；3. 违反法定程序的；4. 超越职权的；5. 可以滥用职权的。（三）被告不履行或者拖延履行法定职责的，判决其在一定期限内履行。（四）行政处罚显失公正的，可以判决变更。"

② 《行政诉讼法》第五十三条规定："人民法院审理行政案件，参照国务院部、委根据法律和国务院的行政法规、决定、命令制定、发布的规章以及省、自治区、直辖市和省、自治区的人民政府所在地的市和经国务院批准的较大的市的人民政府根据法律和国务院的行政法规制定、发布的规章。

人民法院认为地方人民政府制定、发布的规章与国务院部、委制定、发布的规章不一致的，以及国务院部、委制定、发布的规章之间不一致的，由最高人民法院送请国务院作出解释或者裁决。"

(4) 人民法院对城市公用事业政府监管机关的其他规范性文件一概不作为行政诉讼的判案依据或参照，这实际上就将城市公用事业政府监管机关的规范性文件置于一种对行政案件的原告不具有约束力的状态，人民法院的判决如果否定了城市公用事业政府监管具体行政行为，那么也同时就否定了作为该城市公用事业政府监管具体行政行为所依据的监管规范性文件。

人民法院在行政诉讼中对城市公用事业政府监管机关有关抽象行政行为的这种制约，未被法律明确规定为监督、审查，也不能由人民法院对城市公用事业政府监管抽象行政行为做出正式诉讼的裁定和判决，但它实质上起到了一定的监督的作用，而且从一定意义讲，它比对城市公用事业政府监管机关被诉具体行政行为的审查、裁判更为深刻。因为抽象行政行为是城市公用事业政府监管机关做出具体行政行为的依据，一个抽象行政行为的违法必将导致城市公用事业政府监管机关一大批具体行政行为的违法。人民法院对被诉城市公用事业政府监管具体行政行为的审查、裁判只能解决城市公用事业政府监管机关一个具体行政行为的合法性问题，也只能救济被该城市公用事业政府监管具体行政行为侵犯的单个公民、法人或者其他组织的合法权益，而一旦人民法院督促城市公用事业政府监管机关必须废止、修改不合法、不适当的抽象行政行为，或者调整抽象行政行为的适用时，除能解决该抽象行政行为的合法性问题外，同时还解决了一大批城市公用事业政府监管具体行政行为的合法性问题，并且会事先防范普遍范围内广大公民、法人或者其他组织的合法权益不受侵害。由此，人民法院对城市公用事业政府监管机关有关抽象行政行为的这种监督作用是不能被忽略的。

3. 人民法院对城市公用事业政府监管机关的行政强制执行决定进行审查

我国人民法院对城市公用事业政府监管机关行政活动的司法监督不仅体现在行政诉讼中，在城市公用事业政府监管机关的行政强制执行程序中也有很重要的监督。根据有关法律、法规的规定，城市公用事业政府监管机关的部分行政处理决定要付诸实施，依法只能申请人民法院强制执行，这一方面发挥了人民法院对维持国家正常行政管理秩序的作用；另一方面则又形成了人民法院对城市公用事业政府监管机关部分行政处理决定执行前的审查监督。从人民法院强制执行城市公用事业政府监管机关处理决定的司法实践来看,人民法院接受了城市公用事业政府监管机关要求强制执行的申请后,首先要审查城市公用事业政府监管机关的处理决定是否正确合法,审查被执行的公民、法人或者其他组织一方是否符合执行条件,如果发现问题,人民法院将不予实施强制执行。而人民法院一旦不予强制执行,城市公用事业政府监管机关的原处理决定实质上就处于不能发生法律效力状态,这也将促使城市公用事业政府监管机关必须自己撤回或改变原错误的处理决定,从而达到了司法监督的效果。这种监督也是直接而具有实质意义的。

4. 人民法院对城市公用事业政府监管机关行政活动的司法建议

人民法院在司法审判工作中如发现涉及城市公用事业政府监管机关行政活动、人民法院又不能直接处置而需监管机关自己改进或及时处理的问题,可正式以书面形式提出建议。司法建议对城市公用事业政府监管机关的行政活动具有提出问题和要求改进处理的督促作用,因而是司法监督的一种方式,但实际监督力弱于上述几种监督。人民法院在各种司法工作过程中都能对涉及城市公用事业政府监管机关行政活动的问题提出司法建议,司法建议通常包括以下几种情况:

(1) 在行政诉讼中,人民法院判决撤销城市公用事业政府监管机关具体行政行为并要求城市公用事业政府监管机关重新做出具体行政行为时,可以建议城市公用事业政府监管机关如何重新妥当地做出具体行政行为。

(2) 在行政诉讼中,人民法院认为作为城市公用事业政府监管机关具体行政行为依据的规章有问题而决定不予参照,或作为城市公用事业政府监管机关具体行政行为依据的规范性文件有问题时,可以建议城市公用事业政府监管机关对该规章或该规范性文件进行必要处理,如加以撤销或修订等。

(3) 人民法院认为在行政案件中城市公用事业政府监管机关工作人员有违法失职行为应追究法律责任的,可以建议城市公用事业政府监管机关对其予以必要的行政处分。

(4) 人民法院对城市公用事业政府监管机关拒不履行已生效的行政诉讼判决、裁定的,可以向有督促权的上一级行政机关或监察、人事机关提出给予其必要行政处理的司法建议。

(5) 在其他诉讼活动或强制执行城市公用事业政府监管机关行政处

理决定的过程中,人民法院如发现城市公用事业政府监管机关行政活动中的问题需城市公用事业政府监管机关改进或及时处理的,也可以向行政机关提出司法建议,如人民法院在审判城市公用事业政府监管机关工作人员利用职务进行犯罪的案件中发现城市公用事业政府监管机关工作中有许多被犯罪分子利用的漏洞,需要及时加以改进的,便可以向城市公用事业政府监管机关提出有关的司法建议。

可见,人民法院司法建议针对的范围是十分广泛的,可以在较大的范围内督促城市公用事业政府监管机关的行政活动。

三 我国城市公用事业政府监管具体行为司法审查的标准

现行的《行政诉讼法》对人民法院监督城市公用事业政府监管具体行政行为的司法审查、裁判规定最具体、明确,尤其是对城市公用事业政府监管机关的具体行政行为的合法性标准规定较充分具体,以下做一分析。

（一）城市公用事业政府监管具体行政行为合法性审查的标准概述

城市公用事业政府监管具体行政行为合法性审查的标准,即什么样的城市公用事业政府监管具体行政行为合法,什么样的城市公用事业政府监管具体行政行为违法,即城市公用事业政府监管具体行政行为合法与违法的标准是什么的问题。

现代行政权的"行使说"理论认为,证据确凿、适用法律法规正确、符合法定程序,是合法行政行为必须同时具备的三个条件,任何一个条件有欠缺,具体行政行为就不能认为合法。《行政诉讼法》第五十四条第一款关于合法的具体行政行为必须同时具备证据确凿,适用法律、法规正确,符合法定程序的三个条件的规定,具有十分重要的意义。根据此规定,城市公用事业政府监管合法的行政行为必须是证据确凿,适用法律法规正确,符合法定程序。这是"以事实为根据,以法律为准绳"原则在行政诉讼法中的体现。行政诉讼的特殊性在于:人民法院审查的是城市公用事业政府监管机关的具体行政行为,而具体行政行为实际上是城市公用事业政府监管机关对具体事实适用法律法规的结果。因此,人民法院对城市公用事业政府监管机关的具体行政行为的合法性审查,实际是对城市公用事业政府监管机关适法行为的审查。

（二）城市公用事业政府监管具体行政行为违法的表现形式

《行政诉讼法》第五十四条第一款规定了城市公用事业政府监管具体

行政行为合法性审查的标准，同时第二款从反面规定了城市公用事业政府监管具体行政行为违法的表现形式，使得人民法院对城市公用事业政府监管机关的具体行政行为的司法审查的法律依据具体而全面。具体行政行为违法的表现形式主要有：

1. 主要证据不足

城市公用事业政府监管机关在做出具体行政行为时掌握的证据无法证明案件的基本事实情况，没有或基本没有事实根据。尤其应注意的是，我国城市公用事业政府监管机关行使职权时，特别是对一些常规性或不太严重的问题，并不十分注意取证工作。基本事实不清，据以做出的城市公用事业政府监管具体行政行为当然是违法的。

2. 适用法律、法规错误

狭义的适用法律、法规错误是指城市公用事业政府监管机关在做出具体行政行为时有法律、法规可以依据，但在适用中是错误的。例如，应该适用甲法律而适用了乙法律，应该适用法律、法规的这一条款而适用了另一条款规定。这两种情况常与事实不清或定性错误相联系。又如适用了已废除的法律、法规，适用了尚未生效的法律、法规，以及应该适用新法而适用了旧法，应该适用特别法而适用了一般法，等等。这些都是适用法律、法规错误。广义的适用法律、法规错误，还应包括：适用了违法的规章或其他行政机关制定的具有普遍约束力的决定、命令的一般规范性文件，据此做出的具体行政行为当然也是违法的。此外，城市公用事业政府监管机关在没有任何法律、法规、规章或其他一般规范性文件为依据的情况下，自作主张，主观随意地做出具体行政行为，都是适用法律法规错误。

3. 违反法定程序

正如人民法院的审理工作要遵循一定的诉讼程序，以保证公正、正确地处理刑事、民事、行政案件一样，城市公用事业政府监管机关在做出直接影响公民、法人或其他组织的合法权益的具体行政行为时，同样必须遵循一定的程序，即行政程序，以保证城市公用事业政府监管机关迅速、正确、公正地处理各种行政事务。行政程序一旦为法律所规定，即成为法定程序，随之就形成程序上的权利义务。与行政法上的实体权利义务一样，在行政程序上，一方享有程序权利，另一方就承担相应的程序义务；一方不履行应承担的程序义务，就必然会侵犯另一方的程序权利。与损害实体权利一样，损害程序权利也要承担法律责任。行政程序的权利、义务可以分为城市公用事业政府监管机关的程序权利和相对人的程序权利，也可分为城市公用事业政府监管机关的程序义务和相对人的程序义务。公民、法人或其他组织不遵循法定程序，不履行法律规定的程序义务，其法律责任将由行政机关追究。至于城市公用事业政府监管机关违反法定程序，不履行程序上的义务，从而损害公民、法人或其他组织的程序权利，公民、法人或其他组织就只有请求司法保护——提起行政诉讼。既然程序上的权利义务与实体上的权利义务具有同样的法律意义，城市公用事业政府监管机关在做出具体行政行为时程序违法，该具体行政行为就可能被撤销。城市公用事业政府监管机关程序违法大致表现在以下四个方面：一是缺少必要步骤，程序就是由步骤组成的一个过程，缺少某一必经步骤，这一过程就难以完成。如城市公用事业政府监管行政工作人员应出示身份证而未出示。二是缺少必要的形式，例如行政处罚必须开具收据而不开。三是违反时限的规定，如规定应于10日内做出答复而拖延不答。四是违反顺序规定，如应该先取证后裁决而先裁决后取证。都属于程序违法。

4. 超越职权

行政机关是人民代表大会的执行机关，城市公用事业政府监管机关职权是法律授予的，只能在法定职权范围内活动。城市公用事业政府监管机关超越职权，就是超越法律授予的权限，即是违法。城市公用事业政府监管机关超越职权有纵向超越职权和横向超越职权之分。纵向超越职权就是城市公用事业政府监管的下级机关擅自行使了城市公用事业政府监管上级机关的职权；横向超越职权即城市公用事业政府监管某部门、某机关行使了其他监管部门、其他监管机关的职权。所有这些都是违法行为。但需要注意的是，城市公用事业政府监管机关超越职权的行为只有在侵犯行政相对人的合法权益时，才有可能提起诉讼。如果是城市公用事业政府监管某部门、某行政机关超越职权，行使了其他部门或其他机关的职权，并没有直接侵犯行政相对人的合法权益，那就是城市公用事业政府监管机关内部问题，与行政诉讼司法监督无关。

5. 滥用职权

滥用职权与城市公用事业政府监管机关超越职权不同，是指城市公用事业政府监管机关及其工作人员所作的具体行政行为在其职权范围以内，但行为目的与动机和法律、法规的目的与要求相悖,即行为的目的、动机违法,以权谋私,滥用了法律授予的权力。

6. 不履行法定职责

与超越职权、滥用职权等不同,不履行法定职责是一种不作为违法,即城市公用事业政府监管机关不履行法律规定的义务,同样是一种违法行为。

7. 拖延履行法定职责

拖延履行法定职责是不履行法定职责的一种特殊形态。城市公用事业政府监管机关拖延履行法定职责,本质上也就是不履行,同样是一种失职行为。城市公用事业政府监管机关的职权,与民事权利在性质上是完全不同的,公民对其民事权利有行使或不行使的自由,但城市公用事业政府监管机关对其职权则不同。行政职权不仅是一种权利,也是义务和责任,法律规定的职权不仅可以行使,而且必须行使。如城市公用事业政府监管机关有权依法处理污水超标,如果不应处理而处理,是作为违法;应处理而不处理,同样也是违法,是不作为违法;如城市公用事业政府监管机关有权给企业某种许可,不应给予而给予的,是作为违法;应该给予而不给予的,是不作为违法。只有依法办事,才能避免违法。

以上七种违法行为,即是行政诉讼法规定的可以适用城市公用事业政府监管机关违法行为的法定形式。

(三)城市公用事业政府监管具体行政行为合法审查的例外——审查具体行政行为的适当性

城市公用事业政府监管具体行政行为大致可分为两大类:一类为羁束行为,另一类为自由裁量行为。羁束行为是指法律法规对城市公用事业政府监管机关可以采取的具体行政行为作出非常严格、明确的规定,行政机关只能遵照执行,没有任何灵活处理的余地的行政行为。自由裁量行为是指法律、法规对行政机关可以采取的具体行政行为,就范围、种类、幅度、数量等方面做了有一定选择余地的规定,行政机关可以根据具体情况做出适当的选择的行政行为。毫无疑问,在相当多的情况下,授予行政机关某些自由裁量权是十分必要的。因为现实中具体情况是十分复杂的,法律无法对一切事项规定的过分具体。违反羁束规定的具体行政行为是违法,超过自由裁量的范围,也是违法。只有在法律规定的种类、数量以内,才是合法的。然而,城市公用事业政府监管机关的具体行政行为虽然合法，但还存在是否适当的问题。根据合法性审查原则，人民法院将只对城市公用事业政府监管机关的具体行政行为是否合法进行审查，至于是否适当，则是行政权范围内的问题，人民法院原则上将不予审查。但是，根据我国目前立法和执法实际情况，城市公用事业政府监管机关的行政处罚在其显失公正①时，作为合法性审查的例外，被行政诉讼法规定为可予审查之列。其原因在于：我国目前的行政处罚在立法上还存在一些问题，以至在执法过程中，一旦显失公正时，就有可能导致相对人的合法权益遭受严重损害。如2013年国务院通过的《城镇排水与污水处理条例》第五十条规定："违反本条例规定，排水户未取得污水排入排水管网许可证向城镇排水设施排放污水的，由城镇排水主管部门责令停止违法行为，限期采取治理措施，补办污水排入排水管网许可证，可以处50万元以下罚款；造成损失的，依法承担赔偿责任；构成犯罪的，依法追究刑事责任。违反本条例规定，排水户不按照污水排入排水管网许可证的要求排放污水的，由城镇排水主管部门责令停止违法行为，限期改正，可以处5万元以下罚款；造成严重后果的，吊销污水排入排水管网许可证，并处5万元以上50万元以下罚款，可以向社会予以通报；造成损失的，依法承担赔偿责任；构成犯罪的，依法追究刑事责任。"该条规定行政处罚的幅度极宽，罚款数为5万—50万元，如果显失公正，就可能使某些行政相对人破产，有些法律规定"可以罚款"，甚至"可以处罚"，使处罚失去范围，这就更易于显失公正，并造成相对人权益的严重损害。为了防止和纠正这类现象的产生，在行政诉讼法中规定将城市公用事业政府监管机关的行政处罚在显失公正时作为例外，应该接受司法审查，也是必需的。

第二节 城市公用事业政府监管司法监督的发展与变迁

在我国，对城市公用事业政府监管行为实施的不论是检察机关的监督，还是审判机关的监督，其主要表现形式都为行政诉讼的监督。因此可

---

① 显失公正就是畸轻畸重，或对完全同样情况却作不同的处理，对不同的情况作相同的处理等。

以说，城市公用事业政府监管的司法监督的发展与变迁也就是我国行政诉讼制度的发展变迁历史。

一 城市公用事业政府监管司法监督探索形成阶段

1949年《共同纲领》第十九条规定："人民和人民团体有权向人民监督机关或者人民司法机关控告任何国家机关和任何公务人员的违法失职行为。"1954年《宪法》第七条规定："中华人民共和国公民对于任何违法失职的国家机关工作人员，有向各级国家机关提出书面控告或者口头控告的权利。由于国家机关工作人员侵犯公民权利而受到损失的人，有取得赔偿的权利。"这两处规定为新中国司法监督法制的建立提供了宪法原则依据。1949年年底通过的《最高人民法院试行组织条例》规定最高人民法院下设民政、刑事、行政三个审判庭和办公厅等单位。同日公布的《最高人民检察署试行组织条例》规定"最高人民检察署对政府机关、公务人员和全国国民之严格遵守法律负最高的检察责任"，对"一切行政诉讼"均有权参与。这一时期的单行法规也对司法监督程序有一些零星规定。如1950年《土地改革法》第三十一条规定，农民对乡政府、区政府批准评定的成分有不同意见，可以向县人民法院申请，由县人民法院判决。但始终没有建立起真正的行政诉讼制度。这一时期的行政纠纷主要通过行政机关的内部机制处理。首先是行政监察制度。1949年《中央人民政府组织法》规定，政务院设人民监察委员会对政府机关和公务人员是否履行职责和遵纪守法的情况进行监督。1954年《国务院组织法》规定，国务院设监察部，对国务院各部门、地方各级国家行政机关、国营企业及其工作人员履行职责和遵纪守法的情况进行监督。1951年政务院公布《关于处理人民来信和接见人民工作的决定》，各级政权机关和单位形成了接待人民来信来访的传统。此外，1954年《人民检察院组织法》规定了人民检察院"一般监督"的制度和职责，支持人民群众检举、揭发各级行政机关和国家工作人员违法失职的行为。

二 城市公用事业政府监管司法监督逐步规范阶段

改革开放以来，随着民主政治和市场经济的不断发展，中断近30年的司法监督法制获得了重建与新生，进入不断规范阶段。司法监督法制的重生首先在涉外单行行政法中获得突破。1980年9月10日通过的《中外合资经营企业所得税法》和《中外合作经营企业所得税法》率先规定，外国组织或外国公民对中国税务机关的行政行为不服,或者对纳税行为不服的,可以向人民法院提起行政诉讼。此后,不断有法律、法规,甚至规章对行政相对人做出类似的诉权规定,司法监督案件范围不断扩展。1982年3月8日通过的《民事诉讼法(试行)》第三条第二款规定:"法律规定由人民检察院审理的行政案件,适用本法规定。"同年颁行的现行《宪法》也恢复了1954年《宪法》关于行政诉讼的原则规定。《民事诉讼法(试行)》的相关规定在国家基本诉讼制度中恢复了司法监督的一席之地。1986年9月5日出台的《治安管理处罚条例》有力地促进了司法监督法制的发展。该条例第三十九条规定:"被裁决受治安管理处罚的人不服公安机关裁决的,在接到通知后五日内可以向上一级公安机关提出申诉,由上一级公安机关接到申诉后五日内作出裁决;当事人仍不服的,可以在接到通知后五日内向当地人民法院提起诉讼。"此后的1986年10月6日,湖北省武汉市中级人民法院建立了全国第一个行政审判庭,湖南省汨罗县人民法院设立全国基层人民法院第一个行政审判庭。到1987年年底,全国已有1087个法院建立行政审判庭,511个正在筹建,两项约占全国法院总数的50%;全国法院受理一审行政案件5240件,审结4677件。[①]1988年9月5日,最高人民法院设立行政审判庭。行政审判庭的广泛出现标志着人民法院行政审判工作的专业化、经常化和规范化,为《行政诉讼法》的出台奠定了坚实基础。

三 城市公用事业政府监管司法监督健康发展和创新阶段

1987年,党的十三大政治报告进一步明确提出要制定《行政诉讼法》。可以说,《行政诉讼法》的制定是政治家和法学家在中国政治经济和社会发展进步的背景下,通力合作形成的创举。1989年4月4日,第七届全国人大二次会议审议通过了《中华人民共和国行政诉讼法》。《行政诉讼法》的颁布是我国社会主义法制建设和民主政治建设中的一个重大步骤,也是中国司法监督法制发展史上的一个重要里程碑,标志着新中国司法监督制度的正式确立。

1989年《行政诉讼法》颁行后,市场经济体制的确立和依法治国方略的提出为司法监督法制的发展注入了新活力。后《行政诉讼法》时代的司法监督法制发展首先体现在与行政诉讼有关的一系列《司法解释》

[①] 于新年:《我国现在审判已有良好开端》,《法制日报》1988年7月20日。

之中。①《司法解释》对司法监督法制的发展体现在：第一，扩大了受案范围。第二，丰富了判决种类。第三，完善了起诉期限规定。第四，体现了证据合法性要求。第五，规范了行政诉讼中的调解。第六，完善了行政诉讼管辖、当事人、执行制度等问题。② 1989 年以后的行政复议、国家赔偿和信访立法也对行政诉讼及司法监督法制发展做出了贡献。③ 此外，1989 年以后颁布了《行政处罚法》、《行政许可法》、《治安管理处罚法》、《行政强制法》、《政府信息公开条例》等法律法规，国务院还接连发布有关依法行政和政府信息公开的法规性文件，行政审判指导案例制度也不断完善，这些都不同程度促进了行政诉讼及司法监督法制的发展。

经过 60 多年的发展变迁，我国的司法监督制度形成了中国特色和风格，具体表现为：

(1) 确立了司法监督的功能定位是依法控权。1989 年《行政诉讼法》制定至今，司法监督法制发展的基本走向就是加强依法控权，促进依法行政。前述众多行政诉讼相关法律法规和行政诉讼司法解释，都围绕依法控权的司法监督制度基本功能定位，不断推进我国依法治国和依法行政事业。

(2) 确立了"混合一元制"的司法监督审判体制。1989 年《行政诉

---

① 这些司法解释包括：(1) 关于行政诉讼法实施的综合性司法解释，这主要是 1991 年《关于贯彻执行〈中华人民共和国行政诉讼法〉若干问题的意见（试行）》（已废止）和 2000 年《关于执行〈中华人民共和国行政诉讼法〉若干问题的解释》。(2) 关于行政诉讼中适用国家赔偿法的司法解释，这主要是 1996 年《关于人民法院执行〈中华人民共和国国家赔偿法〉几个问题的解释》、1997 年《关于审理行政赔偿案件若干问题的规定》和 2000 年《最高人民法院关于民事、行政诉讼中司法赔偿若干问题的解释》。(3) 关于行政诉讼证据的司法解释，即 2002 年《关于行政诉讼证据若干问题的规定》。(4) 关于审理反倾销反补贴行政案件的司法解释，即 2002 年《关于审理反倾销行政案件应用法律若干问题的规定》和 2002 年《关于审理反补贴行政案件应用法律若干问题的规定》。(5) 关于规范行政案件案由的司法解释，即 2004 年《关于规范行政案件案由的通知》。(6) 关于行政案件管辖的司法解释，即 2007 年《关于行政案件管辖若干问题的规定》。(7) 关于行政诉讼撤诉的司法解释，即 2007 年《关于行政诉讼撤诉若干问题的规定》。
② 林莉红：《中国行政诉讼的历史、现状与展望》，《河南财经政法大学学报》2013 年第 2 期。
③ 这些法律法规包括：(1) 行政复议法。1990 年国务院公布《行政复议条例》，1994 年修订，1999 年制定《行政复议法》，该法目前正在酝酿修订。(2) 国家赔偿法。1994 年制定《国家赔偿法》，2010 年通过《国家赔偿法》的修改决定。(3) 立法法。1990 年国务院公布《法规规章备案规定》，2000 年制定《立法法》，2002 年国务院公布《行政法规制定程序条例》和《规章制定程序条例》。(4) 信访立法。1995 年国务院公布《信访条例》，2005 年修订，现在有关单位正在酝酿《信访法》的立法。

讼法》第三条明确规定："人民法院依法对行政案件独立行使审判权，不受行政机关、社会团体和个人的干涉。人民法院设行政审判庭，审理行政案件。"这一规定表明我国采取了类似于英美法系的由普通法院审判行政案件的"一元制"体制。但与纯粹的英美"一元制"体制不同的是，我国制定了专门适用于司法监督审理行政案件《行政诉讼法》，这一点又类似于大陆法系德日等国第二次世界大战以前的"一元制"。所以我国现行行政诉讼审判体制称为"混合一元制"。这种司法监督审判体制不同于原苏联东欧国家和我国改革开放初期的"大民事诉讼"①、"大经济审判"②模式，因为现行司法监督审判体制由设在普通法院内部的专门的行政审判庭，依照专门的《行政诉讼法》审理行政案件，而非由民事审判庭或经济审判庭依照民事诉讼程序审理行政案件。

（3）不断扩大司法监督受案范围。1989年《行政诉讼法》在总结改革开放以来司法监督审判实践基础上，对司法监督行政诉讼受案范围做出基本划定。该法第二条概括性地规定了具体行政行为可诉的原则，第十一条明确规定了八种可诉行为与一个兜底条款，第十二条则从反面规定了四种不可诉行为。这种"概括+列举"的立法模式蕴含了新中国划定行政诉讼范围的几项基本原则：第一，将行政行为分为抽象行政行为与具体行政行为，确定具体行政行为可诉，抽象行政行为不可诉；第二，将行政行为分为内部行政行为与外部行政行为，外部行政行为可诉，内部行政行为不可诉；第三，将行政行为分为终局行政行为与非终局行政行为，确定非终局行政行为可诉，终局行政行为不可诉；第四，将行政行为分为涉及人身权、财产权的行政行为与涉及其他权利的行政行为，确定前者可诉，后者只有在有法律、法规特别规定时才可诉；第五，将行政行为的违法分为认为违法与实际违法，行政相对人只要"认为"行政主体的行政行为违法便有权起诉，并不以行政行为"实际"违法为前提。1989年《行政诉

---

① 苏联等一些东欧国家，由于采用限制性行政诉讼，可供法院裁决的行政案件十分有限，所以一般按民事诉讼法的规定来处理，有关行政诉讼法的规定也多以民事诉讼法的形式表述出来。

② 在计划经济体制下，苏联法学有一种主张经济法调整对象和范围无限广大的"大经济法"理念。这种"大经济法"理念在改革开放之初计划经济体制影响尚未消退，而"以经济建设为中心"又特别强调经济管理、经济立法、经济审判，"为经济建设保驾护航"的时间节点上，刚一进入中国就受到热烈追捧，不仅在法学研究中成为一时"显学"，在司法实践中也形成了"大经济审判"的格局。

讼法》对司法监督范围的划定,表明司法监督受案范围已经从"列举式规定"过渡到"概括性规定",从"个别规定"上升到"一般规定",这是中国司法监督受案范围演变史上的一个质的飞跃。

1989年《行政诉讼法》的制定标志着中国行政诉讼受案范围的基本划定,那么1991年最高人民法院《关于贯彻执行〈中华人民共和国行政诉讼法〉若干问题的意见(试行)》(以下简称《意见》)的公布,则标志着中国行政诉讼范围受到了限制。主要表现在通过对"具体行政行为"的限缩解释,缩小了行政诉讼的受案范围。《意见》第1条将"具体行政行为"界定于"单方"行为之内,从而将以"双方"行为为特征的行政合同排除在受案范围之外。《意见》对于行政诉讼受案范围的限制固然有其现实考虑,但无疑是对法治精神的背离。

2000年,最高人民法院公布了《关于执行〈中华人民共和国行政诉讼法〉若干问题的解释》(以下简称《解释》),同时废止了前述《意见》。《解释》对1989年《行政诉讼法》所划定的受案范围作了"正当的恢复"。[①] 根据最高人民法院行政审判庭的权威阐述,《解释》对行政诉讼受案范围的恢复表现在:删除了原司法解释中对具体行政行为的不适当定义;明确列举了不属于行政诉讼受案范围的事项;比较准确地界定了不可诉行政行为的内涵和外延;对人身权和财产权作了广义的理解。就恢复程度而言,可诉行为从法律行为原则上扩大到准法律行为和事实行为,从单方行为扩大到双方行为,从行政机关的行为扩大到某些非行政机关的行为,从涉及财产权、人身权的行为扩大到除涉及政治权利以外的所有权利的行为,从可诉的行政不作为扩大到除政治权利以外的其他所有不作为。[②] 就《解释》条文本身而言,其对司法监督受案范围的恢复体现在:第一,删除了原司法解释中对具体行政行为的不适当定义,将"双方行为"纳入具体行政行为范围。第二,取消了原司法解释在计划生育管理领域对可诉行为的限制。第三,明确列举了不属于行政诉讼范围的事项。原《行政诉讼法》第十二条对不可诉行为的不穷尽列举,为人民法院因不想受理某类案件而任意扩大解释留下了隐患。《解释》将不可诉行为扩

[①] 江必新:《是恢复,不是扩大——谈〈若干解释〉对行政诉讼受案范围的规定》,《法律适用》2000年第7期。

[②] 最高人民法院行政审判庭:《行政执法与行政审判参考》,法律出版社2000年版,第172—176页。

大至六种,而在"除了不可诉的行为,其他都是可诉的行为"的原则之下,这种对不可诉行为的穷尽列举,必然保障了行政诉讼法原有的可诉范围。

自 2000 年最高人民法院公布《解释》以来,随着依法治国方略的贯彻、依法执政观念的提出,我国司法监督的受案范围进入到拓展期。拓展的途径主要包括:第一,《行政复议法》第六条第九项将行政诉讼的受案范围从人身权与财产权扩大到了受教育权。第二,《行政复议法》第七条将行政诉讼的范围从具体行政行为扩大到部分抽象行政行为。第三,最高人民法院的相关批复将行政诉讼的范围从法律明示的"行政不作为"案件扩大到普遍的"行政不作为"案件。第四,行政诉讼范围扩大到高校教育行政领域。此外,2011 年公布的《关于审理政府信息公开行政案件若干问题的规定》将政府信息公开案件纳入行政诉讼受案范围。司法实践中以各种形式发布的行政案例和目前正在建立的指导案例制度,也对司法监督受案范围起到了拓展作用。

2014 年 10 月党的十八届四中全会通过《中共中央关于全面推进依法治国若干重大问题的决定》,确立了全面推进依法治国的总目标、总任务,明确要建设"高效的法治实施体系、严密的法治监督体系"来实现"依法治国、依法执政、依法行政"的目标,也为加强和改进城市公用事业政府监管司法监督指明了方向。

第三节 城市公用事业政府监管司法监督存在的问题

对城市公用事业政府监管行政行为实行全方面的司法监督,既符合传统法学的要义,也是现代法治的基本要求。因此,对城市公用事业政府监管行政行为司法监督制约的重要性不言而喻。但是,对城市公用事业政府监管行政行为司法监督实践中暴露的诸多现象和问题表明,司法监督实施困难重重。反映在司法监督现实中,尽管城市公用事业政府监管具体行政行为在程序、实体或者法律依据方面存在违法之处,城市公用事业政府监管行政机关也往往不愿意面对,有些城市公用事业政府监管行政机关领导人得知本机关的行为违法,第一反应不是想办法解决问题、化解矛盾,而是要求法院不能判其败诉,一旦法院判其败诉,则认为法院侵犯了其行使的公权力,没有维护行政权威。这种现象说明,司法权对城市公用事业政府监管行政权的监督和制约是不到位的,应该对城市公用事业政府监管的司法监督不断加以规范和加强,特别是树立城市公用事业政府监管机关自觉接受司法监督理念,将是任重道远的。

一 城市公用事业政府监管权与司法监督权错位

城市公用事业政府监管的司法监督权与监管权两权关系的定位直接来源于《行政诉讼法》的规定。《行政诉讼法》第一条明确规定:"为保证人民法院正确、及时审理行政案件,保护公民、法人和其他组织的合法权益,维护和监督行政机关依法行使行政职权,根据宪法制定本法。"从这一条可以看出,我国城市公用事业政府监管的司法监督权与城市公用事业政府监管权之间是维护和监督关系。即前者维护和监督后者,而且是"维护"在前,"监督"在后。除"维护和监督"的明确规定外,从其他具体规定条款和《最高人民法院关于执行〈中华人民共和国行政诉讼法〉若干问题的解释》的相关规定可以看出,我国城市公用事业政府监管的司法监督权对行政权不仅重在维护,轻在监督,而且更多地体现出我国城市公用事业政府监管的司法监督权对监管权的容忍或奈何。[1] 在上述司法监督权和监管权关系的立法定位之下,由于传统"官本位"思想的根深蒂固、相关制度存在缺陷等许多因素,导致我国城市公用事业政府监管的司法监督权与监管权的现实运作存在诸多不尽如人意之处。具体包括城市公用事业政府监管的司法监督权对监管权维护有余而监督乏力,城市公用事业政府监管的司法监督权在一定程度成为监管权的"延伸"以及城市公用事业政府监管权在许多情形下僭越城市公用事业政府监管的司法监督权等。

二 城市公用事业政府监管司法检察监督权虚位

我国《行政诉讼法》对检察监督规定过于抽象,对检察监督问题调

---

[1] 如关于受案范围的规定,将人民法院之监督限定在影响行政相对人之人身权和财产权的具体行政行为范围内,而将抽象行政行为、内部行政行为、侵犯行政相对人其他权益如受教育权的行政行为排除在外。监督广度的有限性体现了立法者对司法权的不信任和对行政权的放纵。还有关于合法性审查原则的规定,排除了合理性审查,使得司法机关对行政机关大量存在的行政自由裁量权的滥用行为无法进行审查和监督。监督深度的有限性,使得司法权往往只能维护行政权而很难监督。

查研究不够，使得作为国家法律监督机关的人民检察院对城市公用事业政府监管的司法监督权远未得到充分的运用，作用未得到应有发挥。主要表现在以下两方面：

（一）检察监督的监督范围不明确

检察机关的检察监督，除了《宪法》和《检察机关组织法》原则规定外，至今尚未做出明确法律规定，虽然在《行政诉讼法》中规定了检察机关有权对城市公用事业政府监管行政执法行为进行监督①，但并没有规定具体的监督内容和监督形式。这就容易造成检察机关对行政行为的监督没有范围的限制。众所周知，检察机关是国家的法律监督机关，是司法机关。司法机关只能是严格依法办事，检察机关的检察监督具体应从哪些方面以及应该如何监督不作明文、具体规定，必定导致检察机关的检察监督无所适从，起不到司法监督的作用，检察监督形同虚设。

（二）检察监督的监督方式单一

根据我国现行法律规定，人民检察院对城市公用事业政府监管行政权进行检察监督的唯一方式是提起抗诉。② 虽然最高人民检察院于1990年10月29日通过的《关于执行行政诉讼法第六十四条的暂行规定》，对提起抗诉的机关、抗诉案件的来由、抗诉的程序等做了进一步规定，但是监督的方式仍局限于抗诉这种形式。如果遇到相对人合法权益因受到城市公用事业政府监管违法行政行为侵害而遭受到损害，迫于城市公用事业政府监管行政机关的某种压力而放弃起诉权的情况；或者是行政机关的某种违法行为（如某人或某企业排放污染物或毁坏公共道路等，人为实施危害公共利益的活动，城市公用事业政府监管行政机关对此置之不理，以一种不作为的形式违法）致使公共利益受到损害，但此时又不存在确定的受损害对象，因而无人起诉的情况？此时，若法律有规定作为公共利益代表的检察机关可以提起行政诉讼来行使检察监督，直接参与行政诉讼，将毫无疑问可以强化检察监督的职能。

三 司法监督权缺乏应有的独立性

由于我国司法监督行政化倾向还比较严重，人民法院对城市公用事业政府监管机关行使司法监督制约职能，但自身却不断受到监管机关的反

---

① 《行政诉讼法》第十条规定："人民检察院有权对行政诉讼实行法律监督"。
② 《行政诉讼法》第六十四条规定："人民检察院对人民法院已经发生法律效力的判决、裁定，发现违反法律、法规规定的，有权按照审判监督程序提出抗诉。"

制约。

（一）人民法院依据行政法规、规章实施司法监督

人民法院审理城市公用事业政府监管行政案件，要参照国务院部、委根据法律和国务院的行政法规、决定、命令制定、发布的规章以及省、自治区、直辖市和省、自治区的人民政府所在地的市和经国务院批准的较大市的人民政府根据法律和国务院的行政法规制定、发布的规章。也就是说，人民法院要参照城市公用事业政府监管机关制定的法律文件来进行裁判，这是司法权监督监管权的最大障碍。因此，人民法院审理行政诉讼案件的法律依据应当去除参照的行政法律文件。

（二）现行政治体制以及"官本位"对司法监督的影响

由于中国现行的政治体制以及"官本位"影响，司法监督部门的人、财、物处于同级政府甚至同级政府属下财政部门的辖治之下。因此城市公用事业政府监管部门利益和地方保护主义往往使得法院的行政审判难以抗拒或不想抗拒来自各方面的干预，特别是行政干预。行政审判机构和法官既不能也不愿开罪于城市公用事业政府监管部门，因此在城市公用事业政府监管行政案件审判前先行对行政诉讼提起人予以开导，晓以利害，致使大量的甚至高达 2/3 的行政案件，以行政诉讼提起人的撤诉告结。所以，必须不断完善司法体制，使人民法院摆脱地方政府的反制约。

四　城市公用事业政府监管审判监督乏力

审判机关的监督已有《行政诉讼法》做出具体规定，因此，城市公用事业政府监管行政行为的审判监督存在的问题，主要是现行《行政诉讼法》规定存在的不足和缺陷。

（一）审判监督方式消极

就城市公用事业政府监管行政行为的审判监督方式而言，人民法院可通过行政诉讼对行政机关及其工作人员的行政行为进行监督，可通过刑事诉讼对政府机关公务人员的职务犯罪进行监督，还可通过国家赔偿诉讼对行政机关及其工作人员在执行公务过程中侵犯公民、法人或其他社会组织的合法权益并造成经济损失的受害人予以赔偿。目前，我国最主要的是通过城市公用事业政府监管行政管理相对人对城市公用事业政府监管机关的具体行政行为提起行政诉讼请求而介入的，审判机关对城市公用事业政府监管机关的监督方式是消极的监督，奉行"不告不理"的原则。这一原则使司法机关在行使监督权时处于被动地位，无权主动对行政机关的行政

行为进行审查。

（二）审判监督范围过于狭窄

就城市公用事业政府监管行政行为的审判监督范围而言，我国《行政诉讼法》对可以诉诸司法的行政争议以列举的方式做了明确规定，只有侵犯公民、法人或其他组织人身权和财产权的具体行政行为才能成为司法监督的对象，而对行政机关的抽象行政行为，行政机关的内部行为，法律规定由行政机关最终裁决的具体行政行为排除在司法监督之外。不仅如此，《行政诉讼法》还规定，对具体行政行为的司法监督原则上是仅限于合法性审查，即仅对城市公用事业政府监管行政行为是否合法进行审查，而城市公用事业政府监管具体行政行为是否适当的问题，法院一般不予审查，只有在城市公用事业政府监管行政处罚显失公正的情况下才适用司法审查。

（三）审判监督依据矛盾

《行政诉讼法》第五十二条①、第五十三条②就城市公用事业政府监管行为的审判监督依据做出规定，即人民法院审理行政案件，以法律和行政法规、地方性法规为依据，并且要参照国务院部委制定的规章和地方政府制定的规章，规章之间若有不一致的，由最高人民法院送请国务院作出解释或裁决。也就是说，人民法院对城市公用事业政府监管行政行为进行司法监督不仅不能对抽象行政行为进行监督，而且还要依照城市公用事业政府监管机关制定的规范（即抽象行政行为）去处理行政案件，以其作为审查城市公用事业政府监管具体行政行为合法与否的标准和依据。

---

① 《行政诉讼法》第五十二条规定："人民法院审理行政案件，以法律和行政法规、地方性法规为依据。地方性法规适用于本行政区域内发生的行政案件。

人民法院审理民族自治地方的行政案件，并以该民族自治地方的自治条例和单行条例为依据。"

② 《行政诉讼法》第五十三条规定："人民法院审理行政案件，参照国务院部、委根据法律和国务院的行政法规、决定、命令制定、发布的规章以及省、自治区、直辖市和省、自治区的人民政府所在地的市和经国务院批准的较大的市的人民政府根据法律和国务院的行政法规制定、发布的规章。

人民法院认为地方人民政府制定、发布的规章与国务院部、委制定、发布的规章不一致的，以及国务院部、委制定、发布的规章之间不一致的，由最高人民法院送请国务院作出解释或者裁决。"

第五章 城市公用事业政府监管司法监督的机理与机制

所谓机理是指为实现某一特定功能，一定的系统结构中各要素的内在工作方式以及诸要素在一定环境下相互联系、相互作用的运行规则和原理。所谓机制，依据《现代汉语词典》解释：泛指一个系统中，各元素之间的相互作用的过程和功能。多用于自然科学，社会科学也常使用，可以理解为机构和制度。本章重点研讨城市公用事业政府监管司法监督的基本概念、特征、性质等基本原理问题，便于更准确地把握城市公用事业政府监管司法监督的运行规则和依据，借鉴国外城市公用事业政府监管司法监督制度的有益经验，有针对性地提出城市公用事业政府监管司法监督的机构和具体制度的创新对策。

第一节 城市公用事业政府监管司法监督的机理

一 城市公用事业政府监管司法监督概念的内涵

司法监督，是对"行政"的"司法监督"。所谓司法监督，是指司法机关运用司法权，根据行政管理相对人的申请，通过诉讼程序，对行政机关行使行政权活动进行审查监督，纠正行政违法行为，保障相对人合法权益的司法活动。或者说，对行政机关的司法监督就是指"国家司法机关依照法定职权与法定程序，对行政机关和国家公务员的行政行为是否合法所进行的监督"。[①] 据此，对城市公用事业政府监管的司法监督是指国家司法机关依照法定职权与法定程序，对城市公用事业政府监管机关和监管

[①] 张波：《对行政的司法监督中存在的问题的思考》，《江西行政学院学报》2000年第2期。

人员的监管行政行为是否合法所进行的监察、督导。

我国司法机关包括人民检察院和人民法院。因此,司法监督的主体,是行使国家司法权的检察机关和审判机关。所以,在我国司法监督包括检察机关的监督和审判机关的监督两个方面。所谓检察机关的监督指检察机关通过行使检察权,对城市公用事业政府监管机关及其行政人员进行监督,以维护法律的尊严和法制的统一。所谓审判机关的监督是指人民法院因法律的授权而确立的,对城市公用事业政府监管行政机关及其行政人员的行政行为实施监督,是由公民、法人或者其他组织的起诉才产生的监督。

为了对司法监督概念做进一步厘清,有必要将司法监督与其他类似概念进行比较:

(一) 司法监督与司法审查

现代完整意义上的司法审查是国家通过司法机关对其他国家机关行使国家权力的活动进行审查监督,纠正违法(违宪)活动,并对因其对公民法人的合法权益造成的损害给予相应补救的法律制度。

(1) 两者之间的相同之处:一是在于审查监督的主体都是国家司法机关,在我国即人民法院;二是审查监督的方式上都是应行政相对人提起诉讼才能启动审查监督权力,表现出其具有被动性;三是在审查监督的内容上都有行政机关的具体行政行为。根据以上三个相同之点可以认为我国的司法监督是司法审查的一种。

(2) 两者之间的区别:一是在监督对象上,我国的司法监督的对象只限于行政机关的行政行为,不包括对立法机关的违宪审查,而在有些国家,如美国,法院除了可以审查行政机关的行为是否符合宪法和法律以外,还可以审查国家制定的法律是否符合宪法;二是在监督内容上,我国法律明确规定可直接审查监督的只有具体的行政行为,对违法的抽象行政行为不能直接裁判,否定其效力,而只作为间接的审查对象。

(二) 司法监督与行政复议

行政复议也是对行政的监督的重要形式,但行政复议是上级国家行政机关对下级国家行政机关的行政活动进行层级的一种制度化、规范化的行政行为。"它是指国家行政机关在行使其行政管理职权时,与作为被管理对象的相对方发生争议,根据行政相对方的申请,由上一级国家行政机关或法律、法规规定的其他机关依法对引起争议的具体行政行为进行复查并作出决定的一种活动。"①

（1）两者之间的相同之处：行政复议同司法监督一样，都要依照比较严格的程序进行，都是对行政机关行政活动的监督和对相对人合法权益的救济。

（2）两者之间的区别在于：两者有本质不同，行政复议主体即行政复议机关是行政机关，而且是与被复议的行政机关存在隶属关系的上级行政机关，而司法监督主体是司法机关，不存在上下级隶属关系，只有管辖权方面的划分；行政复议仍然是一种基于行政职权的行政行为，司法监督是基于司法权的司法活动；行政复议的方式采取的是书面方式，而且采取一次复议制，相对人不服的，不能再次要求复议，司法监督采取的是遵循直接原则和辩论主义的诉讼方式，相对人不服的可以上诉。

总之，从监督的性质上看，对城市公用事业政府监管权的司法监督是一种不同的国家权力之间基于职能分工，依据现代法治原则进行的监督制约。这种监督是一种平等者之间的监督，是一种事后的监督，是一种被动的而非主动的监督，同时也是一种公众的权利与国家司法权力的合力监督。这种司法与行政之间的监督与被监督关系的存在，必然要符合以下条件：一是监督者必须是超然的、中立的，监督者与被监督者之间无论在形式上抑或实质上都不存在制约关系；二是对行政行为合法性审查的依据或标准只能是立法机关制定的法律，而不应包括行政机关自己制定的规范；三是对行政行为合法性依据的解释只能是司法机关而不该是行政机关自身。

二 城市公用事业政府监管司法监督的基本特征

在对城市公用事业政府监管的诸多监督中，司法监督依其独立性、直接性、法定性、强制性等特点，与城市公用事业政府监管行政机关内部监督、立法机关监督、社会监督等其他形式相比，是效果最直接、形式最特殊的一项国家法律监督制度。具有以下基本特征：

（一）城市公用事业政府监管司法监督方式的特定性

根据《行政诉讼法》等法律规定，对城市公用事业政府监管机关司法监督的方式主要有两种：

1. 事非裁判

这种裁判方式是司法监督性质要求的，即司法机关基于被查明的城市

---

① 罗豪才：《行政法学》，北京大学出版社1996年版，第354页。

公用事业政府监管行政案件的事实,依据法律、行政法规和地方性法规,参照政府规章,对作为诉讼标的的城市公用事业政府监管具体行政行为做出具有拘束力的是非裁判。判决维持、判决撤销或者部分撤销、责令重新做出具体行政行为、判决限期履行法定职责、判决变更等,均体现的是是非断定而不是一般调解的原则。

2. 提出司法建议

司法建议是司法机关对在司法监督活动中发现的、不属于司法机关处理的问题,向有关机关或单位提出的解决问题的意见和建议。从广义上讲,司法建议包括检察机关发出的检察建议和法院发出的司法建议。检察建议是检察机关履行法律监督职能的方式之一,是开展预防职务犯罪的一种重要法律形式,是指检察机关在办案过程中,发现有关单位在制度与管理等方面存在问题与漏洞时,以口头或书面形式提出建议,建议有关单位及时制定或完善相关规章制度,强化内部管理,排除滋生犯罪隐患,铲除犯罪土壤的行为。狭义司法建议仅指法院的司法建议,是指法院在行政审判活动中,发现有关单位在工作方法、管理体制、规章制度等方面存在重大问题时,及时提出司法建议,有利于促进机关单位加强管理、堵塞漏洞、防止再犯、改进工作。

在对城市公用事业政府监管的司法监督活动中,司法机关对城市公用事业政府监管机关拒不履行判决义务的,向其上一级机关或监察、人事部门提出司法建议。这体现司法机关对于城市公用事业政府监管行政机关的尊重和两者之间的工作配合。

(二)城市公用事业政府监管司法监督权力的法定性

我国司法监督城市公用事业政府监管的权力是权力机关赋予的,是权力机关制定的法律授权范围之内的。如根据《行政诉讼法》等法律规定,我国司法监督的城市公用事业政府监管行政行为,仅限于城市公用事业政府监管主体针对具体的(某个或某些)行政相对人所做出的具体行政行为。城市公用事业政府监管机关内部的奖惩任免行为、城市公用事业政府监管机关制定普遍的规范性文件的抽象行政行为、法律已授权给行政机关做出最终裁决的某些具体行政行为等都不适用司法监督。而且,对于城市公用事业政府监管具体行政行为,也仅限于对城市公用事业政府监管具体行政行为的是否合法进行审查监督,而对于城市公用事业政府监管具体行政行为的不合理,如利弊权衡失当、处置稍轻稍重等,法院均无权通过判决予以矫正。上述对司法监督权力的限制，司法机关在实施司法监督中必须恪守，若超越权限则是违法的，无效的监督。

（三）城市公用事业政府监管司法监督有严格的程序性

司法权的正当性源于严格的程序，司法权的行使必须遵循程序规定进行。严格的程序在形式上为司法监督提供了公正、客观的制度保障。城市公用事业政府监管司法监督所采用的诉讼程序从受案到判决执行贯穿整个过程。在这个过程中，原、被告处于平等的法律地位。在诉讼的不同阶段，当事人均有相应的诉讼权利和诉讼义务。这些权利、义务设置的目的在于查明事实，正确地适用法律。

（四）城市公用事业政府监管司法监督具有中立性和公正性

由于司法机关的身份和地位是特殊的，它处于超然中立地位。这种中立地位，使司法机关在纠纷和冲突中，能够不偏不倚地听取城市公用事业政府监管双方的主张，不受其他因素的影响，至少在城市公用事业政府监管司法监督个案的裁判过程中不应当受非法律因素左右，只根据事实和法律做出裁判。因此，中立性是司法的灵魂，是司法公正的基石。没有了中立地位，裁判者就会站在纠纷的一方来对抗另一方，公正就没有保证。只有中立的裁判者，才可能产生公正、准确、具有社会公信力的裁判。在城市公用事业政府监管行政争议中，由于城市公用事业政府监管行政机关和行政管理相对人地位和能力相差悬殊，这种中立性就更为重要。

（五）城市公用事业政府监管司法监督具有终极性和权威性

司法最终解决纠纷是现代法治社会的一条共识。一切社会纠纷，以司法的解决为最终解决、最权威的解决。在对城市公用事业政府监管行政实行个案监督的行政诉讼中，司法机关有权在弄清事实基础上适用法律，作出相应判决。司法裁判具有最终的法律效力，其他任何机关无权变更，即使是法院自身，非经法定程序也不得更改，生效的裁判必须得到执行，并以国家强制力为后盾，违反者将受到严厉的制裁。由于这种终极性，使司法具有高度社会权威，受到社会的普遍尊重和服从。这是其他任何国家机关的监督所不具有的。此外，虽然城市公用事业政府监管行政机关在国家权力分工上与司法机关处于平等地位，但也必须无条件地遵守司法裁决，即使有不同主张、理由，也只能通过法律程序如上诉、申诉来进行。

三　城市公用事业政府监管司法监督的依据

（一）理论依据：权力分享与司法审查制度

对行政权监督的思想渊源最早来自17—18世纪资产阶级启蒙思想家、英国约翰·洛克首创、法国孟德斯鸠完成的分权思想。洛克指出："如果由一些人同时掌握行政和执行权，就会对人性的弱点——攫取权利构成巨大的挑战：他们会利用手中的立法和行政权使自己不受他们制定的法律的约束，并在立法和执法时，以他们自己的私人利益为依据。"[①] 孟德斯鸠指出："一切有权力的人都容易滥用权力，这是万古不易的一条经验。有权力的人们使用权力一直到遇有界限的地方方休。"[②] 怎样才能防止权力被滥用、防止发生专权呢？孟德斯鸠对这一历史难题作出了解答："从事物的性质来说，要防止滥用权力，就必须以权力制约权力。"[③]

但是，仅仅是分权，并不能实现以权力制约权力，不足以实现人民法院审判权对城市公用事业政府监管行政机关行政权的监督和制约。一种权力要对另一种权力进行监督和制约，首先要确立监督者的权威和地位，否则，监督和制约仍然是空谈而已。那么，"宪法和法律至上"，就成为监督和制约的另一个前提条件。从某种意义上讲，"宪法和法律至上"，就是司法至上，其核心理念是树立法院的权威和地位，由法院来对国家和社会的强制权的合法性进行审查，因此，也被称为"司法审查制度"。其思想基础和法理依据是近代以来流行的自然法理论。根据自然法理论观点，个人权利并非国家赐予的礼物，它们是固有的，先于国家而存在的，国家必须尊重和保护这些先在的权利。因此，虽然基于保障社会秩序和安全的需要，国家权力有其存在的合法性，在必要时，允许国家权力强制性约束公民的权利，但是为防止国家权力过度扩张导致对公民个人权利的侵害，关键的是一方面必须对国家权力的强制权明确的予以划分与限制；另一方面必须由法院对强制措施进行审查，使公民由此享受到有效的法律保护。[④]

（二）现实依据：城市公用事业政府监管权的扩张性和滥用性

城市公用事业政府监管行政权作为国家权力的重要组成部分，负有行

[①] 州长治：《西方四大政治名著》，天津人民出版社1998年版，第405页。
[②] ［法］孟德斯鸠：《论法的精神》上册，张雁深译，商务印书馆1997年版，第154页。
[③] 同上。
[④] ［德］约阿希姆·赫尔曼：《德国刑事诉讼法典》，李昌珂译，中国政法大学出版社1995年版，第6页。

政管理职能，涉及的领域广泛，与公民、法人和其他组织的关系密切。城市公用事业政府监管行政权的运行影响着人民生命、自由、财产和国家安全、稳定、发展等各个方面，几乎无所不能。城市公用事业政府监管行政权的扩张一方面意味着社会经济发展所必需的秩序的确立和保障，另一方面则意味着人民的自由和权利可能受到侵害的威胁增大，从这个意义上讲，对城市公用事业政府监管行政权进行监督制约成为必然。

城市公用事业政府监管行政权力的持有者往往依恃其强制性打破原有的权力界限，极力扩张其权能，改变公共权力的价值取向和服务功能，侵犯行政相对人权利和其他组织机构的权力。如果城市公用事业政府监管行政权力在行使过程中不能得到有效的监督和制约，就极易导致权力的错用甚至滥用，进而损害到行政相对人的合法权益。

(三) 效果依据：司法权的中立性和独立性

司法权作为一种判断权，具有中立性和独立性。首先是由司法机关的中立性特点决定的。中立性是司法机关与生俱来的天然属性。人民法院行使审判权，要求法官在处理各种争议时地位超然，不偏不倚，居中裁判，唯有如此，才能确保诉讼各方不论何种地位、何等身份，都能得到公正的审判，从而实现司法权之基本价值追求——公正。其次是由司法机关依法行使职权的独立性决定的。司法机关依法独立行使职权可以避免权力一体行使带来专断，在城市公用事业政府监管行政案件中，司法判断的客观性要求人民法院远离作为当事人的城市公用事业政府监管行政机关并与之保持独立，从而使行政相对人个人取得与政府平等地适用法律的权利，防止城市公用事业政府监管行政权对公民权利的侵害。英国法学家夏普洛认为："法院独立行使职权的最简单的道理在于，只有独立才能使法官成为中立的第三者，否则法官是没有资格进行裁判的，不独立的结果必然会形成法官支持一方对付另一方，造成诉讼中二比一的状况，这种诉讼不管是否合理都是不公正的。"[1] 所以说，人民法院依法独立行使职权可促使行政机关依法行政，从而更好地保护公民的权利。

(四) 能力依据：司法裁判的终局性和权威性

人民法院作出的生效裁判具有终局性、权威性和法律的强制性，相关义务人必须执行，除经依法改判外，其他任何机关、组织或个人均不得变

---

[1] 马怀德：《行政诉讼原理》，法律出版社2003年版，第236页。

更或撤销，即使上级法院也不得随意为之。而城市公用事业政府监管行政机关的生效行政法律文书并不意味着终局，如果城市公用事业政府监管行政相对人对其提起诉讼，人民法院应进行合法性审查，存在违法情形的，具体行政行为可能被撤销或变更。司法裁判权的上述特征，足以使其成为阻碍城市公用事业政府监管行政机关违法行政的坚强后盾。从此意义上讲，司法机关具备监督城市公用事业政府监管行政机关依法行政的能力。

四 城市公用事业政府监管司法监督的必要性

（一）对城市公用事业政府监管的司法监督是现代宪政民主制度和法治原则的基本要求

司法监督理论固然缘起并受制于客观的社会存在，但是建立这种理论的理论根源或思想渊源也是十分重要的。就世界范围而言，行政法理论也存在一种共同的理论源头。而这一共同的理论源头就是法治思想中的依法行政。依法行政是法治的关键，可以说，没有行政法治就没有法制。英国著名学者韦德结合行政法治深刻论述了法治的基本含义和要求：第一，任何事件都必须依法而行；"将此原则适用于政府时，它要求每个政府当局必须能够证实自己所做的事是有法律授权的，几乎在一切场合这都意味着有限的授权。否则，它们的行为就是侵权行为"。第二，"政府必须根据公认的限制自由裁量权的一整套规则和原则办事"；法治的实质是防止滥用自由裁量权的一整套规则。但是议会的授权常常是用很笼统的语言表述的。法治要求法院阻止政府滥用权力。第三，"对政府行为是否合法的争议应当由完全独立于行政之外的法官裁决"。第四，"法律必须平等地对待政府和公民"。[①] 根据韦德的论述，法治就是对权力与权利关系的合理配置，是对国家权力的控制。而对国家权力的控制，关键是对行政权的控制。这种控制主要通过法律实现，即一切权力都来源于法律规定，必须依照法律规定来行使。由此，引申出现代行政法的一些基本原理，如权力法定原理、立法优先原理、有限权力原则、正当程序原则、责任行政原则。

然而，行政虽然是国家最古老的职能，但行政法则是近代18—19世纪的产物。主要是因为，现代意义上的行政权，是以实现宪政民主政治，对国家权力进行合理划分为前提的。在此之前，国家虽然存在行政职能，但在权力上是混合统一的。只是现代宪政民主政治建立后，才提出了国家

---

① ［英］韦德：《行政法》，中国大百科全书出版社1997年版，第25页。

权力中立法权、行政权和司法权的分离。宪政民主政治的一项最基本的原则，就是没有绝对的不受制约的权力，所有的权力要分工行使，有各自的职能领域，相互监督制约，即分权制衡原则。因为任何权力都是按照"命令—服从"模式来运行，权力意味着对另一方的支配。在宪政民主政治下，行政权具有双重性质，一方面具有权利的特性，表现在具有效能性、管理性、命令性和能动性；另一方面具有义务性，表现在具有执行性、公益性、责任性和法律性。因此，现代民主政治是一种责任政治，现代行政是一种责任行政，其运行中的基本要求是有权必有责、用权受监督。因此，立法权、行政权和司法权之间的相互监督制约是宪政民主政治的基本要求。在我国，虽然没有实行西方的"三权分立"制度，但三权之间的分工仍然是国家政治体制的基本要求。

现代社会随着城市公用事务的日益增多，社会对国家城市公用事业服务需求不断扩大，作为城市公用事业政府监管机关其公共权力执掌者的角色越发突出，其监管权力辐射的领域最广泛、运用的最频繁，对公民的切身权益所产生的影响最直接。由此，产生了对城市公用事业政府监管行政权力实行制约、监督的要求。

(二) 对城市公用事业政府监管的司法监督是行政权行使的特点所产生的客观要求

在国家三种基本权力中，行政权是辐射领域最广、运用最频繁，对人们的权利义务影响最直接的国家权力，可以说是无所不在的权力。由此，为了保证行政权的正当行使，实现其公益目的，产生了对行政权力进行监督、制约的客观要求。正如美国开国元勋汉密尔顿认为的，行政权是国家权力中最可能危害公民权利的权力，因为它"不仅具有荣誉、地位的分配权，而且执掌社会的武力"。[1]

城市公用事业政府监管行政权相较于其他国家权力而言，它是一种具有强制性质的指挥、命令、支配权力。其行使具有主动性，因而本身就蕴含着某种可能的侵犯性。同时，由于城市公用事业政府监管行政权处理的是复杂多变的城市公用事务，需要根据变化发挥职能，具有自由裁量性。这种客观的外部环境必然使城市公用事业政府监管权力行使始终存在潜在的扩张性。因此，城市公用事业政府监管行政权极易因其行使超出必要

---

[1] [美] 汉密尔顿：《联邦党人文集》，商务印书馆1983年版，第47页。

的限制，而侵犯城市公用事业政府监管行政管理相对人的合法权益。同时城市公用事业政府监管行政权的行使范围具有广泛性。城市公用事业社会生活的各个方面，都需要城市公用事业政府监管行政权的管理和组织。城市公用事业政府监管行政权行使的这种广泛性也为其侵犯社会成员的合法权益提供了广泛空间和极其众多的可能性。城市公用事业政府监管行政权还具有直接的利益性。由于城市公用事业政府监管行政权管理城市公用事务，因管理的需要，其依据法律规定可以直接分配城市公用等方面的资源利益，可以直接决定城市公用事业社会成员之间的权利义务的分配，实际决定着人们的权利和义务结构。如颁授荣誉奖励、调拨资金物资、批准颁发各类许可证，即赋予权利；驳回申请、不予批准则为拒绝给予权利；实施查封、扣留、检查等可能限制权利的行使，吊销许可则意味着剥夺权利；强制执行或处罚属于科处义务。这就决定着城市公用事业政府监管行政机关经常处于由行政相对人权利义务具体配置、社会资源、利益具体分配过程中所产生的矛盾纠纷之中，成为矛盾纠纷的主要一方。从而可能侵害城市公用事业社会成员的权益，引发纠纷和矛盾。而城市公用事业政府监管行政权为维护自身意志的充分贯彻，在纠纷中往往站在一方的立场而强制另一方，从而可能对相对人的权益造成更大的损害。最后，城市公用事业政府监管行政权的行使具有单方性。其内部体制是上下级之间的隶属关系，在运行中体现为上级行政机关的意志下级要无条件地服从和执行。因而，城市公用事业政府监管行政权在运行中，其纵向的支配力明显强于横向的制约力，本身缺乏自控自律意识，往往不自觉地违反法律、侵害城市公用事业政府监管相对人的权益，自我纠正错误比较困难。

  我国由于行政法起步较晚，行政法制不健全，城市公用事业政府监管行政机关人员素质、工作机制、思想观念、思维模式和行为方式等方面与依法行政都有较大距离，而社会的法律意识和法治素养不高，从而导致城市公用事业政府监管行政权运行中行政违法现象的大量存在。前述已对城市公用事业政府监管具体行政行为违法的表现形式进行了分析，具体包括主要证据不足、适用法律、法规错误、违反法定程序、超越职权、滥用职权、不履行法定职责以及拖延履行法定职责七种违法行为。这些城市公用事业政府监管机关违法行为的法定表现形式，不仅严重侵害了广大公民、法人的合法权益，而且对依法治国、建设社会主义法治国家的基本方略产生影响，因此，加强对城市公用事业政府监管行政权的司法监督具有十分强烈的现实紧迫性。

(三) 城市公用事业政府监管司法监督具有特殊价值和功能

1. 进一步完善国家治理的权力结构

根据我国宪法规定，我国实行人民代表大会制度，行政机关、审判机关都由人民代表大会产生，对它负责、受它监督。我国《行政诉讼法》颁布实施之前，行政机关、审判机关之间，是既分工负责，又互相配合的关系。《行政诉讼法》颁布实施后，赋予了人民法院监督制约行政机关依法行政的权力，即司法审查权，从而使行政权与审判权的关系进一步合理化，我国国家层面的治理权力结构得到进一步完善。我国人民法院对行政机关依法行政的监督和制约从国家权力的配置来说就是审判权与行政权的分工与制约。司法审查以法院的审判权来监督制约行政权，典型地反映了国家权力的分工与制约，保障公民的权利等民主理念，因此这一制度是符合中国法治国家建设的价值要求的。"权力与权力的对峙和平衡是宪政主义的一个重要的知识模式"①，因此，司法审查的建立代表了法治文化在中国的成长，而国家治理构架的完善和法治文化的成长本身也标志着社会主义法制建设的进一步完善。

2. 推动城市公用事业政府监管权的良性运行

由于行政权具有自由裁量空间，在赋予城市公用事业政府监管机构方便灵活处理监管事务的同时，也为其监管权能的扩张和滥用提供了方便。城市公用事业政府监管机关在做出具体行政行为时，往往会自觉不自觉地超越职权，滥用职权，甚至违法行政，侵害相对人的合法权益。而这种职权的扩张和滥用，又会给城市公用事业政府监管行政机关及其工作人员带来一定的满足感、成就感，甚至带来额外利益。因而在没有其他权力制约的情形下，城市公用事业政府监管行政机关往往容易滥用权力。《行政诉讼法》赋予司法机关通过行使司法权对城市公用事业政府监管权进行监督制约，城市公用事业政府监管机关如果继续滥用职权、违法监管，就会被人民法院做出撤销具体监管行为、重新做出具体监管行为甚至直接变更具体监管行为，对相对人造成损害的，被判决赔偿损失。这样，城市公用事业政府监管机关的滥用职权和违法行政，就会为之付出成本。因此，城市公用事业政府监管机关为避免败诉带来的不利后果，会努力在法律框架

---

① 史平臣、赵运平：《我国行政诉讼制度的宪政功能》，《新东方》2007年第6期。

内做出具体监管行为,依法行政会渐渐在城市公用事业政府监管机关及其工作人员的工作运行中形成一种习惯,从而推动城市公用事业政府监管权的良性运行。王名扬认为:"没有司法审查,那么行政法治等于一句空话,个人自由和权利就缺乏保障。司法审查不仅在其实际应用时可以保障个人的利益,而且由于司法审查的存在对行政人员产生一种心理压力,可以促使他们谨慎行使权力。"①

3. 维护和保障城市公用事业消费者合法权益

在国家治理架构现代化下,任何权力的运行均应以公众的利益为最高准则。由于城市公用事业政府监管机关的监管行为与公用事业消费者的工作、生产、生活息息相关,在广度和深度上都达到了非常密切的程度,而城市公用事业政府监管机关与公用事业消费者的地位又是不对等的,城市公用事业政府监管机关行使监管权力时,作为消费者的公众就处于一种相对弱势的地位,合法权益极易受到城市公用事业政府监管机关的侵害。按照有权利必有救济的原则,应当给予公用事业消费者诉权以保护自己的权利。而司法机关对城市公用事业政府监管机关依法监管的监督制约就是防止城市公用事业政府监管机关滥用权力、保障公用事业消费者的权益不受侵害的一种制度设计。

4. 推动城市公用事业政府监管司法监督机制的完善

我国宪法和法律设计了对城市公用事业政府监管权力实施监督的各种机制。如人大的权力监督、政协的民主监督、公众的社会监督、新闻界的舆论监督以及审计监察机关的内部监督,等等。这些监督机制在现实中均发挥极其重要的作用。但是,也有力所不及或遗漏之处。如权力机关的监督重心在于制定法律规则,难以及时发现法律在执行过程中的偏差;检察机关主要着眼于对城市公用事业政府监管利用行政职务之便的犯罪进行侦查起诉,而对大量存在的城市公用事业政府监管机关在针对行政相对人行使职权时的侵权越权行为则参与不力;政协、公众、新闻等监督,由于缺乏一般权力运用所产生的强制力、约束力而效能有限;城市公用事业政府监管行政系统内部的审计监察、行政复议等,从某种意义上说仍属于行政机关自己当自己的法官。因此,需要增加新的监督机制,以弥补上述监督机制的不足。《行政诉讼法》所创立的对城市公用事业政府监管行政机关

---

① 王名扬:《美国行政法》(下),中国法制出版社2005年版,第562页。

的司法监督,是一种新的监督机制,是对已有的城市公用事业政府监管行政权力的监督机制的完善和补充。但现行的对城市公用事业政府监管行政权力的司法监督无论是机构设置还是具体制度都存在一些问题需要完善,因此,需要不断对城市公用事业政府监管行政机关加强司法监督。

5. 促进和保障城市公用事业可持续发展

《行政诉讼法》赋予了行政相对人向人民法院提起行政诉讼的权利,人民法院可以通过司法权行使对城市公用事业政府监管机关依法监管的有效监督和制约,对城市公用事业政府监管机关违法监管行为予以撤销或纠正,除了可以维护公众的合法权益,疏导公众对于政府的不满情绪,防止官民矛盾激化,促进社会稳定之外,还有利于减少政府监管机构对城市公用事业服务提供者的违法违规干预,使城市公用事业服务领域能切实按照行业自身特有的发展规律制定发展规划、提供和完善公用事业服务,从而保证该行业的可持续发展。

第二节 美国和法国城市公用事业政府监管司法监督的经验借鉴

世界各国,对行政的司法监督都非常重视。18世纪到20世纪初,英国就确立了司法审查制度,法国继而形成行政法院审判制度,而后其他国家纷纷仿效,建立了司法监督制度。因此可见,对行政司法监督在行政法制监督体系中占有最重要的地位。对城市公用事业政府监管权的司法监督属于对行政司法监督活动之一,完全适用对行政司法监督的规则,以下着重比较分析美、法两国城市公用事业政府监管司法监督的主要做法及与我国对城市公用事业政府监管行政权力的司法监督的比较、借鉴。

一 美国和法国城市公用事业政府监管司法监督的主要做法

(一) 城市公用事业政府监管司法监督的功能

现代法治要求政府的行政权力来源于法律,并且政府只能享有宪法和法律赋予的权力,只能在法律规定的条件、方法和范围内行使权力。对政府权力行使实施司法监督的目的就在于防止行政权的滥用,有效保障公民和其他社会成员的利益的实现。就司法权的性质与地位而言,它的职责是适用国家法律。司法机关在审理城市公用事业政府监管行政权力案件中是城市公用事业政府监管双方当事人之间的中立者,当城市公用事业政府监管机关违法侵权时,它要依法维护社会主体的权益。应当说,司法机关的司法权之设立,很大程度上是为了给予社会主体有可能利用诉权或司法救济权来抵抗国家权力对社会主体的侵犯。所以,"法官常常是与人民站在一起反对统治者滥用权力的进步力量"。[1] 司法机关是介于国家与社会、政府与公民以及社会成员之间的中立者和公正的裁判者,它可以运用经常性的法律程序,严格地、直接地对城市公用事业政府监管行政权力的实施进行监督和控制,以防止城市公用事业政府监管行政权力的滥用。从世界各国司法机关对政府、行政机关的监督来看,它确实起到了保障公民、组织的合法权益,监督行政机关依法行使职权,稳定社会秩序和社会安定的功能。在英美法系国家,司法审查制度成为最受英美社会和个人依赖的监督行政活动的方式;在法国,"行政法院所发挥的卓越作用真正是法国独创的。在这个国家里,政府经常变动,宪法也并不持久而来回更改,行政法院确是主要的稳定因素"。[2]

(二) 城市公用事业政府监管司法监督的主体

西方国家司法机关一般指的是行使审判权的法院。各国审判监督体制大体可分为两大类,以法国为代表的大陆法系行政诉讼监督制度和以美国为代表的英美法系司法审查制度。法国行政诉讼的特点是不受普通法院管辖,而是在普通法院以外建立行政审判制度,由行政法院受理行政诉讼。英美法系国家一般没有专设行政法院,行政案件由普通法院审理。美国行政审判机构与英国类似,由普通法院审理行政案件。美国法院体系包括地区法院、上诉法院、专门法院和最高法院四级,全国共设有52个相对独立的法院系统,包括联邦法院系统、首都哥伦比亚特区法院系统和50个州法院系统。虽然联邦最高法院是全美国最高法院,其决定对各级各类法院均有约束力,但联邦法院系统并不高于州法院系统,二者之间没有管辖或隶属关系。从一定意义上讲,美国法院系统为"双轨制",一边是联邦法院,一边是州法院,二者平行,直到联邦最高法院。各级各类法院都有权受理行政案件,行使司法审查权。此外,美国也有设立一些专门的行政法院,但由于普通法院具有审查行政行为的最终权力,无论是独立管制机

---

[1] [美] 约翰·亨利·梅利曼:《大陆法系》,顾培东、禄正平译,知识产权出版社1984年版,第18页。

[2] [美]《图莱法学杂志》1968年第1期。

构还是专门法院,都没有突破普通法院的单轨制。西方国家不论采取普通法院还是行政法院模式,其体制设置无一不是关注行政审判的特殊性结果。各国的司法实践表明,行政审判具有以下几个方面的特殊性:一是行政审判的专业性和技术性较强,所以在诉讼程序以及实体处理上与民事、刑事案件的处理区别很大;二是行政案件的特殊性对司法的独立性、自主性要求更高;三是行政审判就其运行机制而言是审判权对行政权的监督和制约。

无论是大陆法系还是英美法系国家的检察机关一般不属于司法机关,也不独立设置,或者附属在法院系统内,或者归属于司法行政部门,或者检察机关与司法行政部门不分。除少数国家,如英国、葡萄牙以外,多数国家检察机关对行政的监督通常限于刑法所涉及的范围,而没有被授权对行政机关活动进行一般监督。

(三) 城市公用事业政府监管司法监督的范围

对城市公用事业政府监管行政权力司法监督的范围受制于一个国家的传统和体制,并从一定意义上成为衡量该国宪政体制状况的水平和法律监督完善的程度。法国行政法院对城市公用事业政府监管行政机关监督的范围主要是撤销违法行政行为和给予行政行为的受害者以损害赔偿;英国法院对城市公用事业政府监管政府行为的程序违法、超越管辖范围、不履行法定义务、权力滥用等进行审查;美国法院对城市公用事业政府监管行政行为的监督范围广于其他国家,只要有人起诉,均可以受理审查。[①] 各国对城市公用事业政府监管行政权的司法监督范围有所区别,但也有一些共同之处。主要表现为,法院既可审查城市公用事业政府监管行政机关具体的行政行为,也可审查城市公用事业政府监管行政机关抽象的行政行为;既可审查城市公用事业政府监管行政机关行政行为的合法性,也可审查城市公用事业政府监管行政机关行政行为的合理性;既可判决撤销城市公用事业政府监管行政机关行政行为,也可判决变更城市公用事业政府监管行政机关行政行为。也就是对城市公用事业政府监管行政权力的司法监督的范围是十分广泛的。

---

① 美国《联邦行政程序法》第702条规定:"凡是因为行政机关的行政行为而使公民或组织的法定权利受到不法侵害或受到不利影响或损害,不论其为具体行政行为还是抽象行政行为,均可纳入司法审查的范围。"

(四) 城市公用事业政府监管司法监督标准

在美国，根据《联邦行政程序法》第706节及法院的有关判例，法院对城市公用事业政府监管行政机关行政行为司法审查标准主要有六个：一是是否违法，其中"违法"包括实质的违法与程序的违法；二是是否侵犯宪法的权利、权力、特权或特免，其中宪法规定的权利包括公民的选举权、人身自由权、言论自由权、正当程序权等；三是是否超越法定的管辖权、权力或限制，或者没有法定权利；四是是否专横、任性、滥用自由裁量权，根据司法实践，滥用自由裁量权行为又包括目的不当、专断与反复无常、考虑不相关因素和未考虑相关因素、不作为和迟延等；五是是否没有事实根据；六是是否没有实质性证据。[①]

在法国，司法审查的标准一般称为"行政行为的控制理由"，主要包括六个：一是无权限；二是超越管辖权，包括超越地域管辖权与超越实体管辖权；三是实体瑕疵，包括法律瑕疵、事实瑕疵、违背善良道德、不清楚、错误方法等；四是违反程序与形式；五是超越自由裁量权，包括超越自由裁量权范围和不行使自由裁量权；六是滥用自由裁量权，具体包括违反合理性原则（具体化为适当性原则、必要性原则和比例原则）、不正确的目的、不相关的因素、违反客观性、违反平等对待。[②]

二 美国和法国城市公用事业政府监管司法监督启示

通过对城市公用事业政府监管行政权力的司法监督的功能、主体、范围及标准四个方面的分析阐述，比较我国与美、法国家城市公用事业政府监管司法监督制度，主要有以下启示：

(一) 城市公用事业政府监管司法监督机构的专业性

我国是由人民法院设立的行政庭审理行政案件对城市公用事业政府监管行政机关进行司法监督，而西方国家对城市公用事业政府监管行政机关监督制约机构分两种情况：一种是由行政法院监督，如法国等国家；另一种是美国等国家由普通法院进行监督，但这些普通法院并不像我国设立专门行政审判庭来审理行政诉讼案件。由于我国没有特别规定行政法官的知识构成，且在现行法官管理体制下不同专业审判庭法官之间的流动非常容易，专业性并不凸显，不尽适应行政审判的专业性需要。同时，现有的

[①] 王名扬：《美国行政法》，中国法制出版社2005年版，第673页。
[②] 姜明安：《外国行政法教程》，法律出版社1993年版，第132—135页。

人、财、物管理体制，导致法院受地方行政机关牵制和约束太多，不利于对城市公用事业政府监管行政机关进行有效的司法监督。因此，有必要借鉴西方国家司法监督机构设置的有益经验，强化司法职能，实现司法独立。

(二) 城市公用事业政府监管司法监督功能的制约性

西方国家的监督制约机构对城市公用事业政府监管行政机关就是一种监督制约功能，而我国法院在行使对城市公用事业政府监管司法监督制约功能的同时，还要强调对城市公用事业政府监管行政机关依法行政的维护。这种对城市公用事业政府监管行政机关依法行政的维护，体现了我国行政审判特色，增强了我国行政审判机关的功能，对于国家治理是有促进作用的。但是，仅仅赋予法院此项功能，却没有相应的配套体制和保障措施跟上，维护的功能不能得到有效的发挥。同时，如何理顺对城市公用事业政府监管行政机关维护和监督制约的关系，法律也没有明确的规定，在实践中掌握起来难度很大，有必要加以理顺和完善。

(三) 城市公用事业政府监管司法监督方式的多元性

我国对城市公用事业政府监管机关司法监督制约，主要是通过行政诉讼非诉行政执行案件对城市公用事业政府监管行政机关及其工作人员的具体行政行为合法性进行审查，另外可通过刑事诉讼对城市公用事业政府监管行政机关公务人员的职务犯罪进行监督，还可通过国家赔偿诉讼对城市公用事业政府监管行政机关及其工作人员在执行公务的过程中侵犯公民、法人或其他社会组织的合法权益并造成经济损失的受害人予以赔偿。目前，我国人民法院最主要的是通过行政管理相对人对城市公用事业政府监管行政机关的具体行政行为提起行政诉讼请求而介入的，人民法院对城市公用事业政府监管行政机关的监督制约方式是消极的，奉行"不告不理"的原则。而西方一些国家法院对城市公用事业政府监管行为合法性的监督制约，不仅可以由行政管理相对人提起诉讼进行监督，而且可以由法院主动"废除行政行为，清除其法律效果"。[①] 因此，比较而言，目前我国对城市公用事业政府监管行政机关司法监督的方式是单一的，有必要增加司法机关主动介入的方式，提升对城市公用事业政府监管行政机关司法监督的效用。

---

① [德] 哈特穆特·毛雷尔：《行政法学总论》，高家伟译，法律出版社2000年版，第243页。

(四) 城市公用事业政府监管司法监督内容的广泛性

我国城市公用事业政府监管司法监督的内容和范围，仅指城市公用事业政府监管行政机关具体行政行为的合法性，而对城市公用事业政府监管行政机关的抽象行政行为、行政机关的内部行为，法律规定由行政机关最终裁决的具体行政行为排除在司法监督之外。不仅如此，《行政诉讼法》还规定，对具体行政行为的司法监督原则上是对该行为是否合法进行审查，而具体行政行为是否适当问题，法院一般不予审查，只有在行政处罚显失公正的情况下才适用司法审查。美国等西方国家法院对城市公用事业政府监管行政机关依法行政的监督制约，除包括具体行政行为的合法性，还包括立法等抽象行政行为合法性审查、行政合理性审查，等等。可见，我国对城市公用事业政府监管行政机关司法监督制约范围的狭窄，限制了人民法院职能作用的发挥，不利于监督促进行政机关依法行政。

(五) 城市公用事业政府监管司法监督标准的灵活性

根据我国《行政诉讼法》第五十四条的规定[①]，我国现行城市公用事业政府监管行政机关行政行为司法审查的标准主要有七种。对于这七种标准，学界又进一步划分为城市公用事业政府监管行政机关行政行为合法性标准和城市公用事业政府监管行政机关行政行为合理性标准，其中后者仅指滥用职权和显失公正两种情况。西方国家对城市公用事业政府监管行政机关的司法审查的标准通常与法律传统、诉讼理念等相联系，但法律问题与事实问题采用灵活、不同的司法审查标准已成为共同趋势。同时，既重视对城市公用事业政府监管行政机关行政行为的实体性审查，也重视城市公用事业政府监管行政机关行政行为程序性审查；在对城市公用事业政府监管行政机关行政行为的程序性审查中既重视法定程序的审查，也重视非法定程序的审查。既重视城市公用事业政府监管行政机关行政行为的合法性审查，也重视城市公用事业政府监管行政机关行政行为的合理性审查，

---

① 《行政诉讼法》第五十四条规定："人民法院经过审理，根据不同情况，分别作出以下判决：
(一) 具体行政行为证据确凿，适用法律、法规正确，符合法定程序的，判决维持。
(二) 具体行政行为有下列情形之一的，判决撤销或者部分撤销，并可以判决被告重新作出具体行政行为：(1) 主要证据不足的；(2) 适用法律、法规错误的；(3) 违反法定程序的；(4) 超越职权的；(5) 滥用职权的。
(三) 被告不履行或者拖延履行法定职责的，判决其在一定期限内履行。
(四) 行政处罚显失公正的，可以判决变更。"

合理性标准已成为城市公用事业政府监管行政机关行政行为司法审查的重要标准。对于这方面，西方国家的做法无疑更有利于发挥城市公用事业政府监管行政机关行政行为的司法监督制约作用，在理念上也领先于我国，应予吸收借鉴。

第三节 我国城市公用事业政府监管司法监督机制创新

1990 年《行政诉讼法》在我国全面实施，使我国设立了具有中国特色的司法审查制度，完善了城市公用事业政府监管行政法制监督体系中的司法监督制度，但同时也存在对城市公用事业政府监管司法监督功能难以有效发挥的问题。2014 年 10 月，党的十八届四中全会通过的《中共中央关于全面推进依法治国若干重大问题的决定》提出，要"完善确保依法独立公正行使审判权和检察权的制度，建立领导干部干预司法活动、插手具体案件处理的记录、通报和责任追究制度，建立健全司法人员履行法定职责保护机制"。结合我国城市公用事业政府监管司法监督中存在的问题，应进一步完善城市公用事业政府监管的司法监督机构自身建设，创新城市公用事业政府监管司法监督的各种具体制度。

一 创新城市公用事业政府监管司法监督机构

城市公用事业政府监管权与司法监督权关系错位以及司法监督权缺乏应有的独立性是造成司法监督软弱的主要问题。因此，要加强城市公用事业政府监管司法监督，首先要完善城市公用事业政府监管司法监督自身机构建设。

如前所述，我国在立法上将城市公用事业政府监管权与司法监督权的关系定位为：在分工合作的大前提下，城市公用事业政府监管司法监督权维护和监督制约监管权。在城市公用事业政府监管司法监督权实践中，两权关系表现为：强调城市公用事业政府监管司法监督权对监管权的维护，而监督制约功能却不能得到应有的发挥；城市公用事业政府监管司法监督权有时成为监管权的延伸；监管权则不时僭越城市公用事业政府监管司法监督权，二者关系不能得到很好的理顺。由此造成的恶果是，城市公用事业政府监管行政相对人的合法权益不能得到充分有效的保障，城市公用事业政府监管机关的违法监管、滥用职权和超过职权不能得到有效制止和纠正，人民法院的权威受到很大影响。为此二者之间关系必须得到有效理顺，才能更好地发挥司法监督权对城市公用事业政府监管权的监督和制约作用。

（一）人民法院要正确处理城市公用事业政府监管司法监督权对监管权的维护与监督制约两种职能的关系

一方面加强对监管权的维护作用，另一方面强化城市公用事业政府监管司法监督权的监督和制约。人民法院通过对城市公用事业政府监管机关合法具体监管行为的维持和对城市公用事业政府监管机关生效具体监管行为的执行来维护政府的监管权，既是法律的规定，也是国家权力有效运行的需要，必须切实予以执行。同时，人民法院更要依法加强对城市公用事业政府监管机关司法监督制约职能，二者不可偏废。然而，人民法院在处理上述关系中有时并不能很好地把握。实践中，有的法院过分强调对城市公用事业政府监管权的维护职能，对于城市公用事业政府监管机关申请人民法院执行的具体监管行为，略加审查甚至不加审查即予以执行，没有很好地发挥司法监督制约的作用，使城市公用事业政府监管司法监督权成了监管权的延伸，因此，对于城市公用事业政府监管机关非诉行政执行案件中监管机关的具体监管行为，人民法院也应依法予以审查，切实行使好司法监督制约职能。

（二）深化司法机关体制改革，从根本上强化司法监督职能

相对于无论规模还是权力都较为庞大的监管机关来说，由人民法院内部的一个庭、室来完成对其依法监管的监督，难以实现最佳效果，司法监督作用难以有效发挥，对城市公用事业政府监管相对人的合法权益保护力度远远达不到人民群众的期待。要想真正发挥人民法院对城市公用事业政府监管机关依法监管的监督职能，目前的法院体制是很难实现的，必须加以改革。依据现有的西方国家经验或我国国情，可以有以下两种改革的模式：一种是总体保持法院目前的监督模式不变，仍由内设的行政审判庭来审理城市公用事业政府监管行政案件，行使司法监督制约职能，但法院的人、财、物管理应脱离地方党委、政府，使监督机构摆脱行政权的反制约，敢于监督，充分发挥司法监督作用。另一种是借鉴西方国家的经验，设立专门的行政法院，外部的人、财、物保障摆脱地方党委、政府，内部管理上摆脱上级法院的实际领导，设立科学、合理的管理体制。同时，根

据《中共中央关于全面推进依法治国若干重大问题的决定》的要求，进一步"优化司法职权配置，推动实行审判权和执行权相分离的体制改革试点，最高人民法院设立巡回法庭，探索设立跨行政区划的人民法院和人民检察院"，使司法监督权不受行政执法权的干预具有切实的组织和制度保障。

（三）落实司法权对政府监管权的有效监督，确保法院具有相对独立的法律地位

从以下两方面进行完善：一是实现司法权外部独立，即司法权在国家权力结构中具有独立地位，确定的司法职能由专门的司法机关行使，司法权具有自己的管辖范围和职权，其他国家权力机关，包括立法机关和行政机关没有司法职能也无权行使司法权，司法机关依法行使司法权，不向立法机关负责，只服从立法机关制定的法律，不受行政机关干预。二是司法内部独立，即法官独立。首先，确保法官身份的独立，法官为履行正常审判职能所必备的任职条件应当得到充分的保障，法官职业应当稳定，法官一经任用，不得随意更换，设置法官的薪俸制和退休金制，以使法官在行使审判权时不受物质诱惑。其次，建立责任制度，在强化法官审判权的同时，要完善错案追究和司法赔偿制度，使法官的渎职、失职行为受到责任追究，从而使法官在案件的审判上更加负责，认真履行法官职责。最后，提高法官素质，司法独立须以由合格的司法人员组成的司法机关作为其发挥正常功能的前提条件。所以，真正的司法独立不仅需要有制度做保障，而且独立的力量来自司法者自身素质，其素质来自专门的法律教育和法律训练。因此，要严格法官任免条件和程序，提高对法官任职的学历和经验要求，使法官逐步"精英化"和"学者化"。

二　完善城市公用事业政府监管检察监督法律制度

作为国家法律监督机关的人民检察院，如果不能充分发挥其职能，就形同虚设。而城市公用事业政府监管检察监督范围不明确和监督方式单一，同样会使城市公用事业政府监管司法监督力度不够。针对这两个突出的问题，主要应采取采取以下措施：

（一）扩充行政诉讼检察监督范围

我国1954年颁布的《检察机关组织法》授权检察机关对行政机关的决议、命令和措施是否合法，行政机关工作人员是否遵守法律行使检察权。但在1979年修改时删除了这一内容，仅留下对刑事法律的实施和审

判活动进行监督,使监督范围大为缩小,使其与作为法律监督机关的地位大不相称。为此,建议重新恢复检察机关原来的监督权力。同时把城市公用事业政府监管行政不作为、滥权越权行为、行政法的实施情况均纳入检察监督审查范围。

(二)积极运用检察建议权

检察建议是检察机关在履行法律监督职能过程中,结合执法办案,建议城市公用事业政府监管机关改善制度,加强内部制约、监督,正确实施法律法规,预防和减少违法犯罪的一种重要方式。在检察权对行政权进行监督的相关立法完善之前,应积极发挥检察建议的良好作用,促进城市公用事业政府监管机关依法监管水平的提升。因此,检察机关对公民、法人提出的监管行为违法的申诉、控告,应当探索予以受理并进行审查。对于规章以下行政规范性文件,应当重点审查其是否与上位法相抵触;对于具体监管行为,应重点审查是否侵犯相对人基本权利。对于这两类行政行为,都应当审查是否符合法定程序,是否超越法定权限。如果经审查认为监管行为涉嫌违法,检察机关应当向城市公用事业政府监管机关提出检察建议,由该监管机关自行决定是否撤销或变更引起争议的监管行为。检察建议发出后,检察机关应当及时了解和掌握被建议单位对该建议的采纳落实情况。根据《人民检察院检察建议工作规定(试行)》第八条规定:"如果被建议单位对检察建议没有正当理由不予采纳的,检察机关可以向其上级主管机关反映有关情况。"

(三)赋予检察机关支持起诉和提起诉讼的权力

英国的检察长有权监督城市公用事业政府监管机关的越权和滥用职权,并有权强制其履行职务,同时还可以对地方审判机关越权和违法进行判决,有解除和撤销之权。除此之外,英国检察机关也有参加行政诉讼权力,对城市公用事业政府监管涉嫌公共利益的刑事案的侦查权、起诉权、监督审判活动权等都有明确的规定。针对城市公用事业政府监管活动中存在一些公民、法人和其他组织在其合法权益受到城市公用事业政府监管机关具体监管行为侵犯后不知道、不敢或无力起诉的情形,同时也存在城市公用事业政府监管机关以不作为的形式违法致使公共利益受到损害,由于不确定具体的受害对象,因而无人起诉的情况,必须赋予检察机关支持起诉和提起诉讼的权利。积极"探索建立检察机关提起公益诉讼制度"①，是解决不确定或大范围受害人案件诉讼救济的好机制。

三 完善城市公用事业政府监管审判监督制度

根据《中共中央关于全面推进依法治国若干重大问题的决定》，加强司法监督需要进一步"完善确保依法独立公正行使审判权和检察权的制度，建立领导干部干预司法活动、插手具体案件处理的记录、通报和责任追究制度，建立健全司法人员履行法定职责保护机制"。对城市公用事业政府监管审判监督是司法监督的重点，现行城市公用事业政府监管审判监督法律制度不完善，应重视完善现行的有关法院审判监督的法律制度，既包括完善其实体制度，也包括完善审判监督程序制度，以保障审判监督功能的发挥。

（一）完善城市公用事业政府监管审判监督实体法律制度

1. 明确城市公用事业政府监管审判监督权的依据

对城市公用事业政府监管行为合法性审查的依据或标准只能是立法机关制定的宪法和法律，而不应包括城市公用事业政府监管机关自己制定的规范。城市公用事业政府监管机关作为权力机关的执行机关，它所执行的自然是权力机关即立法机关制定的法律，无论是针对特定的人和事做出一次性的具体行政行为，还是对不特定的人和事制定的反复适用的普遍行为规则的抽象行政行为，都是城市公用事业政府监管机关进行监管活动的两种方式，无论哪一种行为都应以法律为依据。审判监督权对政府监管权的监督是一种外部监督手段，这种监督不是城市公用事业政府监管机关对自身行为的复议监督，而是通过司法机关这样一个外部的监督机构进行的监督，因此，这种监督自然不能以城市公用事业政府监管机关自己制定的约束自己行为的规范作为标准。如果以抽象行政行为作为衡量具体行政行为是否合法的标准，其结果只能造成作为依据或标准的抽象行政行为逃避司法监督。更为可悲的后果则是依据违法的抽象行政行为所作出的具体行政行为也有可能被不得不认为具有合法的依据而得到司法判决的承认。固然作出具体行政行为可以以抽象行政行为为依据，但抽象行政行为又是以宪法、法律为依据作出的，并且当行政法规、规章违背宪法、法律时应被撤销或改变。所以，城市公用事业政府监管审判监督中对政府监管行为的合

---

① 《中国共产党十八届四中全会公报》，《人民日报》2014年10月23日。

法性进行监督,必须以立法机关制定的宪法和法律为审查的依据和标准,而不能有其他依据和标准,行政法规、规章在符合宪法、法律的前提下只能作为间接依据。

2. 扩大城市公用事业政府监管机关审判监督范围

将城市公用事业政府监管机关部分抽象行政行为纳入司法审查范围,扩大审判监督范围,已成为现实的需求和行政诉讼制度发展的必然趋势。我们首先要做的就是扩大公用事业政府监管行政行为司法审查的范围,特别是将公用事业政府监管机关抽象行政行为纳入到司法审查的范围。在我国现行的体制中,对城市公用事业政府监管机关抽象行政行为的监督主要有三种非诉方式:一是人大、上级行政机关的监督。二是备案审查法规清理监督。三是复议审查。这些监督方式从理论设计的角度分析是相当规范的,从实际情况来看,这些监督机制也有效地发挥作用。但是,现有这些监督方式并不排斥人民法院的司法监督;相反,这些方式与人民法院司法监督结合起来才更完善、更有效。我国行政诉讼法在立法时将抽象行政行为排除在人民法院司法审查的范围之外,主要是担心司法权的膨胀会代替行政机关行使行政权力,过多地考虑了对行政权的维护,忽略了对公民、法人和其他组织合法权益的保障。所以,应将城市公用事业政府监管行政抽象行政行为纳入行政诉讼的范围,使法院能介入对公用事业政府监管机关抽象行政行为的司法审查,从而完善我国对抽象行政行为的监督机制。

(二) 完善城市公用事业政府监管审判监督程序法律制度

1. 顺应城市公用事业行政诉讼案件审判监督实际需要,设立简易诉讼程序

简易诉讼程序是对特定的法律问题以简易、迅速处理为目的的诉讼程序,具有迅速、简单、低消耗的特征。我国《行政诉讼法》没有设立简易程序,所有行政案件均需按普通程序组成合议庭审理。这对于一些案情非常简单的行政案件而言,无疑会造成本来就稀缺的审判资源的浪费,与诉讼经济原则相悖。与此同时,简易案件程序的复杂化也剥夺了当事人的程序选择权,提高了当事人的诉讼成本,损害了当事人的合法权益,不利于对行政权的监督制约效率性和效果性。审判实践中,对行政诉讼中应当设立简易审判程序的呼声越来越高。尤其是在城市化的快速推进过程中,因城市公用设施及其服务配套不完善而致市民权益受损的事件越来越多,市民维权本来可以走法律路径,但由于行政诉讼程序复杂、诉讼成本较

高,这些事件只有很少一部分能转化为行政诉讼案件。而在"不告不理"诉讼受理制度安排下,司法审判机构也只能听令相关政府监管机构的监管不作为或不到位。

2. 我国城市公用事业行政诉讼设立简易程序的设想

第一,应该明确简易程序的适用标准。在立法上可借鉴国际通行的做法,规定简单程序适用于简单行政监管纠纷、违法情节特别轻微、涉及诉讼标的特别小的政府监管案件。

第二,应该规定适用程序的具体要求。法院在立案后,根据已知案情,对拟运用简易程序审理的,应在开庭前征求政府监管者、监管对象及其他当事人的意见,并向案件各方当事人解释简易程序的特点和潜在的风险,当事人均表示同意后才可适用简易程序。

第三,规定简化的庭审过程。简易程序的简化应名副其实,起诉与答辩方式、开庭方式、审判方式、审理期限、法律文书制作、宣判与送达等内容都要考虑简化。

第四,建立简易程序的保障措施。机构的设置与分权应当体现"以审判为中心原则"。[①] 只有优化配置,科学运作,减少内耗,提高效率,才能使简易程序制度发挥其应有的作用。

第五,规定简易程序和普通程序相互转化条件、形式和程序。对于简易程序向普通程序转换,当事人仍有选择权。

此外,根据党的十八届四中全会通过的《中共中央关于全面推进依法治国若干重大问题的决定》,还要"推进以审判为中心的诉讼制度改革,实行办案质量终身负责制和错案责任倒查问责制"。只有这样,才能实现司法机关对城市公用事业政府监管部门高质量、有权威的监督。

---

① 江必新:《中国行政诉讼制度的完善》,法律出版社2005年版,第206页。

第六章　城市公用事业政府监管行政监督现状与问题

20世纪90年代中国开始城市公用事业市场化改革探索。经过二十多年的探索与实践，城市公用事业市场化已经成为我国城市公用事业发展的一个重要趋势。如何适应公用事业市场化改革趋势，是现阶段所需要探讨的一项重要问题。市场化并不意味着政府责任的完全退出，而恰恰是政府不断改善和强化管理的过程。政府理应是公用事业市场化过程中的主要监管者，但在现实情况下，在法律法规尚未完善的情况下，政府可能利用自身优势获取部门利益，进而损害公用事业市场化进程中的社会整体福利。因此，行政监督作为政府部门内部监督的重要方式，其重要性不言而喻。

第一节　城市公用事业政府监管行政监督现状

一　城市公用事业政府监管行政监督的内涵

行政监督是由"行政"和"监督"两个词复合构成。要准确掌握"行政监督"的内涵，可以从"行政"和"监督"这两个词分别理解。"监督"一词在《辞海》中解释为"督察、督促"的意思。"监督"一词的英文表达是"supervision"，其字面意义就是从上往下监视或在上的视察。对于"行政"的理解可以从管理的角度和政治的角度出发。从管理意义上说，行政是指"若干人为了达到共同的目的所做的合作的集体行动"[1]，这种理解是将行政看作一种技术和程序上的问题。从政治的角度理解行政，即从"一定社会的政府组织的分工关系"和"政治权力的运用"这两个角度来理解。后者乃是此文理解的一个视角。因此，行政监

---

[1] 王沪宁、竺乾威：《行政学导论》，上海三联书店1987年版，第3页。

督是政治监督的一个重要组成部分,是行政管理体系的一个重要组成部分。

行政监督有狭义和广义之分。广义的行政监督也叫行政外部监督,即立法机关、司法机关、党团组织、社会公众和新闻媒体对行政机关的监督,实际上就是以行政行为为监督对象的立法监督、司法监督和社会监督。[1] 这里指狭义上的行政监督,即国家行政机关在内部进行的一种监督活动,也就是行政系统自身的一种监督。具体而言,是指行政组织内部的机关之间、人员之间的相互检查、督促和控制活动的过程。行政机关的自我监督在整个行政监督体系中占有重要地位,是行政组织的一种自我调节和监督机制。具体而言,行政监督可以分为以下三个层面:一是上下级行政机关之间的相互监督;二是行政职能机关对其他管理机关的监督;三是专门监督机关对整个行政机关的监督。

就城市公用事业政府监管的行政监督而言,它既包括纵向的上级政府公用事业监管部门对下级政府公用事业监管部门开展的业务(职能)监督,也包括横向的同级政府监察、审计部门对公用事业监管部门开展的专门监督。前者主要监督下级政府相关部门贯彻执行城市公用事业法规、政策情况,指导下级政府相关部门的工作,纠正其具体行政行为的失偏行为,其主要手段是行政复议。后者侧重监督城市公用事业政府监管部门的政纪、风纪、财务和预算执行情况,以及城市公用事业政府监管部门与监管对象之间的关联行为是否依规合法,其主要手段是行风检查、财务审计、专项审计和来信来访、举报核查等。另外,来自同级政府其他部门的一般监督也是城市公用事业政府监管行政监督的重要构成部分。这种相互间不带特定目标的行政监督是一种相互警醒机制,有助于发现一些职能监督和专门监督发现不了的违规违纪监管现象。特别是在公用事业市场化改革背景下,城市公用事业领域会涉及越来越多的产权变革,一些监管机构及其监管人员可能趁机浑水摸鱼,利用手中的审批权、许可核准权搞权钱交易,或自己身许两端,既在岸上做监管者,又入股下海做经营者,如果相应的行政监督不到位,与之伴行的可能是公用事业服务责任主体的模糊和服务质量的下降。

需要特别指出的是,在城市公用事业监管监督体系中,由于行政监督

---

[1] 章剑生:《行政监督研究》,人民出版社 2001 年版,第 2 页。

是与监督对象最近距离的监督,不论是纵向的上级政府部门还是横向的同级政府部门,较之立法部门、司法部门和社会团体都能更便利地接触到监管信息,更容易发现监管中的问题,因而更能发挥监督功能,是实现城市公用事业政府监管监督职能最基础的部分。

城市公用事业政府监管行政监督具有以下特点:

一是权威性和强制性。行政监督体现着权力之间的相互制约,它是以权力作为支撑的。在公共利益与私人利益存在分歧之时,在权力所有者和权力的行使者相对分离之时,监督就意味着一种权力对另一种权力的监控和制约。如果没有权力作为支撑,监督就缺乏约束力和权威性。行政监督主体的权威性来自宪法和法律规定。没有法律规定,监督权就可能出现空泛化,行政监督就会失去最重要的权力基础。行政监督是以强制性作为保障的。行政监督权在本质上是一种法权,监督行为是对管理者的一种再管理。即使有的行政主体并无直接惩罚权,但它却能够在社会上形成一种氛围,可以引起有相应处置权主体的重视或关注,从而在客观上促使了问题的解决,这在一定意义上也可以说其具有一定的强制性。

二是外部性和整体性。行政监督的外部性是指行政监督的主体相对客体而言是一种外在的力量。上级行政机关对下级行政机关或者专门的监察机构对于相关部门的监督都是一种重要的外在制约力量。尽管不同的行政监督主体和行政监督形式具有自己的独立性,但从其运作和功能看,它们又是彼此联系、相辅相成的。这就要求行政监督具有整体性,形成监督合力。

三是独立性和多样性。行政监督主体的独立性是民主和法治的具体表现。行政监督主体只有向赋予其监督权的组织负责,而不受任何机关、团体和个人干预情况下,才能真正体现本身所具有的权威性和约束力。行政监督的方式、手段和主体可以是多样性的。多元化的监督方式、监督主体能够使整个行政监督呈现立体的形态。上级行政机关对下级行政机关的监督、专职监督等监督方式互相补充,是实现有效监督的重要条件。

二 城市公用事业政府监管行政监督主体

(一)上下级公用事业监管机构之间的互相监督

上下级城市公用事业监管部门之间的互相监督是指上级监管机关对下级监管机关的监督,以及下级监管机关对上级监管机关的监督。其中,上级监管机关对下级监管机关的监督最为常见。根据我国目前的城市公用事业监管体制，住建部是最主要的城市公用事业监管职能机构，以此为例来分析，我国城市公用事业上下级监督主体主要包括四个方面：一是住建部代表国务院对省、市住建厅系统的总体监督；二是住建部职能司局依其专司的业务对省、市住建厅系统对口业务系统的监督；三是各级人民政府对所属住建部门的监督；四是中央政府即国务院对住建部的总体监督。由于其监督方式主要是行政复议，因此，该类行政监督主体又可称为行政复议机关。

下级城市公用事业监管机关对上级监管机关的监督实际属于民主监督范畴，是一种特殊的行政监督形式。这种监督方式不是行政监管机关按照法定职权所实施的具有国家强制力的监督，而是按照民主原则进行的监督。它是指下级城市公用事业监管机关及工作人员对上级监管机关和领导者的监督。由于缺乏法律效力，这种监督的力度有一定局限性。但下级监管机关及工作人员对上级监管机关和领导者所提出的意见和建议，往往有可取之处，对上级监管机关和领导者完善监管决策和改善监管领导方式仍然起着重要作用。

（二）其他行政机关对公用事业监管机构的监督

其他管理机关对公用事业监管部门的监督是指互不隶属的国家行政机关之间，依据各自独立享有的某一方面的公共行政权力对公用事业监管机关的监督。例如，物价部门对住建部门监管的燃气价格管理工作进行的监督，公安部门对公共交通部门监管的公交车消防工作管理的监督，等等。这种职能有两项突出的特点：一是作为监督对象的公用事业监管机关与作为监督主体的行政机关之间不存在直接的隶属关系，但监督对象必须接受监督主体的监督，而且在各自的业务范畴内互为监督主体与监督对象；二是这种监督具有法律效力，是在法定职权范围内进行的，有国家强制力作为保障，是能直接产生法律后果的监督形式。

（三）专门监督机构对公用事业监管机构的监督

专门监督与一般监督不同，它是指政府专设的监督机构因特殊授权而对其他行政机关实行的监督。目前，我国设有两种形式的专门监督：一是由行政监察部门实施的行政监察；二是由国家审计部门实施的审计监督。

在公用事业领域，行政监察的主体是中央和地方（主要是市以上政府）各级行政监察机关，行政监察对象是城市公用事业监管机构及其工作人员。审计监督是由中央和地方（主要是市以上政府）各级审计机关依法定期或不定期地对城市公用事业监管机构及其工作人员的财政财务收支活动,以及它们所反映的其他经济活动和各项业务活动的部分或全部所作的一种技术性很强的监督审查。审计机关作为特设的行政监督机关,在整个国家机构中具有特殊地位。从各国审计机关的设置情况看,主要有以下几种:一是立法型审计,审计机关直接对立法机关负责,如英国、美国、加拿大等国家;二是行政型审计,审计机关隶属于行政机关,如泰国、瑞典等;三是独立型审计,它可分为两种:一种是审计机关不隶属于任何国家机构,只服从法律,但审计机关可协助立法机关做出决议,如德国、日本;另一种是审计机关直接向国家元首负责并提交审计报告,由国家元首将审计报告转交给立法机关,如印度、新加坡等。我国审计机关属于行政隶属型审计,审计机关对政府负责,向政府提交审计报告。

三 城市公用事业政府监管行政监督客体

城市公用事业政府监管行政监督客体是指监督主体运用行政监督权的指向,即行政机关依职权作出的行政行为。有权作出该行为的机关和人员都构成行政监督的对象。

(一) 公用事业政府监管的抽象监管行为

主要是指城市公用事业政府监管机构制定和发布的行政法规、行政规章以及其他具有普遍约束力的决定、命令等。比如,住建部《关于进一步加强城市生活垃圾处理工作的意见》(国发〔2011〕9号)、《杭州市城市生活垃圾管理办法》(市政府令〔2012〕271号)等。这些抽象监管行为并不对具体相对人的合法权益产生影响。但如果此类行为本身不具有合法性,或者其中的一些条款不合理和不可行,其对行政相对人合法权益产生的危害可能甚于具体行政行为。[①] 因此,相关监督主体将重点监督城市公用事业政府监管机构颁发的政策法规的合法性进行审查,同时,根据监管客体已实施的监管政策法规的实际成效和存在问题,对其合理性和科学性提出指导意见,督促监管机构适时进行修改或废止。

(二) 公用事业政府监管的具体监管行为

主要是指城市公用事业政府监管机构及其人员作出的对行政相对人的合法权益产生实际影响的监管行为。比如,住建部门对城市公用事业运用人作出的特许经营许可、行政处罚、吊销营运执照、取消资质等。由于这

---

① 章剑生:《行政监督研究》,人民出版社2001年版,第16页。

些具体监管行为并不对具体相对人的合法权益产生直接影响,相对人与监管者之间的关系便十分复杂。监管者是否作出、何时作出以及作出具体监管行为的力度都会导起被监管人的关注。正确的具体监管行为可以惩假罚劣,而违法吊销相对人的营业执照则会导致一个企业关门歇业。因此,作为监督公用事业监管的主体在对具体监管行为进行监督时不仅要听取被监督者的意见,更应听取被监管相对人的意见。对监管者违规违法、不恰当的具体监管行为提出整改建议,并运用行政复议权停止侵害相对人权益的具体监管行为的决定,如情节严重的,应启动追责机制追究相关人员的行政、法律责任,对相对人产生经济损失的,可启动国家赔偿机制对相对人予以救济。在实践中,有学者通过考察我国公用事业特许经营成功与失败的案例发现,缺乏有效监督是导致此类许可经营失败的一个重要原因。①

四 城市公用事业政府监管行政监督的主要内容

城市公用事业政府监管的内容主要包括市场准入与退出监管、价格监管、产品质量和服务监管、运行安全监管、标准监管、网络监管、竞争秩序监管等。政府部门作为城市公用事业的监管主体,其本身在进行监管活动时,必然涉及权力的运行。因此,我国城市公用事业监管的行政监督也是紧紧围绕监管活动中可能发生的违规、违法和不科学、不合理情形展开。

(一)监管行为的合法性、合理性

如上所述,城市公用事业监管机构的监管行为一般可以分为抽象行为和具体行为两种。不论是监管主体制定和发布行政法规、规章和其他具有普遍约束力的决定、命令和规范性文件的行为,还是监管主体依职权做出的行政处罚、行政许可、行政强制、行政征收、行政奖励、行政调解、行政复议等行为,都可能因主客观原因,或受地方利益制约而损害国家利益,或为保障部门利益而牺牲整体利益,或为谋求个人利益、个别企业利益而不顾公众利益,违法违规做出相关监管行为。为规范这些行为,国家已经制定了相应的法律法规,如《行政处罚法》、《行政许可法》、《行政复议法》等,但颁行这些还只是静态意义上的立法监督,判断城市公用事业监管机构是否合理、合法地执行了上述法律法规,做出科学有效的监

---

① 章志远、朱志杰:《我国公用事业特许经营制度运作之评估与展望——基于40起典型事例的考察》,《行政法学研究》2011年第2期。

管行为，还需要结合具体的业务领域，由来自监管机构内部的监督机构定期或不定期地检视，通过监管相对方的举报、申诉，由监督机构启动追责程序、复议程序和国家赔偿程序来发现相关问题，进行纠偏。

特许经营制度是城市公用事业市场化改革的重要创新，它主要包括两种形式：一是行政许可；二是公开招标。以城市公用事业服务供给招标为例，行政监督部门必须依法对招投标活动实施监督，具体内容包括：依照《招标投标法》及其他法律、规章，必须招标的项目是否进行了招标；是否按照《招标投标法》的规定，选择了有利于竞争的招标方式；在已招标的项目中，是否严格执行了《招标投标法》规定的程序、规则，是否体现了公开、公平、公正和诚实信用原则等。就招标投标监管而言，行政监督的主要对象是招标人及其代理人、招标代理机构。对招标人的行政监督包括对招标单位的招标条件的监督、招标人行为一般原则的监督；对招标代理机构的行政监督，主要包括招标代理机构的资质和条件的监督以及招标行为的监督。除此之外，招投标管理中，行政监督还应该对投标者进行监督，包括投标人所具备的投标条件、投标人有关活动的合法性等，以防出现串通投标等不合法行为而损害招标人或者其他投标人的合法权益。就招标投标程序而言，行政监督的内容应包括招标、投标、开标、评标、定标和中标等全过程监督。

在城市公用事业的政府监管活动中，监管机构的行政许可行为、行政处罚行为以及行政奖励行为都有可能直接损害公共利益，因此需要对政府监管行为进行全面的行政监督，从源头上清理"行政权力部门化、部门权力个人化、个人权力商品化"的"权力三化"现象。[1]

(二) 监管机构及其工作人员的廉洁性

对监管机构及其工作人员是否廉洁奉公、不滥用职权进行监督，也是行政监督的重要内容。这种监督，表面看起来是对人的监督，实质上是对这些人以监管机关的名义做出的监管行为的合法性、合理性进行的监督，特别是对他们在自己岗位上是否廉洁奉公、遵纪守法进行的监督。对城市公用事业监管机构工作人员是否廉洁奉公、遵纪守法进行监督，不仅限于对监管机关工作人员履行职务时或与履行职务有关行为的监督，还包括对监管机构工作人员的非职务行为的监督；不仅限于对监管机构工作人员遵

---

[1] 夏书章：《行政管理学》，中山大学出版社2008年版，第363页。

守行政法律规范的监督，还包括对监管机构工作人员遵守职业道德规范的监督。

公用事业监管领域的腐败本质是公共权力的滥用。城市公用市场化过程中，由于市场机制不成熟、监管机制不健全等原因，在对城市公用事业进行监管时，监管机构及其工作人员存在滥用权力、以权谋私的广大空间，同时，被监管对象也存在采取行贿、请托、代言、邀请视察等政治关联行为，为自己的企业获得不当发展空间。根据仇保兴、王俊豪等研究，由于监督不到位，我国城市水务特许经营领域存在协议不规范、国有资产流失、招标程序不透明、职工安置不合理不公平等问题。[①] 这些行为无疑会侵害公众享有优质价廉公用事业服务的公共利益，对社会经济的健康发展造成不良影响。只有加强行政监督力度，才能从根本上解决滥用权力问题，从而实现廉洁行政。

（三）监管机构及其工作人员的不作为

监管不作为行为在行政监督中往往容易被忽视。所谓监管不作为是相对于监管作为而言，是指监管主体及其工作人员负有某种作为的法定义务，由于其程序上消极地不采取一定动作或动作系列而使该义务在能够履行的情况下没有得到履行的一种行政行为。[②] 按照此定义，监管不作为包含以下几层含义：第一，监管不作为的主体限于监管主体及其工作人员；第二，监管主体及其工作人员必须负有法定的作为义务，并且该义务的发生并非一定要基于相对人的合法申请，对于依职权的行为，只要法定事实的发生，监管主体就具有相应的法定作为义务；第三，监管主体及其工作人员在程序上消极地不作为一定动作或动作系列而使其能够履行的作为义务没有得到履行。比如，2014年4月10日兰州发生自来水苯含量超标事件。经专家组初步确认，含油污水是导致自来水苯超标的直接原因，而油污主要来源于兰州石化1987年和2002年的两次爆炸事故。该两次事故使渣油泄漏渗入地下。那么，前两次事故发生后，相关监管机构有没有督促石化公司和自来水厂采取必要的措施防止可能的水污染风险便是行政监督机构重点监督的内容。如果监管机构采取相关的监管作为，但仍然发生后面的污染事实，则应对其监管成效进行监督评估。

---

① 仇保兴、王俊豪：《中国城市公用事业特许经营与政府监管研究》，中国建筑工业出版社2014年版，第81页。

② 周佑勇：《行政不作为的理论界定》，《江苏社会科学》1999年第2期。

相比于行政作为中的权力滥用，监管不作为具有消极性、隐蔽性、非强制性的特点，但监管不作为也具有违法性的特点。有些监管机构的工作人员在廉洁自律、奉公守法上做得不错，但是两袖清风不干事，遇事推诿扯皮，该作为时不作为，这是失职渎职的表现。这也应该是行政监督的重要内容之一。城市公用事业市场化的目的是引入适当的竞争机制，但在改革过程中，难免出现竞争失序的情形，如破坏性竞争、企业之间的不正当竞争行为、企业间串谋限制竞争行为等。在这些情形下，公用事业监管者如果不采取有效措施来防止竞争失序，那么社会公共利益将受到损害，社会生产效率将受到限制，不仅城市公用事业产品和服务的供给不稳定，其质量也难以保证等。此外，对于公用事业的价格监管，监管机构也容易产生不作为现象。公用事业由于其具有公益性，其价格的上涨必须得到严格限制。监管机构应采取相应监管行为，比如公开信息、增加许可单位、严格招投标等方式，防止企业利用信息不对称的优势，不断要求政府提价。如果有关机构一味默许企业的涨价行为，也应该受到监督。

（四）监管自由裁量权是否被滥用

监管自由裁量权是指监管部门及其工作人员在法律、法规、规章规定的范围内根据立法目的和公正合理原则自行判断行为的条件、自行选择行为方式和自由作出相应决定的权力。它是监管部门及工作人员在法律明示授权或消极默许的范围内，基于监管目的的自由衡量、自主选择而作出一定的具体行为的权力。自由裁量权是社会、经济发展的必然产物，并随着社会、经济的发展不断扩大，以至于已成为当代行政管理中不可或缺的一种权力。自由裁量权可弥补立法的不足，使监管部门及工作人员充分发挥积极性和主动性，从而卓有成效地提高监管效率，更好地监管公用事业的发展。

然而，在关注自由裁量权合理性与必然性的同时，千万不能忽视它的负面影响和作用。由于各种主客观条件的影响，自由裁量权经常被滥用，致使产生一系列负面效应，其中主要有：第一，损害被监管对象的合法权益；第二，助长官僚作风和特权思想；第三，导致监管人员法律观念淡薄；第四，使自由裁量行为反复无常、宽严不一；第五，形成不良社会风气（如部门保护主义等），滋生腐败现象。

自由裁量权因其具有一定的灵活性，所以有可能成为监管者腐败的条件。罗伯特·克里特加德（R. Klitgaard）在其著名的"腐败条件"公式中明确指出这一点：腐败条件＝垄断权＋自由裁量权－责任制（公式的意思是：当官员享有垄断权和自由裁量权而无须对权力的行使承担必要责任或不须对滥用权力负责时，官员便具备腐败的条件）。[1] 大量事实表明，滥用自由裁量权与发生在行政部门及工作人员中的腐败现象存在必然联系。

在城市公用事业的监管中，监管机构也有可能存在滥用自由裁量权。比如，在特许经营准入监管中，"政府利用其信息优势，不断修改合同，由此导致合约重新签订、谈判和执行的交易成本增加"，"政府承诺不能兑现是导致特许项目终止的常见原因"。[2] 另外，作为公用事业的监管者，可能利用自由裁量权，对外地进入本市公用事业的企业进行数量控制，对其资质进行格外严格的审查。这些都不利于公用事业竞争机制的形成。

第二节　城市公用事业政府监管行政监督的发展与变迁

一　城市公用事业政府监管行政监督的探索形成阶段

行政监督是自古以来的一种国家管理手段，是随着国家的出现而产生的，并作为一种保证国家机器顺利运转和公共事务管理的有效方式之一。新中国成立后，随着宪法、行政法律体系和国家治理体系的不断完善，行政监督也经历了探索形成、规范健全和发展创新的过程。

根据1949年9月通过的《共同纲领》和《中央人民政府组织法》，10月政务院成立了人民监察委员会，标志着新中国行政监督机制开始正式运行。在没有设立国家审计机构时，该委员是全国唯一的专门行政监督机构，主要通过向各部门派驻人员参加各种专业会议，调阅相关案件材料，依举报、纠正、惩处、建议和表扬的方式开展监察工作。1952年后，政务院各部门也陆续设立了监察机构，建构起有上级监察机构和本级人民政府双重领导的行政监察体系。

---

[1] 夏书章：《行政管理学》，中山大学出版社2008年版，第363页。
[2] 王俊豪：《中国城市公用事业民营化绩效评价与管制政策研究》，中国社会科学出版社2013年版，第69页。

1949—1952年，我国城市公用事业管理机构为中央财经委员会下设的基建处和总基建处。1952年8月，政务院设立建筑工程部，其工程及安全监管工作由城市建设总局负责，相关监督工作由中央财经委员会视导处负责。1954年中华人民共和国第一部《宪法》颁行后，政务院人民监察委员会改为国务院监察部履行国家专门行政监督职责。1955年，成立了中央和地方各级监察委员会履行各级党的纪律检查委员会的职责，行政监察机构的主要成员进入各级监察委员会序列，初步形成我国特色的党政合署的行政监察和纪律检查机制。我国城市公用事业管理机构也历经调整，从建筑工业部、国家建设委员会、城市建设总局与城市建设部、国家基本建设委员会、城乡建设环境保护部、建设部到住房与城乡建设部，均为政府组成机构，其行政监督体制与国家其他领域的行政监督体制大体一样。即由本部门的专门监督机构履行行业监管监督职能，同时，受国务院的总体监督和国家监察机构（中央监察委员会）的专门监督。由于监管监督比较到位，城市公用事业取得了日新月异的发展。以城市供水设施建设为例，到1960年底，全国已有171个城市建设了自来水供水设施，日供水能力达1000余万立方米，供水管道总长1.5余万公里，分别比1949年增长14%、325%和140%。①

二 城市公用事业政府监管行政监督的恢复和重建阶段

从1957年开始的反右扩大化开始，我国的行政监督和纪律检查机制就受到不同程度的干扰，1959年国家监察部被撤销，其相关行政监督职能统一并入中央监察委员会，出现以党代政的监督现象。特别是受"文化大革命"的影响，我国的党政监督监察机制都遭到了严重的践踏，1969年通过的《中国共产党章程》取消了党的监察机关的条款，撤销了中央监察委员会，党政监督监察都出现空白。在特殊社会环境和政治环境中通过的1975年《宪法》，在实体和程序上都不支持国家行政监督机制的正常运作。1978年通过的《宪法》开始恢复了1954年《宪法》的一些规定，1978年12月，创新成立中央纪律检查委员会，兼行行政监督职能。

随着1982年《宪法》的通过和《地方组织法》的三次修改，我国的

---

① 曹现强、贾玉良、王佃利：《市政公用事业改革与监管研究》，中国财政经济出版社2009年版，第26页。

行政监督制度得到了全面恢复和新的发展。1983年设立审计署,1986年国家恢复设立监察部,标志着我国专门行政监督体制形成了基本体系。特别是审计署的设立,填补了我国长期以来行政监督功能的一些空白。比如,对国家投资和以国家投资为主的建设项目的预算执行情况和决算、单位主要负责人实施经济责任审计。由于我国真正意义上的城市公用事业民营化改革起步于20世纪90年代初①,此前,我国城市公用事业几乎全部由国家投入,因此,审计监督的介入对城市公用事业的监管监督来说十分重要。但在进入21世纪以前,我国城市公用事业安全生产、产品质量等方面的监管监督机制仍然不完整。

三 城市公用事业政府监管立法监督的健康发展和创新阶段

进入新世纪以后,为满足我国城镇化飞速发展带来的广大需求,城市公用事业的水、电、燃气、公共交通、垃圾处理等领域的市场化改革全面启动。与此相适应,我国城市公用事业的政府监管职能越来越繁重和复杂,对政府监管监督体系的完善也提出了新的要求。这一时期的城市公用事业监管行政监督有了创新型发展。

一是拓展和深化了城市公用事业行政职能监督体系(见图6-1)。在以往的政府层级间的一般监督、行政监察、审计监督等专门监督和住建系统内上下级的职能监督基础上,新增了安全监督、质量监督和行业行政监督机制。2001年国家设立安全生产监督管理局,依法行使国家安全生产综合监督管理职权,指导、协调和监督有关部门安全生产监督管理工作;制定全国安全生产发展规划;定期分析和预测全国安全生产形势,研究、协调和解决安全生产中的重大问题,其中当然包括公用事业运营中的安全监督,弥补了原来由住建系统内部安全生产监督不足的"短板"。同年,为进一步强化质量监督工作,将质量技术监督局和出入境检验检疫局合并组建国家质量监督检验检疫总局,管理产品质量监督工作;管理和指导质量监督检查;负责对国内生产企业实施产品质量监控和强制检验;组织实施国家产品免检制度,管理产品质量仲裁的检验、鉴定;管理纤维质量监督检验工作;管理工业产品生产许可证工作;组织依法查处违反标准化、计量、质量法律、法规的违法行为,打击假冒伪劣违法活动。2003年国

---

① 王俊豪:《中国城市公用事业民营化绩效评价与管制政策研究》,中国社会科学出版社2013年版,第36页。

家成立电力监管委员会,在国家电网的统筹配置下强化城市供电的保障、监管和监督。

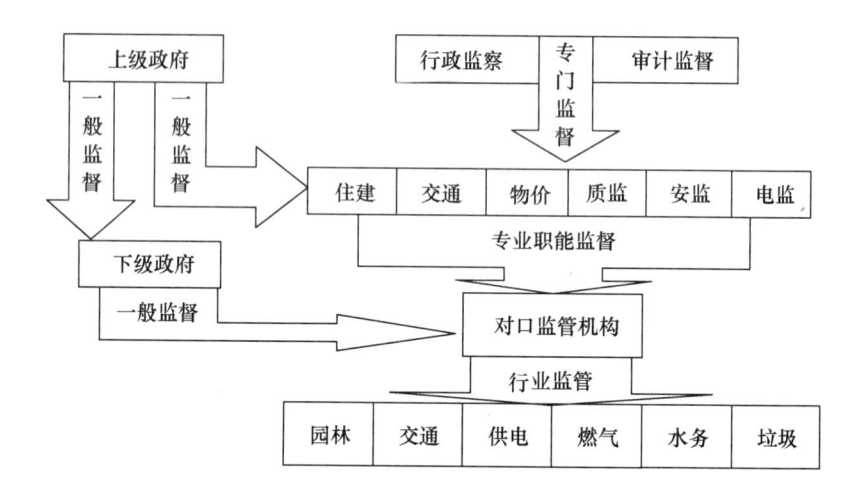

图 6-1 我国城市公用事业政府监管行政监督结构

二是重视和健全城市公用事业行政监督法律体系建设。2003年中共中央发布《完善社会主义市场经济体制若干问题的决定》,明确提出推进垄断行业改革、实行政资分开、政事分开的监管监督体制。进入21世纪以来,住建部(建设部)系统先后发布《关于加快市政公用事业市场化的意见》、《市政公用事业特许经营管理办法》、《关于鼓励支持和引导个体私营等非公有制经济发展若干意见》等一系列加强和改善市场化改革背景下城市公用事业监管监督法律法规,使该行业的监督有章可循。① 国家质量监督总局成立头五年,就发布部门规章共316个,形成基本适应行政执法需要的质量监督检验检疫法规体系。

三是利用新闻发布制度,开展对城市公用事业重大事件的实时有效行政监督。我国中央政府部门从2003年起逐步推行新闻发言人和新闻发布会制度。住建部、国家质量监督检验检疫总局、国家安全生产监督总局、监察部、审计署都利用这样的制度提高监督的有效性和威慑力。

2014年10月,党的十八届四中全会通过《中共中央关于全面推进依

---

① 秦虹、钱璞:《我国社会公用事业改革与发展30年》,载邹东涛主编《中国改革开放30年》,社会科学文献出版社2008年版,第428—431页。

法治国若干重大问题的决定》,明确提出"深入推进依法行政,加快建设法治政府"来"实现科学立法、严格执法、公正司法、全民守法,促进国家治理体系和治理能力现代化"的目标,也为加强和改进城市公用事业政府监管行政监督的法制化指明了方向。

第三节 城市公用事业政府监管行政监督中存在的问题

城市公用事业市场化在促进城市公用事业经济效率,减少政府财政负担,提高产品和服务质量,缓解产品和服务供求矛盾等方面发挥了重要作用,也产生了一定的负面效应。例如,国有资产的流失和腐败问题、固定投资回报与价格过快上涨、普遍服务难以保障、政府承诺缺失、政府高价回购等。[1] 如果仅靠监管机构的自觉、自发监管,难以彰显其正能量而抑制其负能量。正如斯蒂格利茨在研究世界上许多国家的公用事业市场化实践后曾指出:"当政府官员认识到市场化意味着他们不再需要局限于每年获取利润,他们就会同国内低于市场价格出售国有企业,为自己攫取一大笔资产价值,而不是将资产留给下一任官员。"[2] 因此,加强和改善对监管的监督势所必然。监管机关自我监督是行政监督的"第一道防线",其重要性不言而喻。下文将从行政监督理念层面、行政监督体制层面以及行政监督技术层面三个维度对现阶段城市公用事业政府监管中存在的问题进行剖析。

一 城市公用事业政府监管行政监督理念层面

(一) 上下级职能监督缺乏动力

上下级公用事业监管职能部门的相互监督是公用事业监管行政监督最核心、最经常的一种监督。就上级对下级的监督而言,由于业务熟知、信息对称、流程相通,又有主管的权威和便利,此类监督如落到实处,最容易发现问题,发挥监督效能。但在现实监督过程中,受错误的部门形象

---

[1] 王俊豪:《中国城市公用事业民营化绩效评价和管制政策研究》,中国社会科学出版社2013年版,第92—95页。

[2] Ernst Ulrich von Weizsacker, Oran R. Yong and Matthias Finger, Limits to Privatization: How to Avoid too Much of a Good Thing, London: Earthscan, 2006, p. 263.

观、利益观支配，上级部门对下级部门的内部监督总是非常被动，监督中的"三不"现象比较普遍，即"监管对象不上访不理"、"新闻媒体不曝光不理"、"上级领导不批示不理"。即便采取行政复议，发现了监管中的问题，出于保护队伍的错误认识，处理干部也通常是"高高举起、轻轻放下"；启动国家赔偿纠错机制时，国库可以赔，但事后的相关责任人经济追偿通常也难以落实。使得上级对下级的监督不痛不痒，而下级监管中反而有恃无恐。就自下而上的监督而言，下级行政机关及其工作人员位居一线，对工作内容和工作中的法律、规章和各项制度都非常熟悉，对于其所在机构领导者的腐败、"寻租"、滥用职权等问题也十分清楚。但是，作为下级行政机构及其工作人员对上级行政机构及其领导者的监督是出于民主监督的原则，事实上不具有法律效力，也没有相应的权力作为后盾。因此，自下而上的监督通常流于形式。城市供水、城市供电、城市公共交通等城市公用事业与社会公众的生活紧密相关，然而，在监管监督中，相关各方对其"公共性"属性的认识存在偏差，将其等同一般意义的监管监督①，难免削弱监督功能，使公用事业发展难以真正普惠公众。

（二）忽视对行政不作为的监督

对于权力运行中的腐败、"寻租"、滥用等都是容易看得到的，因此，监管作为中暴露出来的一系列问题容易成为行政监督的重点和焦点。然而，对于行政不作为，监督机构则并未受到同等重视。在城市公用事业的监管中，价格监管、质量监管是其重要职责，但监管者面对公用事业供应商的涨价诉求，监管机构往往很少回绝，而对于质量问题却往往采取"睁一只眼，闭一只眼"的态度。以自来水为例，上海一位公共事业监管部门负责人表示，为了提高水质，上海历年来水源地已经从黄浦江中下游改到上游，目前又远赴长江江心取水，仅水源地工程投资就超过170亿元，自来水成本大大上涨。"全国很多城市都缺水，这样来之不易的自来水，当然不能大手大脚浪费，调价有合理性。"②看似很有道理，但公众关心的是，价格改革之后，企业的服务水平有多大改善？产品质量能否提升？比如，根据国家新的《生活饮用水卫生标准》（GB 5749—2006）规

---

① 秦虹、钱璞：《我国社会公用事业改革与发展30年》，载邹东涛主编《中国改革开放30年》，社会科学文献出版社2008年版，第442页。

② 《"改革"就是涨价？新一轮水电油气价格调整引关注》，人民网，http：//news.china.com.cn/rollnews/2012-05/04/content_14027255.htm，2012年5月4日。

定，水质指标由35项增加至106项，增加了71项。这一标准最迟于2012年7月1日必须实施。而从目前情况看，所有听证会对于涨价的指向明确，几乎没有哪个地方跟公众说明有关服务提升的承诺。政府在质量监管上的承诺缺失就是行政不作为的典型代表，而有关监督机构对于这些方面的监督显然有所不足。"一位听证代表参加江西宜春举行的天然气听证会后遗憾地说，消协、网民、社区干部等多数代表反对涨价，但最后物价局仍支持涨价，这样的听证会还真有点像涨价'证明会'"。[1] 近年来，城市公用事业逢听必涨的事实，与监管机构的不作为倾向不无关联。

（三）行政监督过程中的开放性有限

城市公用事业直接触及社会民生问题，自来水供给、天然气供给、公共交通的提供、电力电信服务等直接影响社会公众的生活和出行。社会公众有了解相关服务质量信息的权利和需求，但监管者能主动发布监管信息的总是寥寥无几。如天然气的质量监管，社会公众无从感知其质量，但是事实上，燃气气源的质量（即热效率）存在较大差别，如天然气的热值大约为9000大卡，比现有城市一般热值标准高2.6倍，而且污染少；石油液化气次之；煤制气的热值最低。即使是人工燃气，由于其生产工艺不同，其燃气质量也存在很大差别。不同城市、小区的公众使用的是哪类气源，对应的是什么质量和价格，至少从目前的监管机构干部的信息是难以寻觅的。

再如，2012年7月1日，自然水新国标生效，江苏省南京市两市民向全国35家自然水公司申请政府信息公开，要求公布当天的自来水"检测项目及各项检测数据"。截至7月25日，15个工作日已满，但他们只收到6家自来水厂的回复。其中，仅北京和福州两家自来水公司给出了部分水质情况数据，其余四家的答复令人啼笑皆非，如南宁绿城水务集团的回复是"要查你来广西"。[2] 这些做法违背了《政府信息公开条例》第三十七条的规定，"教育、医疗卫生、计划生育、供水、供电、供气、供热、环保、公共交通等与人民群众利益密切相关的公共企事业单位在提供社会公共服务过程中制作、获取的信息的公开，参照本条例执行，具体办法由国务院有关主管部门或者机构制定"。同时，即使是监督机关对此进

---

[1] 《"强奸民意"算哪门子听证》，《中国青年报》2009年4月14日。
[2] 《南京市民申请水质信息公开频频遇阻》，法制网，http://www.legaldaily.com.cn/bm/content/2012-07/26/content_3729651.htm?node=20734，2012年7月26日。

行质量监督，监督监察所得的结果也很少公之于众。这事实上就切断了行政监督机关在监督过程中与社会公众的联系，缺乏信息公开的监督无异于盲人监督。

行政监督过程中的不公开或有限公开是目前城市公用事业领域的普遍现象。行政监督机关应破除"遮羞"的思维方式，用更加开放的态度来重视监督工作，社会公众必定也会以开阔的胸怀来包容，并解决市场化过程中的不足。

二 城市公用事业政府监管行政监督体制层面

（一）行政监督体系整体功能不强，缺乏监督合力

目前我国已形成的较为系统全面的多元化行政监督体系，监督主体多，方式和渠道多，这是一个优点。但在监督实践中，彼此之间只有协调一致、密切配合，才能增强其整体功能和监督合力，充分发挥多元化监督体系的优越性。否则，容易导致行政监督体系"松垮"、缺乏凝聚力。

从狭义角度看，目前我国城市公共事业监管机构的行政监督主体主要包括上级主管部门、本级政府、专门监督机构这几个部分。但是，城市公用事业的监管机构往往涉及多个部门，所以导致监管机构的行政监督主体就更加纷繁复杂。例如，城市供水的监管机构就有建设部门、质检部门、安监部门和物价部门等，那么，这些监管机构的行政监督主体也主要包括那么多上级主管部门，它们在监督中是如何协调的？是否有协调？目前尚没有相关的制度和程序安排。再如，城市出租车的监管机构涉及部门则更加复杂，包括建设部门、交通部门、公安部门、旅游部门、物价部门。除此之外，城市供水的监管机构及其工作人员、城市出租车的监管机构及其工作人员还应该接受审计监察和行政监察。由此可见，城市公用事业监管者的多元性，导致了监管者有多个行政监督主体，这大大增加了行政监督协调、整合的难度。

与此相比，英国等发达国家的行政监督体系清晰明朗。如表6-1所示，英国城市公用事业是相对独立的，而中国城市公用事业特定行业存在多个监管机构。某一特定行业的公用事业，既要接受本级政府的监督，又要接受上级主管部门的监督。而这两者的监督却未形成合力，事实上，"条块监督"、"多头监督"反而是行政监督失序的重要原因。从我国目前查处一般案件的实际情况看，由于政府机关内部各种监督之间的关系没有理顺，各种监督主体又都不同程度地存在监督权限、方式、程序、范围不

够明确等问题，彼此又缺乏联系和沟通，工作中往往各自为政，尚未形成一个严密有序、分工合理、协调互动、运行高效的有机整体，使监督工作难免存在"交叉带"、"空白带"，甚至有各自的"保护带"，造成有的问题多方插手，有的事情无人问津。尤其是对那些界限尚不清晰的疑难案件，有时出现各监督部门互相推诿、互相扯皮的现象。一方面，"交叉监督"造成了各行政监督主体之间的重复监督、导致资源浪费；另一方面，"监督空白"大大削弱了行政监督的整体效能，导致了监督机制弱化、缺乏监督合力的结果。

表6-1　　　　　　英国和中国城市公用事业监管机构①

行业名称	监管机构	
	英国	中国
自来水	自来水服务监管办公室	住建、安监、质监、物价、地方政府
煤气	煤气供应监管办公室	住建、安监、质监、物价、地方政府
电力	电力供应监管办公室	能源局、安监、质监、物价、地方政府
电信	电信监管办公室	信息产业部、国家发改委安监、质监、物价、环保、地方政府等

（二）行政监督主体地位不对等，监督缺乏力度

行政监督体现着监督权对监管权的制约，这种制约的效果如何，主要取决于监督主体所拥有的地位和权力。这是因为任何权力制约机制的有效运行都毫无例外地取决于其地位的独立和足够的权力，独立性是行政监督的本质特征和内在要求。但从目前各行政监督主体实际情况来看，大都处于附属地位而缺乏必要的独立性，制约职权和手段不够强大，因此，监督缺乏力度。在行政机关内部监督体系中，行使监督权的专门机构如行政监察部门，设置在政府系统内部，在领导体制上，行政监察机关实行双重领导。1997年5月通过的《中华人民共和国行政监察法》第七条规定："县级以上地方各级人民政府监察机关对本级政府和上一级监察机关负责并报告工作，监察业务以上级监察机关领导为主。"但在双重领导体制下，上

---

① 仇保兴、王俊豪：《中国市政公用事业监管体制研究》，中国社会科学出版社2006年版，第34页。

级监察机关没有人、财、物的实权,无法真正对下级监察机关进行实质性的领导。虽然,目前行政监察机关同党的纪律检查委员会合署办公,监察机关借助党的力量地位有所提高,同时有利于理顺关系,形成合力,更好地发挥党政监督的整体作用,但这种监督体制从履行行政监督职能的实践看,存在两个较为突出的问题:第一,党的纪律监督得到了强化而行政监察职能却有弱化的趋势,如目前监察机关主要从事反腐败工作,即和纪委一起抓领导干部廉洁自律、查办大案要案、纠正部门和行业不正之风三项工作,而对如何保证行政机关政令畅通、勤政高效等方面则监督不够;第二,监督机构在同级党政领导下开展工作,监督缺乏权威性(纪委也是实行双重领导,各自领导体制没有变化),因此,这种监督主体依附于监督客体的关系,是无法显示它的权威性和独立性的,难以起到有力的监督作用。

在城市公用事业市场化改革过程中,不仅仅是政府职能的一场重大变革,更是地方利益再分配的一场大变动。从根本上说,地方政府和中央政府之间存在一定程度的博弈。地方政府往往具有地方保护主义倾向,因此在对地方公用事业监督时往往会先顾及地方自身的利益。例如,对城市公用事业价格监管的行政监督方面,许多地方政府并未表现出积极的行动。通常而言,上级主管部门对此的监督只能停留在报告层面,不仅缺乏地方相应监管机构的配合,在监督调查上有时还会受到当地政府的干扰。行政监督主体之间的地位不对等,使监督难以产生实质性的效果。2002年,国家发改委颁布了《政府价格决策听证办法》,此办法对价格决策听证的程序作出了比较详细的规定,对于规范价格决策听证行为起到了积极作用。但是,在实际执行过程中,也有不少地方没有严格按照程序规定进行操作,导致听证会"逢听必涨"的现象饱受社会公众的诟病。因此,尽管"双头"乃至"多头"监督看起来监督主体具有较强的广泛性,监督主体数量的多寡并不决定监督的效果。"山高皇帝远"的上级监督部门未必能发挥出真实的监督效果。反而"土皇帝"在实际运行过程中更加有话语权。究其原因,还在行政监督体制上的设置不合理,行政监督中的"条块关系"尚未理顺。

(三)行政监督法规不完善,监督缺乏可操作性

行政监督是一种法制监督,这不仅意味着行政监督是对监管机关依法监管的监督,也意味着行政监督应依法进行。有关监督的法律法规既是对

行政监督权力及其行使的规范，又是这种权力行使的保障。改革开放 30 多年来，在建立社会主义市场经济体制过程中，我国进一步加强了社会主义法制建设，在行政监督立法方面已迈出了较大步伐，先后制定和颁布了一批有关行政监督和反腐倡廉方面的法律、法规，对促进和保障政府机关及其工作人员廉洁奉公具有重要作用。但从总体上讲，行政监督立法还不完善，许多应当制定的法律，还停留在规定、办法等政府性规章层面，其效力和稳定性较差。尤其是缺乏专门监督法规，如《监督法》、《行政监督程序法》、《公职人员财产申报法》等，致使具体的监督活动无章可循，缺乏可操作性。

党的十八届四中全会提出要建设法治中国的理念，行政监督上也应该以法律为保障，立法先行，为监督工作打下全面基础。以公职人员财产申报制度为例，目前全世界有 97 个国家和地区将《公务人员财产申报制》入法，其中既有像瑞士、美国、加拿大、新加坡经济发达的国家，也有像墨西哥、泰国、尼日利亚等经济欠发达的国家。[1] 世界各国财产申报制度主要适用人群为各级国家公务人员，其目的是保证监管行为的公正性和优化监管行为。就城市公用事业监管监督而言，各行业都有自己的一套基本监管监督办法，但行业间监督办法的缝隙如何弥合？还是有赖于上位监督法的整合，这对于需要多部门联合监管监督的城市公用事业来说具有重要意义，对于整个行政监督主体形成强有力的合力是十分关键的黏合剂。

（四）监管裁量权透明度低，难以监督

随着城市公用事业市场化改革进程的推进，监管裁量作为改革的焦点、对象贯穿于改革的始终，客观上导致监管裁量的运作空间大大扩展。监管权自我腐蚀性与行政监督机制失灵并存，导致监管裁量失范普遍化。在社会转型时期，公民要求政府提供的服务越来越多，城市公用事业领域更是如此。监管机构同时面临监管职能转型和监管职能新生两大难题。当监管机构无法面对越来越多、越来越复杂的公共事务时，授权就成为一种选择。但是，授予的监管权如果明显超出当时的执法环境，就会出现授权过度。在这种情形下，监管主体若是出于公心，从法的本质精神出发合理地行使裁量权，则能有利于实现公益；反之就如同一匹脱了缰的野马无拘无束，极易滋生腐败。

---

[1] 丁先存：《公务员财产申报制度比较研究》，博士学位论文，安徽大学，2010 年。

当前最大的问题是，监管裁量授权过度与监督控权乏力并存。尽管《政府信息公开条例》第三十七条明确规定："教育、医疗卫生、计划生育、供水、供电、供气、供热、环保、公共交通等与人民群众利益密切相关的公共企事业单位在提供社会公共服务过程中制作、获取的信息的公开。"但在实际监管运行过程中，如前列举的案例表明，监管裁量透明度不高，监管裁量信息不公开，"暗箱操作"行为大量存在。与此同时，监管权的开放性与行政领域法律调整方式缺失并存，也会导致监管裁量适用范围过宽。在传统体制下，"法不禁止即为许可"，凡是不在法律禁止范围内的都属于监管权力运作的空间；在开放性的监管权力架构中，约束权力运行程序和规则的缺位，造成一种"自由裁量权＝监管权"的错误认识。城市公用事业市场化改革客观上要求建立符合现代法治要求的、与市场经济运行相适应的法律运行机制，即形成"法不允许即为禁止"的监管行为监督方式。在此模式下，监管权力的运行是封闭的，法律在明确界定监管权力范围的同时也规定了权力运行的规则。只有这样，监管裁量权才可能被装进法制的笼子。

监管裁量中的另一个问题是裁量基准实践主要集中在行政处罚领域，也就是利益处分领域，而行政许可领域却鲜见裁量基准的实践。如湖南省常德市的市政公用事业管理局的行政裁量基准内容包括违反《城市道路管理条例》行为的行政处罚自由裁量、违反《城市供水水质管理规定条例》行为的行政处罚自由裁量等七个部分，但这几个部分的基准规定都是涉及行政处罚领域的，而没有行政许可领域的裁量基准。[1]而事实上，政府监管机构在城市公用事业的市场准入中掌握着主导权，行政审批、资格审查等具体程序缺乏一整套合法、合理的准入基准设置。此时，政府监管机构以及工作人员就有可能利用手中职权进行寻租。

三　城市公用事业政府监管行政监督技术层面

（一）缺乏全过程监督

行政监督是一项经常性工作，应当贯穿于监管机关及其工作人员监管行为的全过程。根据监督主体对监督对象行政行为进行监督的整个过程看，行政监督方式可分为事前监督、事中监督和事后监督，三种方式应有

---

[1] 参见常德市城市管理行政管理执法局发〔2013〕15号文：《常德市城市管理行政处罚自由裁量权实施基准》。

机结合，全方位进行，才能取得较好的监督效果。事前监督和事中监督是未雨绸缪，事后监督是亡羊补牢。这两者的监督思路各有不同。但相对而言，事前和事中监督重在预防和控制，而事后监督则属于对已经造成的危害和损失的补救。与其损失之后进行责任追究，不如事前进行预防，事中进行控制。但近年来，监督主体一直将监督工作的重点放在查错纠偏上，偏重于追惩性的事后监督。一旦问题发生了，对社会已产生了危害或不良影响，给国家和人民利益造成了损失，才进行查处和惩罚，而忽略了行政行为发生前的预防和行政行为过程中的控制。由于缺乏事前预防和事中控制，以致造成行政偏差和腐败现象出现过多，行政监督机构经常忙于应付"查错纠偏"，使监督工作陷入被动消极的不利局面。事实上，监管权力的滥用、不作为和腐败问题往往发生于监管行为的整个过程，所以最有效的监督应该是问题发生前的预防和控制，建立起对监管权力使用过程的全方位监控机制。

尽管行政监督机制中也着重强调事前监督和事中监督的重要性，强调事前监督、事中监督和事后监督"三位一体"的全过程监督有利于防止权力腐败、权力"寻租"、权力滥用等现象。但在监督实践中，事后监督往往视作政治控制的一种有效手段，过于倚重。在公用事业的监管过程中，有些监管机构及其工作人员的寻租行为早已被有关监督机构掌握和查实，但由于种种原因，这些监督结果不能立即呈现在社会公众眼前。而往往等待机成熟之时，涉及贪污腐败、滥用权力的有关工作人员和领导者才被公之于众。这种事后监督纵然有"杀鸡儆猴"的效果，却是建立在损害社会公众福利的基础之上。因此，从根本上说，这种监督的全过程性需要以整个监督机制的优化为前提。

(二) 监督方式缺乏整合力

除了行政监督与立法监督、司法监督和社会监督缺乏必要整合机制外，我国行政系统内部的监督方式也缺乏内在合力。行政监督方式包括法规控制、人事任免、财政监督、行政监察、行政复议、行政追责、国家赔偿等，比如人事任免的监督方式，通常都是通过自上而下的方式进行的。人事考核和惩处等人事监控举措，在过去长时期都是单向的，主要是从下向上进行的，以防止下级行政机关工作人违反政治规范、职务规范和道德规范，保证政府监管活动的有序性、方向性和工作人员的高素质。在实践中，这样的监督过于简单粗糙，并带来"只对上负责"等许多弊端。事实上，监管机构的上下级违反规范、出现渎职、滥用职权、贪赃枉法、不作为等行为的概率是一样的。所有监督方式都应是双向同行才能发挥应有的效果。行政监督的功能应从消极防范与惩戒向积极的评价与保障发展，从封闭监督走向开放监督，从单向监督走向多向监督，从不公开监督走向公开监督，从分散监督走向专门与整合化监督，从重人治监督走向重民主评议和重法治监督，这应是行政监督改革和发展的方向。

第七章 城市公用事业政府监管行政监督创新的机理与机制

城市公用事业政府监管行政监督履行着对政府在监管城市公用事业中的计划、组织、实施、反馈等整个过程监督、约束和控制职能，关系政府在城市公用事业监管过程中的合法性、合理性和有效性，发挥着对城市公用事业政府监管的预防纠错功能、教育惩戒功能、救济功能和问责功能。探索城市公用事业政府监管的行政监督机理，创新城市公用事业政府监管的行政监督机制，对促进国家依法行政和治理体系与能力现代化有着重要意义。

第一节 城市公用事业政府监管行政监督创新的机理

一 城市公用事业政府监管行政监督的基本功能

城市公用事业政府监管行政监督指的是依法享有监督权的行政机关对公用事业政府监管行为进行监督，以防止和纠正监管中的偏差和失误，约束监管行为，以保证公用事业政府监管行为的依法有效科学进行的一种行政权力制约活动。作为一种以行政权制约行政权的职能监督，城市公用事业政府监管行政监督具有四个功能：

（一）预防功能

城市公用事业具有需求相对稳定、受经济周期波动影响较小、具有良好流动性和回报稳定性等特点。据深沪有关证券信息公司统计，深沪两市48家电力、煤气和供水上市公司的盈利能力远高于同期两市平均水平。在国内和海外上市的中国公司中，城市公用事业是业绩最为稳定的行业。[1] 因

---

[1] 张玉磊：《城市公用事业民营化改革中政府的困境及其化解》，《岭南学刊》2008年第1期。

此，城市公用事业领域利润空间巨大，许多利益集团渴望进入该领域。公共选择理论认为，政府部门和政府工作人员同样具有经济人理性，同样追求自身利益的最大化。政府在城市公用事业市场化过程中掌握着许多涉及企业利益的权力，比如，在企业取得经营权之前，政府拥有国有资产转让、承包合同、特许经营、招投标等程序中的审批权力；而企业在取得经营权之后，政府还拥有对公共物品价格、质量进行核定和规范的管制权力。在法律法规不完善和监督不严密情况下，市场结构扭曲会给特权阶层创造充足的设租空间。一方面，企业为了获得某些城市公用事业产品的经营权，并在获得经营权之后能够逃避政府管制，从而获得充分的利润空间，就存在向政府"寻租"的强烈动机；另一方面，监管机构为了获得更多的部门利益和个人利益，在监督机制不健全情况下，很容易利用手中的权力向企业"设租"。公用事业政府监管行政监督就是要通过设立一系列行政法律、法规、规章和制度规范，确立政府公用事业监管的准则，并使政府监管部门意识到某种违法违纪行为所必然引起的后果，达到规范、约束政府监管行为，通过对政府监管的过程是否规范、实施方案是否可行等监督活动，防止错误和非规范的监管行为产生，保证公用事业政府监管科学化、民主化，提高政府监管水平。

(二) 教育功能

监督的目的不仅仅在于发现问题、惩处违规违法人员，更终极的目标是教育和警醒监管机构及其人员，使之自觉养成依法合规行使监管权力的习惯。孟德斯鸠说："一切有权力的人都容易滥用权力，这是万古不易的一条经验。有权力的人们使用权力一直到遇到界限的地方才休止。"[1] 城市公用事业政府监管权亦是如此，倘若这种监管权力运用不当，极有可能侵害管理相对人的合法权益。因此，对城市公用事业政府监管的决策行为和监管的具体过程进行必要的监察、督导和教育，是城市公用事业监管的合法性和有效性的必然诉求。公用事业政府监管行政监督通过持续不断地开展法治教育，增强政府监管主体依法监管、合理监管的法治意识和习惯，保证依法行政和合理性原则的贯彻实施，督促政府监管主体严格遵守公用事业监管的各种法律、规范和合性理性原则，防止政府监管权运行的失范。

---

[1] 孟德斯鸠：《论法的精神》，张雁深译，商务印书馆1995年版，第104页。

(三) 救济和补救功能

城市公用事业政府监管行政监督的内容涉及政府机关及其工作人员在公用事业政府监管决策、执行过程中行政行为的依据、内容和过程等的合法性、正当性和有效性。公民、法人和其他社会组织因自身合法权益受到公用事业政府监管行为的侵害，可以向政府监管行政监督部门进行举报，提出行政复议、申诉、控告和国家赔偿，经过行政监督机关审查认定侵害事实成立后，可以依法获得补偿。救济功能是公用事业监管行为相对人的合法权益、社会公平正义的有力保障。

行政监督的补救作用主要反映在事后监督之中。通过行政监督，对监管中出现的失误、对监管机关及其公务人员的不当行为作为一种事后的补救和纠正，促使监管机关就行政监督发现的问题制定出相应的整改措施，并通过此举尽量挽回和弥补失误所造成的损失。同时，通过对监管机关及其公务人员违法违纪及腐败行为的揭露、惩处，使这些不良现象得到有效遏制，避免今后再次发生，从而造成更大的损失。

(四) 评价和问责功能

行政监督的评价作用体现在监督的全过程。行政监督的过程，同时也是对监管行为进行比较和测评的过程。通过行政监督，能够对监管机关及其公务人员的工作做出恰如其分的评价，并帮助他们不断总结经验教训，使他们不断发扬成绩，克服缺点，改进工作，纠正错误，不断提高监管水平，提高监管系统的整体效能。

问责是对政府监管依法承担责任的追问，是对政府公用事业监管过程中的违法、违规、滥用职权等行为所应承担的行政责任、法律责任和经济责任进行追究。问责功能体现了公用事业政府监管行政监督的法律权威性和强制性，体现了有权必有责、用权受监督、违法受追究、侵权必赔偿的政府监管责权一致的法制理念，是公用事业依法监管的重要保障。

二 强化和改善城市公用事业政府监管行政监督的客观必要性

(一) 城市公用事业政府监管行政监督是政府依法监管的彰显

依法行政是依法治国基本方略的重要内容，是指行政机关必须根据法律法规的规定设立，并依法取得和行使其行政权力，对其行政行为的后果承担相应责任的原则。依法行政不仅反映了国家治理形式和行政管理活动的发展规律，而且也是维护人民民主权利，体现一切权力属于人民的核心理念的内在要求。① 依法行政原则包括既要强调行政权威，授予政府必须要的行政权力；又强调监督控制政府，防止政府滥用行政权力的双重要义。② 依法行政既需要政府的自律，也离不开国家和社会的他律及行政监督与制约。③ 因为，对权力使用者的约束与制约，从根本上说，是人民当家做主、行使管理国家权力的体现，体现了一切权力属于人民的国家本质。④ 因此，城市公用事业政府监管行政监督是依法行政的重要内容，彰显了政府依法行政的要求。

行政权对于国家资源的分配是具有极为独断性与强势地位的，行政权必须严格依法行使，不得逾越任何法律法规，这不仅是依法行政的基本特质，也是基本要求，因此，在行政权运行过程中需要对其进行严格的制度性监督，这既是对其的制约，也是一种制度性保护。⑤ 2010年《国务院关于加强法治政府建设的意见》也明确指出，要进一步深化改革，加强制度建设，强化对行政权力运行的监督和制约，推进依法行政，建设法治政府。⑥ 城市公用事业政府监管权是行政权力的重要方面，行政权的运行最易于出现异化趋向，这似乎已然成为行政权特质的必然性结论。⑦ 对城市公用事业政府监管的行政监督是对行政权规制的重要内容。城市公用事业政府监管权的运行是在众多城市公用事业管理中展开的，仅仅依靠外在权力制约与社会监督是无法实现其自身的合法性和正当性的，而城市公用事业政府监管的行政监督可以减少监管过程中的随意、专断、不科学，以保证城市公用事业政府监管权真正依法取得、依法行使，监管失误能受到严格的责任追究。

（二）城市公用事业政府监管行政监督是公民权益的保障

政府公用事业监管的目标在于为民谋利，为民造福，在于满足人民群

---

① 蔡立辉：《论依法行政与公民权利：依法行政的政治学思考》，《社会科学研究》1999年第2期。
② 同上。
③ 侯志山、侯志光：《行政监督与制约研究》，北京大学出版社2013年版，第91页。
④ 蔡立辉：《论依法行政与公民权利：依法行政的政治学思考》，《社会科学研究》1999年第2期。
⑤ 尤光付：《论行政监督内涵的界定》，《湖北行政学院学报》2008年第5期。
⑥ 《国务院关于加强法治政府建设的意见》，2010年11月8日。
⑦ 王先江：《行政监察制度的功能价值形态研究》，《安徽理工大学学报》（社会科学版）2012年第2期。

众多方面需要,提高人民群众的生活水平。[①] 从一定意义上讲,城市公用事业政府监管就是对城市公共资源和社会收入权威性分配过程。行政监督有利于促进利益的公平、公正分配,充分考虑和照顾到社会不同阶层的利益表达,促进利益分配的均衡。城市公用事业监管的关键是要设计并实行一套公平、公正、科学、公开的监管程序,以保证政治监管能够充分反映人民群众的意志、意愿和要求,实现和维护人民的根本利益。城市公用事业政府监管的行政监督是一种程序监督,通过监督政府对公用事业监管过程的设计和实施,使公用事业管理能够充分反映民意,充分满足人民群众对公用事业的需求,充分代表人民的根本利益。[②]

城市公用事业政府监管行政监督的目的是保证政府在公用事业监管以人民利益为依据,以保障个人基本权利为前提,均衡各种利益过程和结果,体现权利趋向的公正。公用事业政府监管的行政监督可以通过行政权力使得城市公用事业的公正走向制度化,为展示具体、明确、系统的公正制度要求创造条件,使社会公正不再是抽象存在,而是具有可操作性、可实现性。公用事业政府监管的行政监督可以确保政府按照公平、公正、公开原则来行使公用事业监管权力,及时有效地限制和纠正不公平、不公正行使监管权力的做法,适当调整和引导因机会均等给公平公正带来的结果上的"不平等",防止和克服把等价交换原则引入政府公用事业监管中来,杜绝公用事业监管权力的商品化[③],保障城市公用事业政府监管的公正与公平。

(三)城市公用事业政府监管的行政监督是政府廉洁高效的推力

行政权同其他权力相比具有强制性、单方性、优益性和自由裁量性等特点,这些特点虽然是有效进行行政管理的需要[④],但也常常容易助长行政主体运用权力的随意性,造成越权、消极不作为、渎职等违法失职现象。作为行政权的一种,城市公用事业政府监管权亦是如此。城市政府掌握着城市公共资源的分配权和处置权,直接管理城市公用事业的方方面

---

① 张玉亮、王先江:《中国地方政府公共事业管理的哲学思考:谈绩效评估对公共事业管理工具理性与价值理性的整合》,《重庆工学院学报》(社会科学版)2007年第8期。
② 侯志山、侯志光:《行政监督与制约研究》,北京大学出版社2013年版,第324页。
③ 张玉亮:《中国地方政府公共事业管理的哲学思考:谈绩效评估对公共事业管理工具理性与价值理性的整合》,《重庆工学院学报》(社会科学版)2007年第8期。
④ 侯志山、侯志光:《行政监督与制约研究》,北京大学出版社2013年版,第92页。

面,城市公用事业政府监管权不仅可能被违法、违规地使用,而且有可能被非公共性地利用,即权力异化、腐败,对经济发展、社会稳定极具破坏性。而制止和纠正这些违规、违法行为的有效途径就在于以权力制约权力,即以法律确定的行政监督权监督、控制公用事业政府监管权力,防止各种可能的违法、违规行为的发生,纠正各种违法失职行为,并追究监管当事人的行政、法律责任。城市公用事业政府监管行政监督的目的就在于通过及时发现和严厉查处公用事业政府监管主体滥用权力行为和贪污腐败行为,激浊扬清,惩恶扬善,促进城市公用事业政府监管的规范有序。

政府效率是政府行为所取得的目标与所耗费的人力、财力、物力及时间的比率关系。政府效率的本质是对行政权力的运行方向和运行时效的反映。提高行政效率的前提是实现对行政权力的有效制约。[1] 行政监督作为行政权力的制约形式,在关注行政权力运行的合法性、合理性的同时,也把行政效率纳入视野[2],其对行政效率的制约作用贯穿于行政授权和行政权力运行全过程,发生于全过程的每一个环节。[3] 城市公用事业政府监管行政监督追求的根本目标,是在保证政府监管活动符合预定目的,确保政府监管效益前提下,以尽可能少的投入获得尽可能高的产出。政府监管的行政监督并非仅仅是限制公用事业监管权的行使,而且要积极地保障公用事业监管权更为有效和高效地行使。政府监管的行政监督不会消解监管机关及其工作人员的意志,束缚其行使监管权的主动性、创造性,而是在合法、合理的前提下,更充分发挥公用事业监管机关的作用。

公用事业政府监管的提高有赖于科学化的行政监督。通过监管决策监督、监管过程监督和监督结果监督等环节,公用事业政府监管的行政监督纠正公用事业政府监管中出现的偏差,克服官僚主义和监管效率低下,提高政府的监管效能,保证公用事业监管目标的实现。首先,公用事业政府监管的行政监督通过审查政府监管是否依照宪法和有关法律进行,论证政

---

[1] 郭小聪:《试论行政监督对行政效率的制约机制》,《中山大学学报》(社会科学版) 1995 年第 4 期。
[2] 侯志山、侯志光:《行政监督与制约研究》,北京大学出版社 2013 年版,第 94 页。
[3] 郭小聪:《试论行政监督对行政效率的制约机制》,《中山大学学报》(社会科学版) 1995 年第 4 期。

府监管在实施过程中能不能顺利进行，以确保公用事业监管的有效执行。其次，公用事业政府监管的行政监督通过监督政府监管过程中是否坚持权责利相一致的原则、是否明确行政主体的权力和责任、是否合理分工监管任务、是否建立完善的奖惩机制，来确保政府监管有效运行。再次，公用事业政府监管的行政监督通过公开政府监管行为的时限标准、质量标准、办事规则和办事程序，通过完善政府监管的步骤、方式、次序等监管程序，来保证政府监管规范化运行。最后，公用事业政府监管的行政监督还通过建立政府监管绩效评估制度来监督政府监管执行的效率，如以监管人员个人为对象的"公务员考绩"，以监管机构为对象的"组织绩效评估"，来推动公用事业的政府监管效率。[1]

（四）城市公用事业政府监管行政监督是行政纠错、救济的前提

行政监督是适应控制行政权势需要而产生的，其重要意义还包括通过对行政行为的监视、预警，以防止违法或不规范行政行为的产生。公用事业政府监管行政监督通过相应手段监测政府监管权运行状况，观察和了解政府监管主体在行使监管权、在公用事业监管过程中是否存有违法或违规的监管行为，一旦发现违法或违规现象，即使是政府监管中违法或违规的苗头或隐患，便及时发出警告，以引起有关机关和人员的注意，有针对性地采取改善措施，防止违法或违规监管行为产生或发展。

政府监管权的具体运行过程是与复杂多变的经济、社会生活紧密关联的，出现一些工作中的错误在所难免，而这些错误对行政相对人来说则是不幸的，甚至会演变成经济或社会的灾难。[2] 尽管政府监管权出错是不能完全避免的，但是可以通过行政监督予以纠错。行政监督强调，当监管主体作出违法或违规的监管行为，就要通过监督机制，依照法定程序，由法定机关予以纠正。行政机关工作人员渎职侵权，致使公民的人身权利、民主权利受到侵害或者国家和人民利益遭受重大损失构成犯罪的，检察机关应当立案侦查，追究有关人员的刑事责任。[3] 公用事业政府监管行政监督的纠错是通过对公用事业政府监管行为的动态控制，在错误和弊端已经发生和显现后实施控制，对政府监管过程中已经发生的违法、违规行为加以

---

[1] 武晓峰：《试析行政监督在提高行政效率中的作用》，《理论探索》2002年第6期。

[2] 王先江：《行政监察制度的功能价值形态研究》，《安徽理工大学学报》（社会科学版）2012年第2期。

[3] 侯志山、侯志光：《行政监督与制约研究》，北京大学出版社2013年版，第95页。

制止，使之回到正确轨道上来。公用事业政府监管行政监督是及时发现政府公用事业监管活动中的过失和过错，堵塞政府监管过程中的漏洞，挽救和补救因过失或过错带来的损失的前提。

行政权出现异化情形总是难免的。作为行政权的一种，政府公用事业监管权异化必然造成对公民权利的侵害，一切权力来自人民是公权力的本质权属所在，出现权利侵害即应及时加以救济，这是对行政权科学约束和控制的必然要求，而行政监督为公民权利救济提供有效途径，是行政救济得到社会理解与支持的前提。[1] 政府公用事业监管过程中的行政救济，是指政府监管相对方认为公用事业监管主体在行使其监管权过程中的违法或违规的具体监管行为使自身合法权益受到侵害，而请求国家机关予以补救的行政法律制度。公用事业政府监管的行政救济也属行政法范畴，它是基于一定的行政法律关系的发生而发生的，所要解决的是监管主体和监管相对人之间的行政纠纷，因而受行政法律规范调整。公用事业政府监管的行政救济是一个实体性规范，因为它体现了国家行政救济权与相对人救济请求权的实现；公用事业政府监管的行政救济又是一个程序性规范，因为前两种权利的实现必须依靠一定程序来进行。[2] 公用事业政府监管行政监督是政府监管权法治化、合理化运行过程中的有效保障机制，确证了政府监管相对人权利救济制度的科学价值。公用事业的政府监管是政府各种权力中直接面向公民、社会的多维权利的最重要形态，公民权利救济发生的概率较其他权力部门而言也就自然是最高的，其运行法治化、合理化程度接受行政监督是对公民权利的有效保护，是实现权力救济的前提。

三 城市公用事业政府监管行政监督机制创新的理论基础

从行政监督的基本职能来看，行政监督是通过对国家行政机关及其公务人员的行政行为进行监察和督促，控制行政活动过程，确保政府监管的合法性和合理性，从而实现监管目标。在城市公用事业市场化过程中，由于外部环境不成熟，政府在监管过程中也出现一些负面效应，使公共福利受到损失，即出现了政府"规制失灵"问题。根据前文讨论的我国城市

---

[1] 王先江：《行政监察制度的功能价值形态研究》，《安徽理工大学学报》（社会科学版）2012年第2期。

[2] 王景斌、尹奎杰：《行政救济概念范畴若干问题探析》，《东北师范大学学报》（哲学社会科学版）1998年第6期。

公用事业政府监管行政监督存在的问题,我们认为,要实现政府监管行政监督机制创新,迫切需要解决监管监督中的内部化、碎片化和孤立化问题,内部性理论、俘虏理论、整合治理和善治理论等对加强和改善政府监管行为的行政监督有很好的解释意义。

(一) 内部性理论

美国经济学家史普博(1989)最早研究了内部性理论。他在《管制与市场》一书中将内部性定义为"由交易者所经受的但没有在交易条款中说明的成本或效益"。[1] 由于交易的本质是产权束的分割和转移,是由旧的产权束向新的产权束的过渡,因此,还可将内部性概念表述为"在经济交易参与者之间交换但没有在交易条款中反映的商品束"。在城市公用事业政府监管中,不论是特许经营许可、城市化改革,都有可能没有在合约中反映必须披露的成本、效益信息,使得监管机构有可能与公用事业经营者合谋,将成本转嫁给作为消费者的公众。同样,由于行政监督也主要来自监管系统内部的上级机构,内部性问题仍然难以解决。需要特别指出的是,我国从20世纪90年代初期开始启动的公用事业市场化改革脱胎于计划经济体制下的政企不分基础,其中难免有不少翻牌公司从监管机构中分离出来,使得改革后的监管者与被监管者之间存在千丝万缕的利益关联,他们有合谋对付社会公众的动力。从本质上看,内部性是在信息不完全的情况下低效率的产权交易所造成的成本。政府作为公众的代理人,理应按照公众要求,并以一定的规则、方式统一行使公众赋予的权利,为公用事业的消费者谋求利益最大化,发挥监管职能。[2] 因此,城市公用事业政府监管的行政监督需要特别针对内部利益的关联问题设立专门机制予以解决,或者更多地与立法、司法和社会监督形成紧密合作,开展网络化的合作监督行动。

(二) "规制俘虏"理论

"规制俘虏"理论又称"监管捕获"理论。该理论认为,政府规制是为了满足产业对于规制需要而产生的,规制的设计和实施主要是为受规制

---

[1] D. F. 史普博:《管制与市场》,上海三联书店、上海人民出版社1989年版,第64—65页。
[2] 张东峰、杨志强:《政府行为内部性与外部性分析的理论范式》,《财经问题研究》2008年第3期。

产业的利益服务的。① 政府规制俘虏理论的最大贡献者施蒂格勒有以下三个假设：第一，政府的基本资源是权力，利益集团能够说服政府运用其权力为本集团的利益服务；第二，规制者也是经济人，能理性地选择可使效用最大化的行动；第三，政府规制是为了适应利益集团实现收入最大化所需要的产物，这是建立在前两个假设基础上的。因此，政府规制是特定利益集团的一种收益来源，通过政府权力在社会各利益集团之间再分配财务，该利益集团就增加了收益。同时，政府作为理性经济人，也从中获得收益。

虽然传统利益捕获机制不是一个普遍的问题，但是并不意味着利益集团不再是一个潜在的威胁，不意味着它们不再通过秘密途径对公共决策施加不正当影响。在政府监管过程中，利益集团常常会与政府讨价还价，也包括我国的公用事业方面的制度。在市场经济条件下，政府监管会产生经济租金，产生"设租"和"寻租"行为。在城市公用事业市场化改革趋势下，公用事业政府监管部门的既得利益将受到严重削弱。监管者试图挽回失去的利益，就会利用规制合同不完备情形，行使其自由决策权、市场准入资格的裁量权和相机行事权，设置复杂、不透明的监管程序，引发了监管潜规则行为，从而破坏市场公平竞争。因此，城市公用事业政府监管行政监督中对监管裁量权的监督应予以格外重视。

（三）善治理论

"善治"（good governance）一词首次出现在公共话语体系中是1989年世界银行讨论"治理危机"时开始使用的。1992年该行将其年度报告称为《治理与发展》后，善治便与治理（governance）成为国际社会科学中最时髦的术语之一，成为多学科领域中的最新研究领域。② 它主要研究如何通过政府与民间的合作，改善国家，特别是地方、地区、公司、机关、学术机构等的治理结构，提高效率，增强民主。20世纪90年代后，治理和善治不仅是经济学的重要话语，也是政治学家、社会学家和管理学家的重要话语。善治已成为传统的治理模式的创新性替代系统。

善治的基本精神从不同角度有不同的解释，但核心是一致的。例如，莱福特维奇认为：善治涉及"一种有效的公共服务、一种独立的司法体

---

① 施蒂格勒：《产业组织和政府管制》，上海三联书店1989年版，第210—241页。
② 俞可平主编：《治理与善治》，社会科学文献出版社2000年版，第1—2页。

制以及履行合同的法律框架；对公共资金的进行负责的管理；一个独立的、向代议制的立法机构负责的公共审计机关；所有层次的政府都要遵守法律、尊重人权；多元化的制度结构以及出版自由。"① 也有学者认为，善治的构成有四个要素：（1）公民安全得到保障，法律得到尊重；（2）公共机构正确而公正地管理公共开支；（3）实行责任制；（4）信息灵通，政治透明。② 俞可平先生认为，善治的基本要素有以下六个：（1）合法性（legitimacy），即社会秩序和权威被自觉认可和服从的性质和状态。（2）透明性（transparency），即政治信息的公开。立法活动、政策制定、法律条款、政策实施、行政预算、公共开支以及其他有关的政治信息公民都有权获得，并且对公共管理过程实施有效监督。（3）责任性（accountability），指的是管理人员及管理机构由于其承担的职务而必须履行一定的职能和义务。公职人员和管理机构的责任性越大，表明善治的程度越高。（4）法治（ruleoflaw），其基本意义是，法律是公共政治管理的最高准则，任何政府官员和公民都必须依法行事，在法律面前人人平等。法治的直接目标是规范公民的行为，管理社会事务，维持正常的社会生活秩序；但其最终目标在于保护公民的自由、平等及其他基本政治权利。法治与人治相对立，法治既规范公民的行为，但更制约政府的行为。法治是善治的基本要求，没有健全的法制，没有对法律的充分尊重，没有建立在法律之上的社会程序，就没有善治。（5）回应（responsiveness），这一点与上述责任性密切相关，实际是责任性的延伸。它的基本意义是，公共管理人员和管理机构必须对公民的要求做出及时的和负责的反应，不得无故拖延或没有下文。在必要时还应当定期地、主动地向公民征询意见、解释政策和回答问题。（6）有效（effectiveness），机构设置的精简和管理成本控制。③ 后来，又进一步增加了参与、稳定、廉洁和公正四个要素。

归纳起来，善治的本质特征就在于"它是政府与公民对公共生活的合作管理，是政治国家与公民社会的一种新颖关系，是两者的最佳状态。善治就是使公共利益最大化的社会管理过程；在一定的意义上说，就是进

---

① 转引自罗伯特·罗茨《新的治理》，载英国《政治学研究》1996年第154期。
② 玛丽·克劳德斯莫茨：《治理在国际关系中的正确运用》，《国际社会科学》1999年第2期。
③ 俞可平主编：《治理与善治》，社会科学文献出版社2000年版，第9—11页。

一步法治化的进程。"① 就城市公用事业政府监管行政监督机制创新而言，善治精神的融入，意味着依法监督、专业化监督、参与式监督、合作网络化监督和及时回应监督机制的成长。城市公用事业政府监管者和行政监督者能否清醒认识自己的权力、角色和能力，是否有勇气向社会开诚布公，就成为通向善治式监督的关键。

（四）整合式治理理论

整体性治理理论主要由希克斯和登力维提出，其主要思想包括"重新整合"和"整体性治理"。其中重新整合的内容主要包括：逆部门化和碎片化；大部门式治理；重新政府化；恢复或重新加强中央权力；压缩行政成本；重塑一些有公务支撑功能的服务提供链；集中采购和专业化；网络简化。整体性治理的内容主要包括：互动的信息搜寻和提供；以顾客为基础和以功能为基础的组织重建；一站式服务提供；数据库的建立和运用；重塑从结果到结果的服务；灵活的政府过程；可持续性。② 相对于新公共管理理论而言，整体性治理理论从公民的需要出发，强调的是政府间的协调与合作，以实现政府服务的一体化和无缝隙化。有学者将整体性治理理论概括为"以满足公民需求为主导的治理理念，以信息技术为治理手段，以协调、整合和责任为治理策略，促使各种治理主体协调一致，实现治理层级、功能和公私部门的整合，以及碎片化的责任机制和信息系统的整合，充分体现包容性和整合性的整体型政府运作模式"。③

整体性治理理论为解决政府行政的碎片化问题，实现政府间整合提供了多种方案，包括在政府间建立信息系统，实现信息共享；改组组织机构，实现大部化；建立协调、沟通和信任机制；培训跨边界工作人员；建立承诺和责任机制等。这些方法的宗旨是实现各个监管监督体系资源共享、手段互补和目标统一。希克斯根据目标和手段的整合状况，将政府划分为五种类型（见图7-1）。整体性治理理论为解决当前我国城市公用事业政府监管监督的碎片化问题提供了解答，也为行政监督与立法监督、司法监督和社会监督之间的协作以及行政监督内部各子系统间的协同提供了新的思路。

---

① 俞可平主编：《治理与善治》，社会科学文献出版社2000年版，第8页。
② 竺乾威：《从新公共管理到整体性治理》，《中国行政管理》2008年第10期。
③ 曾凡军、韦彬：《后公共治理理论：作为一种新趋向的整体性治理》，《天津行政学院学报》2010年第3期。

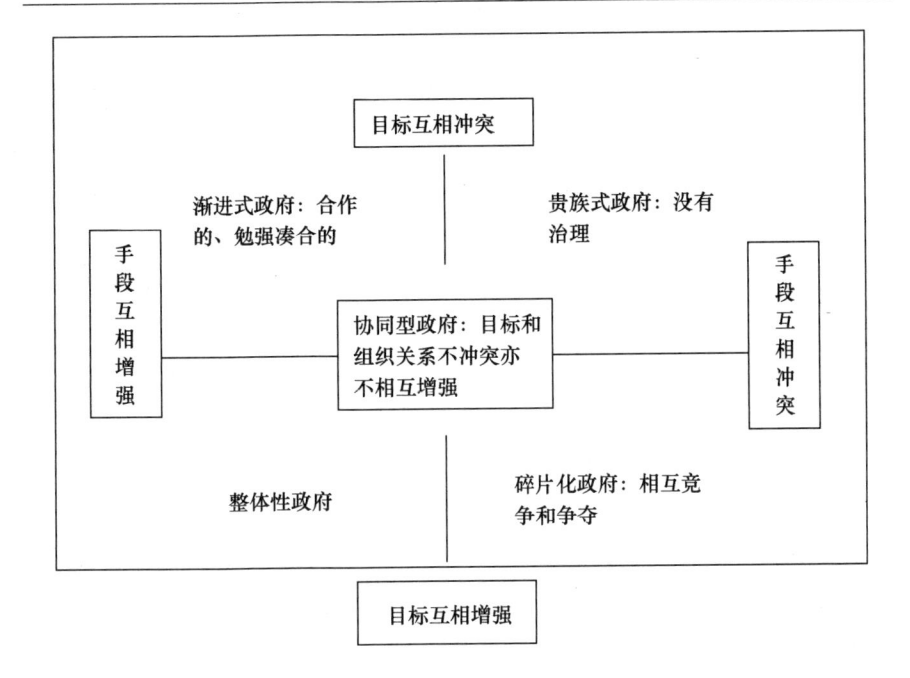

```
                    目标互相冲突
    ┌─────────────────────────────────────────┐
    │  渐进式政府：合作     贵族式政府：没有      │
    │  的、勉强凑合的        治理                │
手  │                                          │ 手
段  │      ┌──────────────┐                    │ 段
互  │      │协同型政府：目标和│                  │ 互
相  │      │组织关系不冲突亦│                    │ 相
增  │      │不相互增强    │                    │ 冲
强  │      └──────────────┘                    │ 突
    │                                          │
    │   整体性政府      碎片化政府：相互竞      │
    │                  争和争夺                │
    └─────────────────────────────────────────┘
                    目标互相增强
```

图 7-1 五种不同类型的政府

资料来源：Perry, Dinna Leat, *Kimberly Seltzer and Gerry Stoker*, *Towards Holistic Governance*: *The New Reform Agenda*. New York：Palgrave，2002，p.31.

第二节 国外城市公用事业政府监管行政监督的借鉴

一 国外城市公用事业政府监管行政监督的基本做法

城市公用事业政府监管行政监督在国外主要体现在各国的行政监督体系中。国外的行政监督发端于古代希腊、罗马的民主政治，随着欧洲中世纪"第三势力"的兴起及资产阶级地位的确立[1]，近现代以来，国外的行政监督已经形成了以美国的总监察官制度、英国的议会监察体制和法国行政调解专员制度为代表的较为系统完备的行政监督制度体系。

（一）美国的总监察官制度

为了对各部门管理和经营项目的合法合规性、经济性、效率性、效果

---

[1] 侯志山、侯志光：《行政监督与制约研究》，北京大学出版社2013年版，第182页。

性进行审查和评价，以保证各部门以尽可能低的成本向纳税人提供高质量的产品和服务，1978年，美国国会和总统分别通过和签署了《总监察官法案》。这个经过多次修订的法案为每一个联邦政府重要部门都建立了总监察官办公室。每一个州属政府机构建立一个监察总长办公室，以提高政府的责任、廉洁和效率而协调活动，确保维持审计调查和其他责任活动之间的适当平衡。制定《总监察官法案》的目标是创建独立客观的机构负责审计和调查，通过审计、检查、调查和其他复核提高各部门项目和经营的经济性、效率性、效果性，预防和发现贪污与滥用职权，保持各部部长和国会之间的信息沟通并进行必要的纠偏行动。

总监察官具有很强的独立性，因为，（1）总监察官的任命具有很强的独立性和权威性，由总统任命，不考虑其政治隶属关系，只根据其正直性和他在会计、审计、财务分析、法律、管理分析、公共行政管理或调查等方面的能力为基础来确定；（2）总监察官直接向部门首长汇报工作；（3）尽管部门首长可以指挥总监察官进行监督，但他不能阻止或禁止总监察官发起、执行以及完成任何审计和调查；（4）总监察官签署的审计报告、调查报告为公共文献，必须同时送交部门首长和总审计长。[①] 独立的总监察官也保证了公用事业政府监管行政监督的独立性。

总监察官工作范围涉及影响部门工作效率和效果的各个方面。对于公用事业监管来说，对公用事业监管项目以前年度财务审计的后续审计和对财务年度内所有报表的审计；对公用事业监管具体环节的以前年度绩效审计的后续审计；对公用事业监管项目的合法性、经济性、效率性和效果性进行审查和提供政策指南；接受和调查雇员通过举报热线或其他渠道提供的涉及公用事业监管机构中可能存在着的违反法律、规定或条例或管理不善等现象，浪费资金、滥用职权，或对公共健康与安全形成重大危险等情况方面的举报和反映；对部门公用事业监管提供政策性指南，以提高其经济性和效率性；建议、监督或协调所在部门与其他联邦机构、州和地方政府机构、各非政府机构之间的关系。[②]

通过《总监察官法案》，在联邦政府内建立起新行政监督机制，改善了历史上缺乏足以提供有效监督的权力、权威和资源，监督者缺乏独立

---

① 刘力云：《美国监察长审计制度及其借鉴意义》，《审计研究》1996年第5期。
② 同上。

性,调查和审计分离而导致监督不合作和综合性差等缺陷,提高了行政监督的独立性和综合性。《总监察官法案》通过法律规定总监察官的任命和撤职的法律条款和强制报告的要求,力求使总监察官独立,使他们免受行政官员的不适当的影响和限制;通过广泛在主要公用事业监管部门实施监察官制度,把原来分离的执行调查和审计的能力与责任综合到一个组织的方法来提高监督的综合性。这样,有零零星星的、因投诉而进行调查获得的信息,也有通过经常化、制度化的审计而得来的信息,两者可被融合在一起。① 不仅如此,通过整合调查和审计功能,总监察官将不仅能够就犯罪和违法的公用事业监管个案进行侦察,而且能在更大范围内预防公用事业监管中的贪污、浪费和滥用权力。

1988年通过修正法案,美国又在31个联邦机构中产生了指派的联邦实体总监察官。指派的联邦实体总监察官的报告关系、权力和职责等方面与其他总监察官机构基本一致,联邦机构最高长官可以撤换监察官,总监察官必须向联邦机构最高长官汇报工作。

(二) 英国的行政监察专员制度②

英国的行政监督机制的理论主要来源于"主权在民"思想,在西方议会制国家中,"人民主权"实际体现为"议会主权"。既然议会代表着国家最高权力机关,那么监督政府便是理所当然的了。③ 英国行政监察专员包括1976年依议会行政监察专员法设立的议会行政监察专员、1972年苏格兰设立卫生行政监察专员、1973年设立英格兰和威尔士卫生行政监察专员、1975年设立苏格兰地方行政监察专员,其中,卫生行政监察专员和地方行政监察专员者由议会行政监察专员领导。英国的行政监察专员它既不是行政机关也不是司法机关,其设立的目的在于监视法律、法令的执行,限制国家工作人员不合法、不公平的行为,以完善行政管理,保障公民的合法权益。④ 监察专员的工作方式主要是根据控告人的控告进行调查。⑤ 英国的公民、法人或其他组织通过统一向议会议员或地方政府成员递交请愿书,

---

① 彭正波:《美国的行政监督机制》,《党政论坛》2005年第1期。
② 翁琰:《论英国行政监察专员制度及其对我国的启示》,《重庆科技学院学报》(社会科学版) 2011年第5期。
③ 文玉、彭飞武:《英美行政监督制度比较探析》,《华北水利水电学院学报》(社会科学版) 2009年第6期。
④ 陈山:《中国涉诉信访制度与英国监察专员制度比较研究》,《知识经济》2012年第7期。
⑤ 赵强利:《瑞典行政监察专员制度研究》,硕士学位论文,山东大学,2004年。

再由议会行政监察专员或地方行政监察专员审查后转交相应行政机关及官员，并督促行政机关进行处理①，实现对包括公用事业监管在内的政府行为的监督。

英国行政监察专员工作具有独立性，其任职和法官一样，议会行政监察专员由英王任职，终身任职，只在有严重不法行为时，由议会两院弹劾才能免职。② 议会行政监察专员认为在某种情况下期待受害人向法院或行政裁判所起诉为不合理时，行政监察专员可以不顾法院管辖权的存在，对向他申诉的案件进行调查。③ 但是，议会行政监察专员只有调查权，没有最终决定权，只能建议行政机关或给予申诉人行政补偿或改变原来的行政决定。④ 卫生行政监察专员与议会行政监察专员的地位基本相同，行政当事人直接向卫生行政监察专员申诉无须通过议员转送，受害人的亲属或其他适当的人在受害人死亡或由于其他原因不能申诉时，有较大的自由可代替受害人申诉。地方行政监察专员管辖范围包括地方政府以及地方政府联合委员会、公用事业监管机构、警察机构等，地方行政监察专员调查的规则与权力和议会行政监察专员一样，但是，申诉书必须向地方政府成员提出，地方政府成员和议员不一样，必须将申诉书转送行政监察专员审查，如果地方政府成员拒绝转送，行政监察专员认为有必要时可以直接受理当事人的申诉。

英国行政监察专员的权力源于议会，行政监察专员对议会负责，因此，行政监察专员成为议会权力的派生延伸和拓展。英国行政监察专员具有非司法性，监察专员不是司法机构，只是监督机构，虽然他们的地位是议会赋予的，但是又独立于议会和政府框架之外，他们的责任是将对公用事业监管的调查结果上报议会或者公之于众，以维护上访者权益。英国行政监察专员具有明确的公共职能，他们将公民的诉求进行调查却提出改进意见，对那些不构成违法但是明显地不合理、不公正、强制性或错误性的公用事业监管行为进行调查，但是行政监察专员一般对可提交诉讼或者审

---

① 翁琰：《论英国行政监察专员制度及其对我国的启示》，《重庆科技学院学报》（社会科学版）2011 年第 5 期。
② 王名扬：《英国行政法》，北京大学出版社 2007 年版，第 195 页。
③ 同上书，第 196 页。
④ 翁琰：《论英国行政监察专员制度及其对我国的启示》，《重庆科技学院学报》（社会科学版）2011 年第 5 期。

判机关的案件不会进行调查。英国行政监察专员在行政上对议会或立法机关负责,但是如果行政监察专员有违法行为,也有相应的司法程序来对其提起诉讼,以维护法律公正[1],其权力也具有明显受制约性。

(三) 法国行政调解专员制度

为了采取有效措施加强对政府及其官员的监督,1973年,法国议会通过《关于设立共和国行政调解专员的第73-6号法律》,意味着正式建立了行政调解专员制度(Le mediateur)[2],为法国公用事业监管行政监督提供了制度线索。

法国行政调解专员的主要职能是受理个人对行政机关的申诉,并调和个人与行政机关的分歧,在特定情况下,调解专员还享有命令和追诉的权力。法国的行政调解专员职务范围很广,全部公私行政机关之中,只要是关于执行公务的案件,不论属于公法性质还是属于私法性质,不论是违法行为还是合法而管理不良的行为,都可以向调解专员提出申诉。法国行政调解专员在政府部门和全国各地任命了100多名通讯员,负责审查申诉人的最初材料,帮助申诉人准备、完善、提交申诉材料。申诉人在申诉前必须先交行政机关处理,以让行政机关有纠正错误行为的机会,不满意行政机关的处理后才能申诉。申诉先送至国会议员,然后由国会议员转交行政调解专员,案件结束后,行政调解专员制作结案报告,并递交给转交案件的国会议员。行政调解专员每年向总统和国会提交一个年度报告,总结全年的活动。[3]

对于国家行政机关、公务法人和其他享有行政职能的私法组织的失职、行政迟延、案卷错误、拒绝适用法律或公共服务职能的冲突等,法国行政调解专员都有权展开调查,并以在行政主体与公民之间进行调停、向行政主体提供建议和发布试图引起社会舆论、总统和议会注意的报告等不具有法律拘束力的形式灵活解决行政争议。此外,如果行政主体不执行法院已确定的判决,行政调解专员有权发布执行令,对于公务员的严重违法或失职行为,主管行政长官若未按行政调解专员的建议进行处分时,行政调解专员有权启动纪律处分程序或刑事追诉程序。在处理上述具体案件过

---

[1] 陈山:《中国涉诉信访制度与英国监察专员制度比较研究》,《知识经济》2012年第7期。

[2] 赵强利:《瑞典行政监察专员制度研究》,硕士学位论文,山东大学,2004年。

[3] 王名扬:《法国行政法》,中国政法大学出版社1988年版,第541—548页。

程中，行政调解专员若发现法律制度本身存在缺陷或其他普遍性问题，得向总统和议会提出总体性的法律建议。①

为了保证其职能的有效发挥，法国行政调解专员在就职、履职和解职等方面享有一定的特殊保障。第一，调解专员作为一个行政机关，具有崇高的独立地位。调解专员由部长会议通过，总统任命，任期6年，不能连任，不能兼任任何其他职务。在执行职务时，不接受任何机关的命令，以避免外界的压力，保持调解专员的独立。调解专员自由任命工作人员，任期与调解专员相同。第二，行政调解专员享有高度的豁免权。主要表现在其执行职务的行为，不负民事责任和刑事责任，不因自己发表意见和其所作的行为被起诉、搜查、逮捕、扣押和审判，享有和国会议员相同的豁免权。② 经费开支只受审计院的审查，不受一般的财政监督，只受审计院的审查。③ 第三，行政调解专员决定不具有执行效力。调解专员的调查报告并不是行政行为，不具有行政行为的当然效力，这是调解专员诉讼救济和其他非诉讼救济方式最大区别。④

在过去的40多年，法国的行政调解专员制度以"简单、自由与可接近"的救济方式限制行政越权，同时可以超越司法控制的有限性而进入适当性（或者政策）的敏感领域，允许大众对错误的决定或规则进行指控⑤，为保护公民在行政过程中的合法权利、减少行政机关的不良行政以及促进法国行政体制的优化发挥了重要作用，维护了法国公用事业政府监管的合法性和公共性。

二 国外城市公用事业政府监管行政监督的经验启示

国外的，尤其是西方的行政监督体制主要源于"主权在民"的思想，并在西方分权制衡的理念中逐渐发展成熟。这种主要依靠制度、体制控权，重视权力之间相互制衡的思想，把议会监督、专门监督和行政监督等职能发挥到极致，并且使行政监督制度更具有独立性的原则，制衡的效果

---

① 王建学：《从行政调解专员到基本权利保护专员：法国行政调解专员制度改革述评》，《国家行政学院学报》2008年第5期。
② 王名扬：《法国行政法》，中国政法大学出版社1988年版，第429页。
③ 王建学：《从行政调解专员到基本权利保护专员：法国行政调解专员制度改革述评》，《国家行政学院学报》2008年第5期。
④ 马佳娜：《我国ADR机制中引入行政调解专员的设想》，《辽宁行政学院学报》2010年第10期。
⑤ 贝尔：《法国行政法》，中国人民大学出版社2006年版，第30—31页。

稳定、持久，监督成本低廉有效。

（一）监管主权在民与监督宗旨为民统一

"人性的首要法则，是要维护自身的生存，人性的首要关怀，是对于其自身所应有的关怀。"[1] 人权的实现与政府行为息息相关，或者说，政府是保障人权实现的第一责任人[2]，"每个人都以其自身及其全部的力量共同置于公意的最高指导之下，并且我们在共同体中接纳每一个成员作为全部之不可分割的一部分。"[3] 因此，包括经济、社会、文化权等积极权利的实现要求政府有所作为，因此，为了更好地保障人权，实施人权法的内容，必须完善人权保护机制，加强对政府的督促，督促其尊重私人权利，督促其积极承担责任。[4] 城市公用事业的发展是最能体现人文关怀，或者说政府为民众办实事办好事的领域，但如何才能把好事办好办实？任由公用事业的市场力量行事不行，仅有政府监管也不行，需要有完备的监督体系约束监管者的权力和营运商的行为，而且，监督监管的最终动议权要握在民众手中，监管监督的成效要由民众来评判。在这种情况下，要通过行政监督使公共权力的行使者、被委托者按人民意志行事，防止他们"反仆为主"。行政监督体系的建立和有效运行正是保证公共权力公共运用、防止公共权力与个人效用发生交换的必要条件。[5] 人民主权思想为西方行政监督提供了最基本的理论依据，也为西方行政监督构建提供了理论支撑，可以成为城市公用事业政府监管行政监督机制建设的指向。

（二）分权制衡与协作监督结合

行政监督应该有一定的方式和手段，否则行政监督只能停留在理论上的描述。如果说监管主权在民解决了监督政府为民的问题，那么分权制衡和协作监督则解决了监督政府的科学方式和有效手段。[6] 分权制衡，即以权力制约权力，就行政监督而言，就是在内部以行政权制约行政权，在外部要用立法权、司法权和社会参政权制约行政权。西方国家在设置城市公

---

[1] 卢梭：《社会契约论》，商务印书馆1980年版，第9页。
[2] 李红勃：《人权、善政、民主：欧洲法律与社会发展中的议会监察专员》，《比较法研究》2014年第1期。
[3] 卢梭：《社会契约论》，商务印书馆1980年版，第24—25页。
[4] 李红勃：《人权、善政、民主：欧洲法律与社会发展中的议会监察专员》，《比较法研究》2014年第1期。
[5] 陈奇星、罗峰：《略论西方国家的行政监督机制》，《政治与法律》2000年第3期。
[6] 同上。

用事业监管监督机制时，通常不让公共权力集中于政权机构的某一部门或某一部分人，对那些太过庞大、太过集中的权力要进行分割，使之为不同的机构和不同的人所执掌，各部分权力之间应建立相互牵制、相互约束的关系。① 分权把公用事业监管的监督权分解到各个部门，各部门的职权职责明确，从而使其利益和责任明确。并且，分权以分工为基础，可以使得各个领域各个部门都有相当的专业技能和专业知识要求，让受过不同教育，有着不同知识背景和不同经验和志趣的专业人才分别掌管不同部门②，这无疑有利于提高公用事业监管的监督效率和提高公用事业监管的监督水平。但分权制衡本身不是目的，如何使分权后的各部门围绕同一目标开展监管监督合作？西方国家也走过不少弯路，或者说付出了代价。③ 实际上分权制衡理念和人民主权的思想是相互联系的，分权制衡理念是落实人民主权思想的一种制度安排，同时人民主权思想又包括着远比分权制衡多得多的内容，这就为行政立法监督、行政司法监督之外的外部行政监督和内部行政监督形式提供了生存空间和合作的土壤④，监督对滥用权力是制约，对正当行使权力则是一种保护。⑤ 正因为如此，公用事业政府监管的法律执行和公共决议等行为不仅要接受立法监督、司法监督，更须接受行政监督；不仅要接受专门的行政监督，更要接受行政职能监督；不仅要接受上述系统的单体监督，更要接受他们的合作系统化监督。

(三) 监督的独立性与开放性结合

监督机构的定位在于秉持公正、独立、超然立场。⑥ 行政监督是一种权力对另一种权力的监督和制约，如果行政监督主体的经费来源、人事任免权等掌握在监督客体的手中，对行政监督客体有很强的依附性，如果行政监督的主客体错位，或行政监督主体、客体两位一体，那么行政监督就会流入"空泛"。大多数西方国家的政治架构为立法行政监督、司法行政监督等监督机构的独立性提供了宪政保证，即便是行政监察机构也给予了

---

① 韩东屏：《民主制度与分权制衡》，《开放时代》2000年第2期。
② 吴传毅：《由分权制衡的宪政原则看分权政府的构建》，《行政论坛》2006年第3期。
③ 容志：《从分散到整合：特大城市公共安全风险防控机制研究》，上海人民出版社2014年版，第180页。
④ 陈奇星、罗峰：《略论西方国家的行政监督机制》，《政治与法律》2000年第3期。
⑤ 李晓伟：《分权制衡与权力制约》，《云南教育学院学报》1997年第4期。
⑥ 马英娟：《政府监管机构研究》，北京大学出版社2007年版，第91页。

很大主动权和独立性。① 具体地讲，行政监督机构独立于政治，独立于选举官员，独立于政府的其他行政机构，更是独立于相关业者及各种利益团体。因此，只有具有相对独立性的公用事业政府监管的行政监督机构，才能产生权威性，才能使行政监督对监管机构处于一种超然的位置，才能产生监督效果。但是，行政监督是独立的而不是孤立的，是公开的而不是封闭的，它一方面能够广纳各方面意见，能听取各公用事业政府监管机构或监管相对人的声音；另一方面，各种监督体系之间（包括立法、司法、行政和社会监督以及行政监督内部各子系统）也是开放和相互的，只有这样才能真正确保监督不为个别利益与好恶所左右，免除外力对行政监督机构运行的干预。

第三节 城市公用事业政府监管行政监督机制创新

一 监督目标理念的合法性和公共性

党的十八四中全会通过的《中共中央关于全面推进依法治国若干重大问题的决定》明确提出"深入推进依法行政，加快建设法治政府"的目标任务。反对对滥用行政权力的保护是法治的要义之一，也是行政监督的基本功能。法治不仅强调政府要维护和执行法律和秩序，更强调政府本身要服从法律制度，不能不顾法律或重新制定适应本身利益的法律。② 行政权在国家权力体系中是最活跃、最直接的权力，在整个国家和社会中日益居于主导地位③，因此，加强行政监督的合法性具有特别重要的意义。作为一种行政监督，公用事业政府监管行政监督是对公用事业监管机关依法监管情况的监督，也意味着公用事业政府监管行政监督应依法进行。公用事业政府监管行政监督的法制化，既是对公用事业政府监管行政监督权力及其行使的规范，又是这种权力及其行使的合法性和公共性的保障。

行政监督的法制化，就是通过把各种监督主体的地位、职责、权限，权力行使的方式、程序等用明确的法律规定，来增强行政监督的权威性、

---

① 陈奇星、罗峰：《略论西方国家的行政监督机制》，《政治与法律》2000年第3期。
② 郭济：《政府权力运筹学》，人民出版社2003年版，第16页。
③ 侯志山、侯志光：《行政监督与制约研究》，北京大学出版社2013年版，第91页。

明确性,增强了行政监督的可预见性,从而达到规范行政监督行为、政府行为的目的。① 就公用事业政府监管行政监督来说,需要通过法律或法规对公用事业政府监管行政监督的主体的职责和权限、监督的对象和范围、监督的方式和手段、监督者与被监督者的义务和权利等进行明确的规定。② 因而,要加快公用事业政府监管行政监督立法进程,严密制度体系,狠抓制度执行,制定一系列专门监督法律、法规,使制度既有切实可行的内容,又有明确的实施程序和责任追究办法。③ 通过制度、法律规范制约作用,使政府监管权的运行受到监督的制衡,防止为所欲为地滥用政府监管权行为的产生和蔓延,增强公用事业政府监管行为和行政监督行为的公共性。

行政监督的法制化要完善并严格执行行政赔偿和补偿制度。公用事业政府监管行政监督要探索在行政赔偿程序中引入听证、协商和和解制度,建立健全公用事业政府监管的行政补偿制度;要按照国家赔偿法实施行政赔偿,严格执行《国家赔偿费用管理办法》④,保障公民、法人和其他组织在受到政府监管行为侵害时有依法获得赔偿的权力。要贯彻行政复议法,行政复议机关对于符合法律规定的以公用事业监管机关为相关当事人的行政复议申请必须依法受理;审理行政复议案件,要重证据、重依据、重程序,公正作出行政复议决定,坚决纠正违法、违规的政府监管行为;依法、快捷解决政府监管引起的争议,化解人民内部矛盾,密切政府与人民群众的关系,维护社会稳定,保护公民、法人和其他组织的合法权益⑤,保障公用事业政府监管行为和行政监督行为的公共性。

行政监督的法制化就是要针对政府监管中出现的新情况、新问题,对有关政府监管方面的法律、法规、制度、措施进行修订和完善,使之更具有操作性、可行性和有效性⑥,为公用事业政府监管行政监督提供基本的规范程序和保障。加大对公用事业监管权力和权力运行的约束,建立结构

---

① 陈奇星、罗峰:《略论西方国家的行政监督机制》,《政治与法律》2000年第3期。
② 陈奇星:《中国公共行政监督机制现状分析与对策思考》,《国家行政学院学报》2003年第3期。
③ 梁仲明:《完善行政监督制度的理论思考和路径分析》,《西北大学学报》(哲学社会科学版) 2008年第3期。
④ 同上。
⑤ 杨建淮:《完善我国行政监督体制的路径选择》,《珠海市行政学院学报》2010年第2期。
⑥ 同上。

合理、配置科学、程序严密、制约有效的政府监管权力运行机制，从决策和执行等环节加强对监管权的监督，保证把人民赋予的权力真正用来为人民谋利益。[1] 制度是人们建构起来的公共权力运行规则，是公共行为规范体系，是一种具有合法强制性的客观力量。[2] 因此，在公用事业政府监管行政监督中，只有建立、健全和完善行政监督法制，才能为依法实行行政监督提供基本的规范程序和保障[3]，实现公用事业政府监管行为和行政监督行为的合法性与公共性。

二 监督组织体制的独立性和整合性

可以说，公用事业政府监管行政监督是一种颇为特殊的行政建制，无论是设在传统行政部门的内部行政监督，还是独立于传统行政部门的专门行政监督，都应当具有一个共同特点，那就是独立性。[4] 独立性强调行政监督要在传统科层式行政官僚体系之外，免予不当的政治干预和行政影响，独立性自主动作，且其成员受一定保障不得任意免职。[5] 与正常直接任命的传统行政部门相比，具有高度专业性的行政监督才能是客观、中立、超然的，才不易受政治上的干扰，才能够公正地做出价值分配，制定科学的监督标准，对受监督的监管部门的违法、违规行为能够做出明智、快速的审议和裁决。[6] 独立性是行政监督能否扮演好公共利益维护者角色的关键性因素，是行政监督的核心特征，也是行政监督权威性的前提。但是，公用事业政府监管行政监督的独立性，并不意味着条块分割，特别是在现代风险的系统性、突发性和高危型压力下，任何一种监管监督力量都难以预防和抵御全部的风险。因此，新的监督组织体制在加强每个监督监督体系的独立性的同时，又要科学设置好整合监督的接口，避免监管监督的碎片化。[7]

---

[1] 梁仲明：《完善行政监督制度的理论思考和路径分析》，《西北大学学报》（哲学社会科学版）2008年第3期。
[2] 同上。
[3] 陈奇星：《中国公共行政监督机制现状分析与对策思考》，《国家行政学院学报》2003年第3期。
[4] 马英娟：《政府监管机构研究》，北京大学出版社2007年版，第33页。
[5] 陈樱琴：《公平会独立性之研究》，《公平交易季刊》1999年第1期。
[6] 马英娟：《政府监管机构研究》，北京大学出版社2007年版，第34页。
[7] 尤其要防止按照行政监察和审计的体制去改革公用事业政府监管行政监督的双重领导体制。因为，提供公用事业是一项最基础的地方政府职能，脱离他们的监管监督，公用事业的发展就会失去方向和动力。一味强调垂直领导是一种再碎片化的表现。

(一) 要求加强行政监督中的一般监督

行政部门中的一般监督,是指依法由行政机关系统内部实施的上下级之间、平级之间所进行的一种经常性的工作监督,通过这种经常性的工作监督,保证行政行为合法、合理和高效。[①] 就公用事业政府监管行政监督,这种一般监督是由具有公用事业监管权的机构内部实施的上下级,平级的公用事业监管机构之间所进行的经常性的监督。一般监督与监管机构上级对下级的领导和指导、监管机构平级之间的分工和制约是密不可分的。通常来说,政府监管机构内部工作关系内容就是上级对下级的领导和指导,以及平级之间的分工和制约。在某种意义上来讲,这种领导和指导、分工和制约就是公用事业政府监管行政监督的一般监督。监督权是一种上位阶权力,是一种外在性权力,是一种权力对另一种权力的控制,与下位阶权力相比,上位阶权力具有更高的权威性。[②] 因此,要加强各部委和国务院直属的公用事业监管机构对省、自治区、直辖市监管部门的业务监督,要加强地方各级人民政府对所属的各监管部门和下级人民政府以及本辖区内的不属于自己管理的监管机构的监督;要加强各级监管部门的主要负责人对其部属的监管行为的监督。

(二) 要求创新行政监督中的专门监督

行政监督中的专门监督,是指由法律规定独立行使监督权的行政机关对其他行政机关及其工作人员的行政行为实施的监督。[③] 公用事业政府监管行政监督的专门监督的目的是保证有关公用事业的国家法律、法规和政策的贯彻执行,是国家专门的监督机关用行政权力来进行对公用事业监管机构约束和监督,在各种监督方式中占有特殊的地位和作用。在我国行政机关内部,专门监督分为行政监察和审计监督两部分,分别由行政监察部门和审计部门实施。但是由于现行体制下行政监察部门往往听命于地方最高行政长官,受制于同级政府职能部门,缺乏应有的独立性和权威性。[④] 因而,有必要在全国人大常委会设一个最高公用事业政府监管行政监督专门监督机构,受全国人大(常委会)领导,对全国人大(常委会)负责,

---

[①] 王臻荣:《行政监督概论》,高等教育出版社2009年版,第196页。
[②] 侯志山、侯志光:《行政监督与制约研究》,北京大学出版社2013年版,第202页。
[③] 王臻荣:《行政监督概论》,高等教育出版社2009年版,第205页。
[④] 梁仲明:《完善行政监督制度的理论思考和路径分析》,《西北大学学报》(哲学社会科学版)2008年第3期。

以弥补监察部门在公用事业监管监督中的不足,并在最高公用事业政府监管行政监督专门监督机构下设立地方各级监督机构,受地方各级人大(常委会)和上级专门监督机构的双重领导。这样有利于把宪法规定的各级人大(常委会)对于同级政府的监督权落到实处,同时可以保证公用事业政府监管行政监督专门监督机构的独立性和权威性。[①] 对于公用事业政府监管的审计监督,一方面,要加强国家审计机构的审计监督;另一方面,更重要的是,要赋予社会审计机构对公用事业监管门的审计决定权,社会审计机构主要是民间经济组织,服从市场原则,具有很强的独立性,所提供的审计信息较为完备,但是,其只有审计建议权没有决定权,因而缺乏强制力和权威性[②],因此,赋予社会审计机构的审计决定权,可以提高其对公用事业监管监督审计监督的强制性和权威性。

(三) 要求建立监督协同机制

包括城市公用事业政府监管行政监督与立法监督、司法监督、社会监督的协同;行政监督内部各子系统间的协同,比如,住建部门对城市公用事业特许经营监督与物价部门的价格监督、质监部门的质量监督、安监部门的安全生产监督的协同;还包括公用事业相互覆盖或溢出效应的都市圈内公用事业监管监督部门间的协同。随着我国长三角、京津冀、珠三角等都市圈的形成和紧密融合,此类协调机制的监督将日益迫切。比如,20世纪40年代开始美国已成为一个大都市区化国家,但它们没有设立覆盖大都市的政府机构,而是采取设立协同机构和机制的方式来对涉及大都市区的公共事业(通信、交通、环保等)进行统一规划,协同解决。[③] 行政监督的协调机制就是要通过明确划分各种监督机制的功能和责任,界定不同层次、不同主体的监督机制的职责权限,加强监督的总体规划和避免各种监督机制的相互冲抵,进而使各种监督机制能发挥积极性、主动性和创造性,增大监督系统的合力,充分发挥监督系统的总体功能。[④] 公用事业政府监管的行政监督要发挥其具有行政权的优势,加强各监督主体的整合,建立各监督部门之间的联系制度,构建各监督部门参加的"监督协

[①] 曾维涛:《完善我国行政监督体制的几点思考》,《江西财经大学学报》2006年第5期。
[②] 王臻荣:《行政监督概论》,高等教育出版社2009年版,第226页。
[③] 李景元:《对接高端城市与都市区公共事业协同发展》,中国经济出版社2014年版,第197页。
[④] 曾维涛:《完善我国行政监督体制的几点思考》,《江西财经大学学报》2006年第5期。

调委员会"之类的机构,对各监督主体进行综合指导和协调,特别是对监督过程的协调,使各监督主体在监督过程或在有些案件受理、调查、移送、处理等方面能互通有无、互相配合、协调关系,使隶属于各系统公用事业政府监管的各类监督主体形成合力[1],促进行政监督的整体功能的发挥,充分提高行政监督的监督效果。公用事业政府监管行政监督要建立统一的行政监督情报信息网[2],加强各类监督信息的共享,提高监督信息利用率,以强化统一和协调作用。如可以建立公用事业监管部门的违法、违规记录的档案库进行信息分享和案卷互相调阅;可以建立政府监管违法、违规查处案件过程的信息交流制度,互相通报,对各自掌握的政府监管违法、违规案件的特点进行信息分享和分析;可以建立重大案件和疑难案件的通报制度,共同研究监管部门重大和疑难案例,调动更广泛的力量克服监督困难,解决监督过程中的难题,提高行政监督效能。

三 监督运行机制的开放性和有效性

建立程序控制机制,对公用事业政府监管进行全程行政监督。从监督时间维度来看,行政监督由事前监督、事中监督和事后监督三个阶段构成。而行政权力行使中的违法和违规行为问题往往发生于行政行为发生的整个过程,所以,有效监督不仅应该注重事后监督,重视规范和健全事后监督的程序,更应该注重问题发生前和发生时的预防和控制,即事前监督、事中监督。对于公用事业政府监管行政监督,建立起对政府监管权力使用过程的全方位监控机制显得尤为重要。就事前监督而言,主要是建立健全并公开公用事业政府监管行政监督程序,行政监督是一种合法性和权威性的监督行为,实现监督程序的公开性可以让政府监管主体更好获取各种行政监督信息,以便更好地接受监督主体的监督,因而,公用事业政府监管行政监督之前,要有公共行政监督适用的法律法规,要公开行政监督的权力、职责和手段与方式,公开政府监管相对人申诉、举报的条件、权限程序等;就事中监督程序而言,主要是如何规范行政监督的整个流程,以实现监督过程的公开透明,要实行监督过程的信息公开,不但可以让其他政府监管的监督体熟悉被监督对象的行政行为是否合法或合理,还可以

---

[1] 杨建淮:《完善我国行政监督体制的路径选择》,《珠海市行政学院学报》2010年第2期。

[2] 陈奇星:《中国公共行政监督机制现状分析与对策思考》,《国家行政学院学报》2003年第3期。

了解直接实施行政监督的监督主体在监督过程中的是否客观公正[①];对于事后监督,主要是对政府在公用事业监管过程中出现的违法、违规的监管行为进行制止、纠正,并能追究监管责任主体的相关责任,并公开监督结果。事后监督是一种补救性的监督方式,一方面,可以对违法、违规的政府监管主体进行惩戒;另一方面,可以更好地维护公用事业监管的公共性和人民权利的本质。

拓宽监督方式,对公用事业政府监管进行多元行政监督。从理论层面来讲,我国行政监督渠道形式多样,但在实践层面上,真正发挥监督功效的监督渠道并不多[②],因此,需要从多个方面来拓宽和夯实公用事业监管的行政监督方式。从监督方向看,监督包括有行政隶属关系的纵向监督、同级行政部门之间的横向监督和监督者和被监督之间双向监督。纵向、横向和双向监督的相互配合是行政监督有效性的重要条件。因此,公用事业政府监管行政监督不仅要加强上级公用事业监管部门对下级公用事业监管部门的监督,包括采取例行检查、政绩考核、行政指导等方式分别对下级公用事业监管部门开展监督,还要重视同级其他部门对公共事业监管部门的制约和监督,如来自财政、发展规划、物价部门的等的制约和监督,更要重视公共事业监管对象对监管部门的监督,包括及时处理监管申请的行政复议和行政诉讼。从监督工作方式来看,行政监督的方式包括观察、检查、评价、督促和纠正[③],这些工作方式的创新和改善是实现公共用事业监管的有效行政监督的保障。因而,公共事业监管的行政监督可以通过观察了解监管部门的监管行为,是对监督对象的行为知情权的表现。检查是公共事业监管的行政监督具体的工作方式,通过检查,可以了解监管部门的情况,查明事实,发现问题。督促就是催促和指导,即公共事业监管的行政监督主体可以催促、指导监督对象依法、合理地进行监管,控制监督偏差。评价就是分析、研究和评判,公共事业监管的行政监督主体可以通过对监管部门监管过程的问题进行分析、研究得出结论。纠正就是公共事业监管的行政监督主体对监管部门的问题通过法定的方式和程序予以纠正。只有这些方式的灵活运用才可以保障公共用事业监管的行政监督的有效性。

---

① 曾保根:《行政监督模式的现状与制度创新》,《党政论坛》2014年第10期。
② 同上。
③ 王臻荣:《行政监督概论》,高等教育出版社2009年版,第4页。

四 监督能力的综合性和现代化

城市公用事业政府监管监督机制创新的落脚点是提升监督能力的现代化。根据未来学家预测，现代社会越来越具有风险社会的特征。1986年，美国学者乌尔里希·贝克在《风险社会》一书中提出由于未来社会发展的复杂性和科学理性的有限性，社会发展的方式和结果之间并不具有确切的逻辑联系，不确定性将成为未来社会最基本的特征，这标志着一个风险社会的来临。他说：风险是"预测和控制人类行为未来后果的现代方式"，而这些后果是"彻底的现代化产生的意料之外的后果"，风险来自何方、何种因素都具有极大的不确定性。[1] 在当今的城市公用事业安全领域已充分暴露出这样的没有确切征兆的风险。比如，2013年6月7日和2014年7月5日分别发生在厦门和杭州的公交车纵火案，其起因仅仅是纵火人一时生活失意就产生报复社会心理。[2] 这类风险不仅令监管监督者难有防备，就是受害者也无从防范。风险社会理论的提出，对社会管理理念和方式的转型具有重要启示意义。因为，在此之前，社会应对危机的基本支撑是建立在理性信仰基础之上，对科学、精英以及由此形成的组织和决策存在过度依赖，政府决策和社会管理基本上由精英主导。但是，随着综合性风险肇因引致的一个又一个风险的出现未被理性的精英管理体系所预测、防控和治理，建立具有综合预防和处置风险能力的公用事业监管监督体系便呼之欲出。

2011年美国"9·11"事件十周年之际，美国开始启动瞄准未来风险防控与重建系统建设，其目标是使美国成为一个有安全和恢复力的国家。根据其设计理念，其安全与风险防范系统涉及阻止、保护、减缓、反应和恢复五大领域及31项核心能力。[3]

由于城市公用事业的每一个领域都涉及公众的生命安全和健康，确保公用事业服务有益公众的生命安全和身心健康是监管监督最基本的要务。当然，这里的安全是综合的，包括国家安全、工程建设安全和服务供给安全。而在城市公用事业领域发生风险的因素也是多元和综合的。因此，我国城市公用事业政府监管监督体系和能力建设也应从中汲取经验，把安全

---

[1] Ulrich Beck, *World Risk Society*. London: Polity Press, 1999, p.136.
[2] 石勇：《杭州公交纵火者为何诡异一笑？》，《凤凰评论》2014年7月8日。
[3] 容志：《从分散到整合：特大城市公共安全风险防控机制研究》，上海人民出版社2014年版，第181页。

监管监督放到更重要位置,把综合预防和处置能力建设放到更重要的位置(见图7-2)。

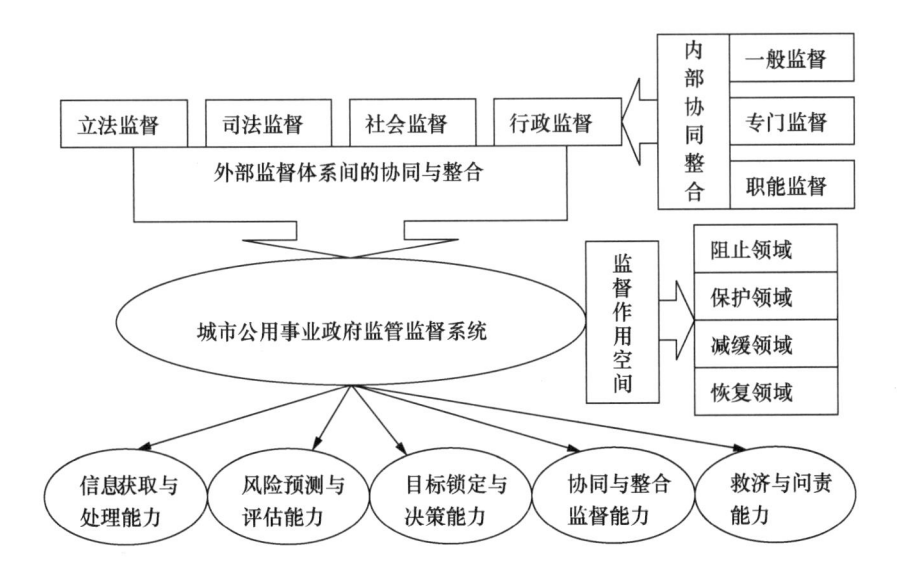

图7-2 我国城市公用事业政府监管监督体系和能力

第八章 城市公用事业政府监管社会监督现状与问题

我国城市公用事业正处于放松管制与重塑监管并存阶段。比较而言，政府监管改革滞后于公用事业市场化改革。政府监管源于市场失灵与政府失灵背景下的市场经济社会，是公用事业企业和消费者之间博弈的过程，是涉及行政制约和市场均衡的选择。一旦政府监管失灵，私人利益、社会利益与公共利益分配不均，不仅会造成资源配置的效率损失，更会损害公民和法人的合法权益，甚至可能引发政治合法性危机。因此，城市公用事业政府监管过程不仅需要来自政治体系内部的立法监督、司法监督、行政监督，更需要有全体公民、大众媒体、社会组织等社会力量的参与。

第一节 城市公用事业政府监管社会监督现状

一 城市公用事业政府监管社会监督主体

（一）监督政府监管的社会主体

1. 公民

在现代国家，"公民"是一个相对稳定的法律概念。国家通过法律（一般是宪法）确定其成员的公民身份，公民依法享有宪法和法律规定的权利，并承担宪法和法律规定的义务。所以公民是与国家相对应的概念。现代公民是作为个人被承认的，不依附于某一个集团，每一个公民都是独立平等的个体，公民成为每一个社会成员的身份标志，每个人都带着这个身份进入社会享受权利和承担义务，包括公民监督权。

现代国家以法律形式规定公民享有的权利，但并不是所有权利都能够表征"公民"，"公民"最重要的表征是"公民权"。《牛津法律大辞典》如此定义公民权："公民权或公民自由权虽然与个人权利或自由权部分吻合，但它们更多的是属于各种社会和公共利益方面的权利，而不仅仅是个人利益方面的权利。公民权和公民自由权可以看作是自由理想的法律产物。"[1] 监督权是一项重要的公民权利，有着明确的宪法依据，并受宪法和法律的保障。

公民作为城市公用事业政府监管的监督者，从政治和法律权利层面来说，是因为政府是公众的代理人，受公众的委托，代表公众对城市公用事业进行管理，公民理所当然要对政府实施监督，这既是权力主体对权力行使者的根本制约，也是纠正政府监管失灵的必然要求；从利益和服务质量保障层面来说，是由于公民是公用事业的直接消费者和公用事业成本的承担者，城市公用事业的供给质量直接关系公民的切身利益，只有保障公民对公用事业的监督权利，才能真正保障公用事业的公共性、安全性、便捷性和廉价性。

2. 社会团体与组织

所谓社会团体，是指按一定目标、为某种共同利益或共同交往的需要，依法登记、批准成立的社会性的群众组织，包括人民团体和群众自治组织以及各种专业性群众组织。1989年10月，中国政府重新颁布《社会团体登记管理条例》，将社会团体的范围规定为"各行各业"的"各种协会、学会、联合会、研究会、基金会、联谊会、商会等"。同时规定社团是一种"不得从事营利性活动"的"群众团体"。[2]

上述各种社团组织都不同程度联系某方面群众，并能在一定程度上代表和反映它们所代表的那部分群众的特殊利益和要求。可以说，它们是有组织的公民，因此能对国家制定、执行不同方面的法律和政策发挥积极有效的监督作用，也是政府管制的有效监督主体之一。

不过，作为公用事业政府监管的监督者，这里的社会团体主要是指非政府第三部门，比如"中介组织"、"志愿组织"、"非营利组织"等。这些团体也被学术界看作是构建市民社会的必要组成部分。从"政府—社会"关系来看，社会监督就是社会一方对政府的监督，如果没有组织的话，所谓社会监督只能是个人对政府的监督，其监督能力和效果是有限的。社会团体的监督可以在一定程度上弥补这一缺陷。但是一般的社会团

---

[1] ［英］戴维·M. 沃克：《牛津法律大辞典》，光明日报出版社1988年版，第164页。
[2] 吴丕、袁刚、孙广厦：《政治监督学》，北京大学出版社2007年版，第253页。

体，其成立并不是专门为了对国家机关进行监督，而是为了某种共同利益或目标。因此，要强化社会对公用事业政府监管的监督，必须建立专门的、职业性社会团体，它们应具备以下属性：专门的监督技术、能获取公用事业运行的相关信息、经费的取得不源于监督工作本身、持续的监督志趣。

3. 舆论机关

舆论是指经由大众传媒反映出来的公众对公共政策、公共生活和公众的意见体系。作为社会意识的特殊表现形式，反映一定阶级、阶层、社会集团的利益、愿望和要求，因而通常在具有一致利害关系的社会群体中容易形成共同舆论。在权力制约监督的各种手段中，舆论通过新闻媒体的广泛传播，以其辐射面宽、透明度高、时效性强、威慑力大的特点而居于重要地位，发挥重要作用。

在西方，舆论新闻很早就被称为是政府的"第四种权力"，成为一种很重要的政治力量和社会控制手段。新闻传媒作为舆论机关，运用舆论手段对社会及当权者进行监督。1974年，美国联邦最高法院大法官斯图尔特提出，宪法保障新闻自由的目的就是保障一个有组织的新闻媒体，使其能够成为政府三权之外的第四种权力，以监督政府，防止政府滥用权力，发挥制度性功能。[①] 而马克思在谈到报纸的批评和监督功能时指出，报刊作为一种社会舆论工具，在作者匿名的条件下，能够成为一种独立的舆论力量，这是一种不同于政府和议会的特殊的精神力量，能够对社会起到一定的制约和监督作用。

政府对城市公共事业的监督也必须接受舆论的监督，以防止腐败和监守自盗。媒体由于迅捷的信息传播速度、广泛的舆论监督范围，可以在政治变革发挥"通上下之情"的积极作用。舆论监督以往主要依赖传统舆论媒介，如报纸、杂志、广播、电视，通过一定的机械装置定期向社会公众发布、传递信息或获取信息，对城市公用事业运营中的违规、失效和不公行为进行揭发和评论。然而受时空的局限性、传播的单向性、形式的单一性、数量限制等条件束缚，传统媒体监督的时效性、敏感性、广泛性、发酵性越来越难以满足公众的诉求。网络媒体以其自身的传播优势弥补了传统媒体的不足，对传统媒体造成巨大冲击。1998年5月，联合国新闻

---

① 刘迪：《现代西方新闻法制概述》，中国法制出版社1998年版，第12页。

委员会将互联网确定为继报纸、广播、电视之后的"第四大媒体"。与其他媒体相比，网络在传递信息过程中具有快捷性、交互性、开放性、兼容性的特征，轻松归还了"人人有表达言论的自由"和"人人有寻求、接受与传播各种信息自由"的权利①，使舆论监督有了良好的互补、互动平台。因此，网络监督将成为监督政府在监管城市公用事业发展中的重要新生力量。

（二）监督政府监管的社会主体要求

监督是通过一定机制发挥作用的。机制是不同主体之间相互联系和相互作用的方式，表现为一种动态过程。监督的目的是促使城市公用事业真正以合规合法和合乎公众利益的方式经营，社会监督相对于立法监督、行政监督和司法监督而言，有其自身的优势，也有自身不易自控的地方。比如，不讲监督方式方法，专门挑刺；将个人或小团体利益伪装成公众诉求讨价还价，甚至要挟政府监管部门及公用事业部门，等等。因此，社会主体要真正发挥其限制和约束权力的功能，也需要满足特定的要求。② 这些本质要求包括：

1. 独立性

社会监督主体依法独立行使监督权，不受其他任何机关、组织和个人的非法干涉。这是社会监督的立身之本。这里的独立性有双重含义：一是监督作为一种外在的约束，不同于道德自律，它表现为主体对客体的限制和约束，客观要求监督主体具有超脱的利益关系，独立行使自己的职权，包括组织机构依法设置的独立性，制约监督依法实施的独立性。如果将监督主体的监督权力置于监督客体控制之下，那么监督主体就会蜕变为权力的附庸，监督就会失去应有的效力。③ 二是监督者要独立于自己的意志，因为就监督政府监管的公用事业而言，社会团体既是监督者，又是公用事业的消费者，监督者自身的利益往往涉事其中，社会团体如果不能很好厘清两者的界限，就很可能只是代表自己或小团体去监督，对自己利益感知深切的公用事业领域及其营运弊端用心监督；反之，则漠不关心、浅尝辄止。比如，一些小区业主对在自己小区附近建高架、修通信基站会不遗余力地指责政府相关监管部门，但对稍远数步的垃圾围城却可能熟视无睹。

---

① 郑保卫：《当代新闻理论》，新华出版社2003年版，第440页。
② 王寿林：《权力制约与监督研究》，中共中央党校出版社2007年版，第75页。
③ 同上。

这种"欢迎建垃圾焚烧场，但不要建在我家门口"的"邻避思维"式的监督不可能实现公用事业的正常发展。这样的社会监督就可能使公用事业发展的宗旨与大众利益渐行渐远。

2. 公开性

社会主体监督的公开性可以从监督形式和监督内容两方面理解。从内容上讲，就是想方设法依法公开政府监督城市公用事业的各项信息，使之广泛置于广大人民的关注之下。这里主要包括：一是监督政府政务公开，即监督制度、设置机构、分配权力、安排人事等事务是否向人民公开；二是监督政府人员公开，即那些接受人民委托监督城市公用事业的公职人员的监督活动是否向人民公开；三是监督政府决策公开，即政府在进行重大决策前，为保证在公众参与下做出科学抉择，对于决策的目标、各项可行性方案、成本收益的优劣比较是否向社会公开。社会监督各个主体应利用各自优势要求政府履行上述应公开的义务，并对不履行上述义务的城市公用事业政府监管方予以曝光。与此同时，疏通和拓宽下情上达和上情下达的渠道，保证公民能够准确表达自己的意志，社会团体能够充分反映群众的意见，新闻媒体能够及时传递民众的意愿，各方面的呼声能够顺利地反馈到政府机关中来。

另外，社会主体监督政府及其公用事业部门的过程也要公开公正。特别是社会利益分化的时代，一些监督主体既可能与政府监管部门、公用事业企业达成某种利益默契，通过媒体歌功颂德、掩盖积弊，比如一些出事的公用企业给网络、报纸"封口费"；也可能大搞"暗箱"监督，监督主体利用监督权和容易引起公众关注的信息发布渠道，主动要挟勒索政府监管部门和公用企业。比如，21世纪网对数百家上市公司的经济敲诈中，也涉及公用企业为其提供封口费，以求不做负面报道的案例。[①]

也就是说，社会监督主体在让舆论的阳光驱散政府监管权力恣意妄为阴霾的过程中，自身的监督行为同样要防止恣意妄为。要让自身的监督行为经得起社会的考问。

3. 对等性

赋予监督者以一定范围和强度的监督权，就应当同时赋予监督监管者以相应范围和强度的监督权力，使权力与责任相匹配，与约束相对等。监

---

① 《21世纪网涉嫌经济敲诈案今起调查》，《北京青年报》2014年9月13日。

督漏洞的存在很大程度上由于"权责不对称"。监督者处于被监督者单方面支配和控制下，没有被赋予监督者平等的地位和权力也不行。在城市公用事业政府监管监督关系上，社会团体作为监督者与政府监管机构的对等性表现在，一方面，前者有权依法对城市公用事业监管者的监管行为进行监督，也可以对公用事业部门的不良营运行为向政府监管者举报，要求监管者对公用事业部门行使监管作为，后者在监管城市公用事业的基础上自觉接受社会监督；另一方面，作为监督者的社会团体的监督权利和行为受法律约束，而政府监管机构及公用部门也有权依法保护其职权行使和合法权益。二者各司其职，各行其权，相互没有组织上的隶属关系。[①]

监管者不受监督的制约与监督权无限扩张和任意使用，同样都会使权力关系发生倾斜，甚至会降低效率，滋生腐败。因此，既要防止监管者对社会监督诉求不作为、小作为，牺牲公用事业消费者的利益；又要谨防一些打着监督旗号的"社会团体"，通过造谣、诽谤甚至寻衅滋事方式要挟、敲诈政府监管者和公用事业营运方。比如，2014年5月，杭州市为解决日益严峻的垃圾处理难题，计划拟在城市西部的余杭区中泰乡建造一座垃圾焚烧发电厂项目后，余杭中泰及附近地区人员规模性聚集，并以焚烧厂的建设所产生的烟尘，排放的二噁英等有害物质会影响周边的空气、水源和土壤等，并对周边居民的身体健康产生影响为由，封堵02省道和杭徽高速公路，一度造成交通中断，一些不法分子甚至趁机打砸、损坏车辆，围攻殴打执法民警和无辜群众。[②]

二 城市公用事业政府监管社会监督模式

社会监督模式可根据不同社会监督主体，分为不同的主体监督模式；根据监督主体与对象之间的关系，分为直接与间接模式；根据不同的监督方式，分为正式监督与非正式监督。

（一）主体监督模式

1. 公民监督模式

公民监督又称群众监督，是指公民个人基于宪法和法律所赋予的权利，对国家机关及其工作人员的工作进行的监督，这里专指对城市公用事业监管行为的监督。公民监督的主体可以是单个公民，也可以是组织起来

[①] 王寿林：《权力制约与监督研究》，中共中央党校出版社2007年版，第79页。
[②] 张乐、黄深钢、韦慧：《余杭：中泰垃圾焚烧厂项目群众不支持就不开工》，新华网，2014年5月13日。

的公民集体。① 公民监督是社会监督的一种重要形式，又是对国家行政权力监督的源泉和基础。

《宪法》第二条规定："中华人民共和国的一切权力属于人民。人民行使国家权力的机关是全国人民代表大会和地方各级人民代表大会。人民依照法律规定，通过各种途径和形式，管理国家事务，管理经济和文化事业，管理社会事务。"第三条规定："全国人民代表大会和地方各级人民代表大会都由民主选举产生，对人民负责，受人民监督。国家行政机关、审判机关、检察机关都由人民代表大会产生，对它负责，受它监督。"人民选举人民代表大会并对其进行监督，但不等于人民没有其他的监督途径，不能直接对国家机关进行监督。宪法规定人民可以依法通过各种途径对国家事务进行监督。

《宪法》第二十七条规定："一切国家机关和国家工作人员必须依靠人民的支持，经常保持同人民的密切联系，倾听人民的意见和建议，接受人民的监督。"《宪法》第四十一条规定："中华人民共和国公民对于任何国家机关和国家工作人员，有提出批评和建议的权利；对于任何国家机关和国家工作人员的违法失职行为，有向有关国家机关提出申诉、控告或者检举的权利。"这两条明确了公民对国家机关及其工作人员的监督权利，并且指出了公民监督的方式。②

具体在监督城市公用事业的政府监管者过程中，公民可以通过诉讼、举报、政府评价和选举投票等各种形式向政府监管不力者施压。如果引入社会组织和公民合作参与社会性管制事务，相关问题就会迎刃而解。比如，一个受到小区居民谴责的违规排污企业，在缺乏公民监督的政府独立监管模式下，该企业只要俘虏政府中某些人就可以放心排污，而在公民监督政府监管者模式引入后，政府监管者和违规企业要想把小区居民都搞定，除非把排污标准降到国家标准值以内或者提供令小区居民满意的经济补偿。而这两种方式恰恰是真正的公民监督发挥作用后，公用事业发展的本来目的。

2. 舆论监督模式

所谓舆论监督，也称新闻舆论监督，是指公民依据宪法和法律赋予的

---

① 吴丕、袁刚、孙广厦：《政治监督学》，北京大学出版社2007年版，第253页。
② 同上书，第252页。

权利和自由,通过报纸、杂志、广播、电视、网络等大众传播手段,对国家机关及其工作人员提出批评、建议、评价,或者对某些问题予以揭露。这些机关也称舆论媒体。①

舆论监督作为社会监督政府监管体系的重要组成部分,具有以下特点:

(1) 广泛性。舆论监督的广泛性表现在两个方面:一是主体广泛,涉及社会所有阶级、阶层、组织、集团及全体公民。二是客体广泛,包括社会政治、经济、文化生活的所有方面,一切有关公共利益的社会事务,都在舆论监督的对象之列。

(2) 公开性。舆论通过新闻媒体的广泛传播、公开表达才起到监督作用。它从一开始就公开如实地反映掌权者的真实情况,将监督内容、监督对象通过新闻媒体公之于众,"让舆论的阳光驱散权力恣意妄为的阴霾"②,在遏制权力滥用和权力腐败中发挥不可多得的作用。

(3) 及时性。通过媒体,群众对问题的反应是异常迅速的,往往一触即发,而且这种反应经过大众传媒这一环节,就能迅速地、直接地形成强有力的舆论监督。不同于其他监督的时滞效应,在制止错误发展方面,舆论监督往往快于其他监督形式。

(4) 威慑性。通过新闻媒体的广泛传播才能把舆论凝聚起来,造成一定的舆论声势,形成舆论压力并达到监督效果。通常,舆论监督总是以支持或反对、赞扬或谴责方式对监督客体行为做出公开评价。这种评价本身不具有法律效力,也没有强制性。然而它来自最天然的本源性权力,是一种社会的、公开的、道义的监督,可以对被监督者形成巨大的心理压力和政治压力,具有不同于其他监督方式的内在威慑力。

《中华人民共和国宪法》第三十五条规定:"中华人民共和国公民有言论、出版、集会、结社、游行、示威的自由。"第四十一条规定:"中华人民共和国公民对于任何国家机关和国家工作人员,有提出批评和建议的权利。"这一条赋予了公民重要的自由权利,成为舆论监督重要的法律基础。

3. 社团统一组织监督模式

社团统一组织的监督是社会中介机构的监督,包括会计师、资产评

---

① 吴丕、袁刚、孙广厦:《政治监督学》,北京大学出版社 2007 年版,第 256 页。
② 同上书,第 154 页。

估、律师事务所等，以及其他具有监督功能的中介机构。这些机构对公用事业运营予以监督，也应对人大和政府审计监督部门予以监督。"社会性组织作为政府和社会信息沟通、对话、合作的桥梁和纽带，可以有效地平衡协调政府和社会的关系，降低政府制度创新的成本、政策制定的风险、政策执行的成本"。①

在社会力量参与市政公用事业监督方面，天津、深圳等地做出有益尝试。比如，2005年深圳市颁发的《深圳市市政公用事业特许经营管理办法》第四条规定："设立公用事业监督委员会，委员会负责收集公众、特许经营者的意见，提出立法、监管等建议，代表公众对公用事业特许经营进行监督。"深圳市的这一举措为我国的社会力量有组织、制度化地监督公用事业政府监管工作提供了经验。但从目前各地公用事业公众监督委员会在市政公用事业改革或调整、公用事业运营企业的监督等事务的参与程度看，公用事业公众监督委员会的作用尚未明显发挥出来。"各地立法对该机构的职能规定也过于笼统，仅仅将公众监督委员会的职责定位于收集意见、提出建议、代表公众进行监督等简单的层面，很多条例或办法还侧重于强调公众监督委员会仅在关乎公共利益的事项时才可以提出意见和建议，忽略了公众监督委员会在公用事业特许经营日常运行中应履行的职责。"② 政府需要加大对公用事业监督委员会的扶持，充分发挥其在公用事业监管中的补充作用。

(二) 直接与间接模式

直接与间接相结合，是就制约监督主体与对象之间的关系而言。前者是公民以自己的权利直接制约监督掌权者，后者是公民将自己的权利集合为人民权力间接制约监督掌权者。直接制约监督与间接制约监督是同人民的直接参与和间接参与相适应的。直接监督指社会监督主体直接参与国家和社会事务的管理，监督城市公用事业政府监管者，包括通过批评、意见和建议影响政府监管决策，通过举报、申诉和控告监督政府监管者不当监管或不监管。间接监督是由监督主体选出自己的代表，组成社会监督组织，如前文提到的城市公用事业公众监督委员会，由他们行使对政府监管者的监督。

---

① 李长倬：《构建食品安全监管的第三种力量》，《生产力研究》2007年第15期。
② 安丽娜：《公用事业特许经营中的公众监督委员会制度研究》，《长春市委党校学报》2012年第2期。

在我国，人民是国家的主人，广大公民可以直接对国家机关及其工作人员开展监督和评议，也可称之为公民权利对公共权力的制约监督。公民权利对城市公用事业政府监管权力的制约监督意义重大。从监督主体看，2013年我国城镇化率为53.73%，以此计算全国有7.31亿人生活在城镇，他们直接享用城市公用事业部门提供的服务，他们分布在各行各业，居住在城镇的各个地方，他们对城市公用事业服务的质量、价格、便利性、均等性都有一杆秤，有激情也有能力为改善城市公用事业服务把脉、献策。从监督内容看，政府在市政公用事业中的监管决策、执行和奖惩等问题都应置于社会监督之下。社会监督的各个主体都可以通过协商对话、民主评议、信访举报、社会舆论等形式对城市公用事业政府监管行为进行监督。

由于群众监督力量分散，因而要使其产生应有效力，就必须组织起来，形成强大的合力。群众社会团体正是实现把群众监督凝聚起来、与专门监督联系起来的桥梁和纽带。充分发挥社会团体对政府机关的监督作用，通过参与政府决策的形成过程，积极反映广大群众的意愿和要求，以维护广大群众根本利益的基础之上；或是通过社会舆论，对公用事业监管机构工作人员的监管活动进行监督。以社会听证、协商对话、媒体讨论、决策咨询等形式，让社会团体的代表参与其中，充分反映各方面群众的意见和呼声，以增强决策的民意基础，增强监督的专门性、科学性和有效性。

在直接与间接相结合的监督形式中，社会舆论以其广泛性、公开性、及时性和威慑性特点而居于重要地位。舆论监督在本质上并不是新闻媒体的监督，而是人民群众通过新闻媒体对公用事业政府监管所进行的监督。人民群众的倾向性意见是通过新闻媒体工作反映出来的，但其实质内容来自人民群众。离开人民群众，正如鱼离开了水，新闻媒体就失去了力量的根基和源泉，就难以对权力形成有效的制约监督。①

（三）正式与非正式监督

社会监督主体行使监督权力的方式是多样化的。依照宪法、法律规定，公民及社会组织的监督权有两类，一类是具有法律形式和法律效力的正式监督，另一类是不具有正式法律形式和法律效力的非正式监督。

就城市公用事业政府监管监督而言，正式监督指公民享有对由它选举

---

① 王寿林：《权力制约与监督研究》，中共中央党校出版社2007年版，第84页。

的城市公用事业政府监管人员的监督罢免权，社会公众对市政公用事业特许经营享有知情权、建议权。比如，2004年颁布的《市政公用事业特许经营管理办法》第二十六条规定，"直辖市、市、县人民政府应当建立社会公众参与机制，保障公众能够对实施特许经营情况进行监督"。也就是说，公众依此向政府监管机构征询城市公用事业的相关信息，除涉密之外，均有义务正式答复。

非正式监督源于宪法保障的公民有批评、建议、申诉、控告、检举的权利。公民、社会组织、舆论媒体有权对政府监管机关工作人员提出批评和建议，对于城市公用事业政府监管领域的违法失职行为，有向有关国家机关提出申诉、控告或者检举的权利。但是，不得捏造或者歪曲事实进行诬告陷害。对于公民的申诉、控告或者检举，国家有关机关必须查清事实，负责处理。

正式监督和非正式监督仅对于社会监督者采用的方式有差别，并不意味着被监督方回应处理的义务有差别。为保障公民的批评、建议、申诉、控告、检举等非正式监督的实现，党和国家建立了一套信访机构，专门受理公民提出的有关方面的案件，根据《党政机关信访工作暂行条例（草案）》规定：人民群众通过来信来访向各级党委和政府提出建议、批评和揭发、控告、申诉，是宪法规定的公民权利，也是人民群众参与管理和监督国家工作，监督国家工作人员的一种方式，各级党委和政府要保障人民群众行使这项民主权利。除了设立专门的信访机构或配备信访专职干部，还可以召开咨询委员会，或公民听证会，以保证公民上述监管权利的行使。

三　城市公用事业政府监管社会监督的意义和功能

思考社会监督的地位和作用，回答的是为什么的问题。社会对政府进行监督是理所当然的。对此，以探讨这种监督的特点为切入点来说明其具有不可替代的作用。[1]

社会监督属于外部监督，是对行政内部监督的重要补充和制约，与立法监督、司法监督共同构筑我国公权力监督的完整体系。社会监督的主要目的是对城市公用事业监管过程中国家机关及其工作人员工作失误或官僚主义给予批评并要求改正，对国家机关工作人员违法乱纪行为予以揭露，

---

[1]　任铁缨：《关于社会监督的几点思考》，《中共天津市委党校学报》2009年第4期。

对某些错误的或不适当的行政行为予以指出并要求改正，对因行政行为受到的损害要求予以赔偿。[1] 作为一种体现人民当家做主的宪政制度，结合城市公用事业政府监管的实际情况，社会监督主要功能可概括为以下四个方面。

1. 对城市公用事业政府监管权力正常运行的保障和导向功能

公民和社会组织依法享有监督国家机关及其工作人员的权利，这是由政权的人民性和政治的民主性决定的。城市公用事业与公众利益的广泛、紧密关联性，使得公民和社会组织对城市公用事业发展格外关切，他们希望从城市公用事业发展中受益的心情和由于这个行业的失策而遭遇利益受损的担忧并存，这也使他们拥有监督政府监管者的积极性和主动性。一方面，权力所有者与行使者一定程度上的分离，决定了公民必须对委托出去的权力以及行使这些权力的"公仆"实施监督；另一方面，公民与政府监管机构之间的授权委托关系，又使公民监督政府监管者成为可能。根据我国《市政公用事业特许经营管理办法》，各级城市公用事业的政府监管机构应该对该领域的发展进行决策布局。其监管工作"应当遵循公开、公平、公正和公共利益优先的原则；应当坚持合理布局，有效配置资源的原则"。[2] 但是，一个地方的城市公用事业到底应优先发展什么领域？城市公用事业服务的公开、公平、公正性由谁评判？其布局是否合理？资源配置是否有效？既不能由公用企业自说自话，也不能由政府监管者一家认定。说到底，都应该由公用事业的真正消费者——公众和社会组织来评判。

实践证明，任何系统仅仅依靠自律都是难以持久维护有效运作的，城市公用事业政府监管机构亦不例外。只有让权力的主人对委托出去的权力实行有效的制约，才能保证公共权力行使的正确方向。这个过程需要广大人民以自己的意志来参与，监督就是人民参与的法定方式。公民和社会组织依法监督城市公用事业政府监管者的行为，其目的并不是消极地限制政府相关部门的监管权，妨碍政府监管权的正常行使，而是及时广泛地反映监督对象的情况，为政府的监管行为把脉、提出问题，并站在客观公正的立场对政府的监管工作进行评议，保证它在预定的轨道上健康运行，实现既定的目标。

---

[1] 吴丕、袁刚、孙广厦：《政治监督学》，北京大学出版社2007年版，第253页。
[2] 原国家建设部：《市政公用事业特许经营管理办法》第五、六条。

2. 对城市公用事业政府监管失灵的防范和矫正功能

"赋予治理国家的人以巨大的权力是必要的，但是也是危险的。"[①] 权力是一把"双刃剑"，它不仅代表着责任和义务，同时也意味着个人的权力和地位。因此，公共权力在行使过程中，既可以成为为人民服务的工具，又可能成为少数人谋取私利的手段。由于权力的所有者与权力的直接行使者有时并不完全一致，公共权力在被使用过程中，往往会出现违背社会公众利益、偏离正常运行轨道的现象，这就是通常所说的"监管错位"、"监管缺位"和"监管越位"问题。当公用企事业受到公众投诉时，相关政府监管部门监管不作为，听之令之，是为"监管缺位"；当公用企事业出现违规时，相关政府监管部门不但不责令公用企事业整改，反而为之粉饰，是为"监管错位"；当公用企事业整合资源寻求跨区域发展时，相关政府监管部门囿于地方利益、部门利益设置障碍，是为"监管越位"。这些监管领域发生的问题，不仅会损害政府监管者的形象，造成公用企事业失效、公共资源的浪费，而且会损害社会公众的合法权益。比如，我国《市政公用事业特许经营管理办法》规定政府监管机构的主要监管职能是监督公用事业服务价格、质量、安全、合法和接受处理投诉等，这些职能的每一项离开公众的监督都难以有效实施。什么服务价格合适？作为公用事业直接消费者的公众最有发言权。质量是否可靠、安全？不能仅仅依靠监管部门出台的几条标准，也需要接受社会公众的感受和检验。公用事业服务部门对公众投诉的问题是否认真整改了，也不能仅仅看监管部门的一纸认定。

为了防止和减少监管者与公用事业服务企业之间的不良互动，就必须建立和完善政府监管的社会监督机制，通过各种具体而有效的监控手段，防止政府监管人员滥用手中掌握的权力。一旦发现政府监管权力偏离预定的运行轨道，就迅速做出反应，并按预定程序及时进行矫正和调整。

3. 对城市公用事业政府监管者的惩戒和教育功能

社会监督如果仅仅是发现各种形式的政府监管问题还不够，它还需要有一种警示和惩戒政府监管违规者的能力。只有这样，才能真正发挥监督效力。这种警示和惩戒除了国家专门赋予公民和社会组织享有对政府相关机构在监管公用事业过程中的违法或不当行为所带来的后果使其承担相应

[①] 詹姆斯·M. 伯恩斯：《美国式民主》，中国社会科学出版社1993年版，第189页。

的责任的权利，更包括社会监督者可以充分利用各种形式，比如报纸、网络、学会、协会、小说、论坛等，报道、评论刻画政府监管机构的各种监管瑕疵及其与公用事业不当关联，使政府监管者和公用事业提供者都受到社会的谴责。同时，各级政府也可以通过吸收社会公众参与政府绩效考评的方式，让公用事业的政府监管机构接受社会监督者的考问。对社会评估为不满意的政府监管机构负责人给予相应的纪律、行政处分。这样多管齐下，不断强化政府监管机构及其工作人员时刻警醒什么必须做、什么可以做，什么不能做，更加谨慎地用好手中的监管权力，为社会公众把好公用事业发展关。

杭州市以民众评估促行政问责、落实政府监管责任的经验值得推广。公众对政府机关绩效进行评估是社会对政府工作行使监督权的有效形式，为使民众评估不流于形式，真正发挥对政府职能部门的监督、引导、约束和鞭策作用。杭州市成立专门的考评工作领导和工作机构，以立法的形式确立绩效评估的地位，保证绩效评估成为公共部门公共管理的基本环节，以促进公共部门努力提高绩效；从法律上确立绩效评估的权威性，确立绩效评估机构的独立地位，独立对政府机构进行绩效评估，并向政府和公众宣布评估结果；要求各政府部门的自我评估材料要在杭州考评网上公布，接受市民一个月的监督（包括答疑、举报、批评），一个月过后，才开始进行社会评价和领导评估。杭州市的经验是评估结果悉数公布，对绩效差、长期落后的单位负责人实行问责制。杭州市根据各部门的职能特征，将直接服务于社会的机构纳入综合考评系列，接受目标考核、领导评估和社会评价。考核内容与社会公众生产生活紧密相关，以城市管理委员会考核为例，其考核内容细到路灯损坏—维修的响应时间是否让报修民众满意，考核结果统一公布在杭州考评网上，市民可以在网上查阅各单位的各项考核分数和排名情况。为形成追求卓越的工作氛围，促使各参评单位重视绩效考核的结果，并结合结果寻找工作差距，改变工作局面，杭州市实行末位红灯制。也就是说，不管哪个部门得到多高的评价分，只要它处于评价的末位，都要受到警示，包括两种情况：一是已达标的末位；二是未达标的末位。对前一种情况，该部门将受到扣除全年绩效奖的训诫；对后一种情况，除了扣除全年绩效奖外，还将追究党政一把手的管理责任，评估当年不得晋升职务和工资，如果连续两年出现这种情况，党政"一把手"将受到撤职处分。

4. 有利于预防和打击城市公用事业政府监管领域的违法犯罪

我国《市政公用事业特许经营管理办法》规定，"社会公众对市政公用事业特许经营享有知情权、建议权"。知情权是预防和打击违法犯罪的重要手段，"阳光是最好的防腐剂"，根据公民享有知情权，政府的相关监管信息必须通过法定的渠道公开，公众就可以根据公开信息核实公用企事业部门提供的服务是否存在欺诈、以次充好等行为，政府监管是否从中谋利。比如城市道路绿化、路灯等设施的建设，天天在社会公众的眼皮下进行，只要信息公开，社会公众是很容易发现其中的问题的。社会监督可以避免"暗箱操作"，并为相关违法违纪问题的查处提供线索，有利于最大限度地防止和打击腐败的发生。

批评建议权也是预防违法犯罪的重要手段。违法犯罪行为的发生往往有一个由量变到质变的过程，往往是由一些小错误、小缺点发展而来的。城市公用事业政府监管中的违法违纪问题也是如此。从一棵小树苗的移植、一条道路建设的用料、一辆公交车上的座椅都可以发现问题出现的蛛丝马迹。让公众充分享有批评建议，可以让这些问题在出现的第一时间就被揭发出来，给相关政府监管机构以警示，防微杜渐。杭州市原副市长许迈永案就是因为西溪湿地等市政建设和对杭州地铁集团有限公司安全生产管理监督不力引发的。事实上，一些市政绿化项目的投入是否有水分、有多大的水分？普通民众一眼就可以看出，但如果他们的批评建议权不能得到有效保障，就可能听任这些问题越发严重。

第二节 城市公用事业政府监管社会监督的发展与变迁

制约监督的主要手段是民主与法治，而发展民主政治、建设法治国家又与改革政治体制紧密相连，这就决定了我国监督机制建设既是发展民主政治、建设法治国家过程，也是改革政治体制、提升政治文明的过程。换言之，社会监督不是一个独立形态，它的发展和完善总是寓于我国民主政治发展、法治国家建设、政治体制改革、政治文明提升的过程之中。

新中国成立后，在城市公用事业政府监管领域实行公民监督方面进行了艰难探索和不懈努力，并走过了一段曲折的历程，大体可分为以下几个阶段。①

一　全面规制阶段，社会监督缓慢发展

1949年10月中华人民共和国成立到1957年6月反"右"派斗争开始，先后制定了《中国人民政治协商会议共同纲领》和1954年《宪法》，对公民监督权加以确认和保障，使其在防止和减少行政不作为、乱作为方面发挥了积极的作用。

1949年9月29日通过的《中国人民政治协商会议共同纲领》在"政权机关"一章中明确规定："中华人民共和国的国家政权属于人民，人民行使国家政权的机关为各级人民代表大会和各级人民政府；人民代表大会向人民负责并报告工作，人民政府委员会向人民代表大会负责并报告工作；人民和人民团体有权向人民监察机关或人民司法机关控告任何国家机关和任何公务人员的违法失职行为。"1954年《宪法》进一步明确规定："一切国家机关必须依靠人民群众，经常保持同群众的密切联系，倾听群众的意见，接受群众的监督。""中华人民共和国公民对于任何违法失职的国家机关工作人员，有向各级国家机关提出书面控告或者口头控告的权利。由于国家机关工作人员侵犯公民权利而受到损失的人，有取得赔偿的权利。"

1957年6月反"右"派斗争开始到1978年12月党的十一届三中全会召开，是公民监督权利的扭曲阶段。如果以1966年5月"文化大革命"开始为界，可以将这个阶段进一步划分为前后两个时期：前期公民监督因反右斗争扩大化而被虚设；后期公民监督因法制的严重破坏而一度异化。

这一阶段，我国的公民监督正处于初步确立和缓慢发展阶段。城市公用事业处于计划经济体制下的政府直接管理中，公用事业完全国有，政府作为生产所有者的代表，直接规划、组织、经营、监督公用事业企业的生产和发展。公用事业与政府之间在管理上是婆媳关系，但在利益上实际上是一家人。公用事业企业提供什么服务、提供多少服务，都按政府主管部门的计划进行，在这种政企不分、政事不分的体制下，政府监管者与公用事业供应方完全一体化，加之受当时信息公开的社会环境和条件的限制，

---

① 陈党、顾赵丽：《建国60年来公民监督权实现路径的探索与启示》，《长春市委党校学报》2010年第2期。

公众对政府的决策行为和国有企业的生产过程缺乏必要的了解。因此，尽管我国公民的监督权利受到宪法保障，公民实际上不仅不能对公用事业政府监管施加有力的监督，反而在政府主管部门和公用事业部门引导下被动接受相关公共服务。

二 逐步开放规制阶段，社会监督恢复发展

1978年以后，随着经济体制改革的逐步深入和城镇化的快速发展，单纯依靠政府投资已经无法满足民众对公用事业服务的需要。因此，吸引社会资金、市场化改革和重塑规制成为这一时期城市公用事业改革的重点。党的十一届三中全会后，公用事业垄断经营格局逐渐被打破，公用事业的价格管制有所松动，在政府定价方面，引入了价格决策听证制度。公民开始逐步参与政府决策和对公用事业政府规制的监督，公民权利保障体系也得到进一步完善和健全。公民监督与国家机关的监督、舆论监督相结合，威力和效能得以发挥。

党的十四大报告中明确指出，要"重视传播媒介的舆论监督，逐步完善监督机制，使各级国家机关及其工作人员置于有效的监督之下"。特别是1993年11月《中共中央关于建立社会主义市场经济体制若干问题的决定》第一次确立了社会监督在社会主义民主政治建设中的地位和作用，"要发挥法律监督、组织监督、群众监督、舆论监督的作用"，以"建立社会主义监督机制和建立有效的权力制约机制"。以此为开端，我国群众监督和舆论监督逐渐对城市公用事业政府监管行为产生引导、评价和揭丑功能。

此后，每届党代表大会报告都提出社会监督在整个监督体系建设中的重要作用，尤其是结合信息化的时代特征突出强调了新闻监督的地位，这意味着人民群众是监督的主体，社会监督是人民群众行使民主权利的重要形式。

为落实各种社会监督主体的监督权利，城市公用事业政府监管的中央和地方政府机构纷纷采取行动，制定部门规章、地方性法规和政府政策规定，支持和鼓励社会监督主体对城市公用事业政府监管者进行监督，同时，也可以直接对城市公用事业服务供应中存在的问题进行揭发、举报和投诉。比如，2004年建设部以129号部令的形式，发布《市政公用事业特许经营管理办法》，其中第二十六条明确规定："社会公众对市政公用事业特许经营享有知情权、建议权。直辖市、市、县人民政府应当建立社

会公众参与机制,保障公众能够对实施特许经营情况进行监督。"据此,地方各级政府先后颁布了各自的相关办法,不少城市建立了市政公用事业公众监督委员会,比如,天津、深圳等地的公众监督委员会由市政府设立,代表公众对市政公用事业特许经营活动进行监督。委员会成员中非政府部门专家和公众代表不得少于2/3。委员会具有监督和质询权,可以通过听证会、座谈会、问卷调查等方式收集公众意见,提出立法、监管等建议;对公用事业特许经营中关系公共利益的事项,有权提出意见和建议。[①]

伴随言论自由和新闻自由而来的政治体制改革新趋势是政务公开。政务公开是现代民主政治发展的必然要求,也是公民监督得以实现的重要前提。党的十一届三中全会以后,我国在实行政务公开、扩大基层民主方面做了大量工作,旨在将各级党和国家机关的活动置于人民群众的监督之下。党的十七大报告强调指出:"要健全民主制度,丰富民主形式,拓宽民主渠道,依法实行民主选举、民主决策、民主管理、民主监督,保障人民的知情权、参与权、表达权、监督权。""加强民主监督,发挥好舆论监督作用,增强监督合力和实效"。

党的十八届三中全会描绘了我国国家治理体系和治理能力现代化的宏伟蓝图。全会通过的《中共中央关于全面深化改革若干重大问题的决定》(以下简称《决定》)明确提出,改善监管和加强监督"两手并进"促进公用事业改革的思路。《决定》指出:"改革市场监管体系,实行统一的市场监管,清理和废除妨碍全国统一市场和公平竞争的各种规定和做法,严禁和惩处各类违法实行优惠政策行为,反对地方保护,反对垄断和不正当竞争。建立健全社会征信体系,褒扬诚信,惩戒失信。积极推进水、石油、天然气、电力、交通、电信等领域价格改革,放开竞争性环节价格。政府定价范围主要限定在重要公用事业、公益性服务、网络型自然垄断环节,提高透明度,接受社会监督"。这是社会监督公用事业改革发展第一次写入党的改革决定。

2014年10月党的十八届四中全会通过《中共中央关于全面推进依法治国若干重大问题的决定》,确立了全面推进依法治国的总目标、总任务,提出要"完善人民监督员制度"、"增强全民法治观念,推进法治社

[①] 李明超、章志远:《公用事业特许经营监管机构模式研究》,《学习论坛》2011年第3期。

会建设"的目标,也为加强和改进城市公用事业政府监管社会监督指明了方向。

第三节 城市公用事业政府监管社会监督存在的问题

由于经济、政治、文化和法制等方面的原因,我国在一些地方社会监督流于形式。对城市公用事业的监管因缺乏有效的组织形式,多停留在自发、分散的状态,往往难以落到实处,导致监督效果不佳。具体表现在以下几个方面:

一 主观层面:不监督

社会监督的质量与公民监督意识密切相关。作为一种社会意识,公民监督意识的形成有复杂的现实基础和深刻的社会根源。与其他社会意识相比,监督意识有其特定的内涵和反映对象,其实质是对现实政治生活的心理反应,是公民在政治社会化过程中形成的一种心理倾向和心理定式。社会监督不仅是为了维护自身利益,也包括社会利益。监督作为一种实践活动,其根本动因是公民维护自身利益或社会利益使然,利益是监督意识的本源。离开这一本源,任何监督意识都无从解释。正如恩格斯所言:"'思想'一旦离开利益就一定会使自己出丑。"[1] 因而,公民对城市公用事业政府监管的监督意识积极与否在根本上取决于监督活动能否使政府的监管更好满足公民的利益需求。

监督意识包括两个方面:一是作为监督者的公民积极参与监督的意识;二是作为被监督者的国家机关工作人员自觉接受监督的意识。[2] 这两种督意识的形成和强化都必须建立在一定的科学文化素质和完备的民主法律制度基础上。当前,我国正处于社会主义的初级阶段,这两种意识都还比较淡薄,直接影响了对城市公用事业政府监管的有效监督。

(一) 不愿监督

随着我国社会主义建设步伐的快速推进,公民政治参与的数量较以往

---

[1] 《马克思恩格斯全集》第2卷,人民出版社1972年版,第103页。
[2] 陈党:《社会监督的功能及其实现途径探讨》,《政治与法律》2008年第7期。

有了显著的进步,然而部分公民在监督城市公用事业政府监管的行为中仍存在着被动服从心理,缺乏责任心,表现为在监督、上访等具体的政治参与活动中"漠视"、"与己无关"、"从众"等不愿监督的心理倾向。究其原因有:

一方面,许多公民缺乏对自身主体地位的自觉认识。不少国家机关工作人员和社会成员对政府权力来源的认识是模糊的,一些社会公众还有浓厚的"小我意识"、"臣民意识",以所谓"不在其位不谋其政"自居,受"明哲保身"处世哲学的影响,对于与自己利益无关的事情,往往"事不关己,高高挂起"。只要政府没有直接侵犯到自身权益,就不愿"多管闲事",更别提监督政府的监管行为;而一些国家机关工作人员在思想观念上缺乏对公民主体地位的肯定和尊重,"民可使由之,不可使知之"、"权力本位"、"官本位"的思想根深蒂固,认为权力至上,漠视公民权利,逃避监督。

另一方面,缺乏平等意识。在多数情况下,公民若是有了政治要求或利益受损,不大会求助法律而是更倾向于"找关系"或忍让了事,很少通过监督手段表达诉求或维权。不少人仍停留在传统的官管民的理念中,没有意识到公民手中的监督权可以制约政府监管权,可以促使政府的监管活动按照社会公众的意愿展开。

比如,不少地方如要开通使用燃气用户都要交纳一笔不菲的所谓"初装费",说白了就是买煤气的还要连带分摊卖煤气的铺设管道的费用,这无异于去餐馆吃饭除了支付饭菜钱,还要另外分摊餐馆老板购置桌椅板凳的费用。显然,对于后者用餐人会奋起与老板理论、向政府部门投诉。而对于前者只能乖乖就范。一则燃气服务只此一家别无分店,二则他们有所谓的政府收费批文。其实,民众之所以被迫交这笔"初装费",既有政府对公共服务投入不足的原因,也有政府监管不到位的原因。民众完全有理由有权利要求政府对燃气"初装费"作出说明或者举行听证。

(二)不敢监督

一方面,利益支配着人们的观念和行动。改革开放以来,随着市场经济体制的逐步确立及各种社会阶层的重新整合,人们收入差距逐步拉大,出现了利益不均衡现象。部分公民由于在市场体制下所得利益份额较少,故而对政治产生消极心理,难有主动积极参与的动力。另外,市场经济体制的确立,培育了公民主体意识的发展,他们逐步将"政治权威改善自己生存境遇的能力作为其给予支持的关键"。① 而当政治系统带来的实际效用与他们的心理期望有一定反差时，就逐步失去了政治参与的内在动力。公民政治参与动机的被动，使公民在实际政治参与时表现出从众、应付及依附等心理倾向，造成政治参与成效的偏低与"失真"。

另一方面，在利益分化的过程中，一些不法、违规违纪政府工作人员贪权淫政行为，造成政府公信力下降，社会监督效果不佳，监督行为人人身和利益受损。主要有：

（1）某些不法官员利用手中权力，贪污受贿、以权谋私，与服务企业合谋，致使一些公用事业服务领域问题丛生，经年不改，到了监不胜监的地步，使民众的监督难以发挥实效，不仅使国家和人民利益受到损害，也挫伤了广大公民的监督积极性。

（2）"官本位"意识泛滥，不仅对于社会监督中提出的一些整改问题不闻不问、不加整改，反而采取对立的说法对待监督者，轻者限制监督人对相关公共服务的享有权益，重者对监督人打击报复，使公民对社会监督系统失去信心，表现在实际参与时出现主人翁意识薄弱、不负责任及逆反等不良现象，从而影响公民政治参与的有序与健康。②

（三）不懂监督

一方面，采取不合理的监督方式。公民监督意识与公民的文化素质和法律素质密切相关。我国人口众多，公民素质参差不齐，部分公民缺乏基本文化素养与法律常识，不知道什么是监督，也不知道享有哪些监督权利，更对国家现行监督体制缺乏基本认识，权利观念淡薄。

这既缘于小农意识和传统人治体制的侵蚀，又受市场经济体制这一时代背景的影响，我国一些公民在政治参与时，不是以一种连贯性的理性思维考虑国家政策，而是以一种以个人意愿为核心，以人情、亲情、功利等为主要内容的非理性思维做决定。当个体功利思维逐渐占据上风，这些公民在监督过程中，往往突出"自我"，以个人利益、小团体利益或地方利益为核心，集体利益、国家利益及长远利益抛在一边，从而造成各种利益难以协调的局面，矛盾由此也会日益显现。公民政治道德水平不高，使公民在实际政治参与中出现非理性行为，"唯亲"、"唯友"，违背公平正义

---

① 孙关宏、雨春：《政治学》，复旦大学出版社2002年版，第215页。
② 张扬金：《和谐社会构建中的公民有序政治参与探析》，《党史文苑》2007年第1期。

原则，造成政治参与效果与有序政治参与初衷的巨大偏差。

另一方面，采取不合法的监督。当自身利益受到损害，部分公民会单枪匹马为个人的合法权益而同政府对抗，也有部分公民为了表示对政府行为的不满，会采取游行示威、门前静坐以及阻断交通等集体行动的方式，甚至以暴力的非制度化方式激烈抗争，乃至诱发群体性事件。这时候，公民采取的监督行为往往是不合适，甚至是不合法的。真正的监督是依法进行、有序开展的状态。如果仅仅为了监督而"不择手段"，那就可能造成社会秩序混乱，破坏社会稳定。

舆论监督利益化也有抬头趋势：一是将监督作为非法牟利手段，将舆论监督变成生财的工具，以利益交换操守和良知，采取负面报道的手段，利用媒体传播信息不对称特点，迫使公用企事业单位交钱了事，得到某些媒体不作负面报道的承诺；二是为扩大影响，刺激销量，夸大一些所谓的热点事件或爆炸性新闻，要挟政府监管部门和公用企业。

二 客观层面：难监督

在单向度的社会监督中，存在着力量或者话语权的不平衡问题。法国社会学家皮埃尔·布迪厄指出，话语"并非单纯的'能说'，更意味着有权利说，即有权利通过语言来运用自己的权力。"[1] 社会监督的力量主要通过话语权表达出来。公权力的行使和监督权的运用都包含着合法性权威的运用，而这必须依靠所掌握的语言媒介的力量。[2] 按照德国学者卢曼的观点，公权力本身就是一种交往媒介，"权力实施其传播效能，能够在面对其他可能性时影响行动或不行动的抉择。"[3] 由于话语权控制上的差别，在力量的对比上，代表公民权利的社会监督主体和公权力机关往往不是处于同一水准，社会监督所具有的特点也体现出自身的弱点。[4]

（一）社会监督权利虚化

改革开放以来，在国家引导和社会参政议政能力不断提高背景下，我国社会监督体系初步形成，并在国家政治生活中发挥了越来越重要的作

---

[1] 杨善华：《当代社会学理论》，北京大学出版社1999年版，第76页。
[2] 王方玉：《论单向度社会监督的不足与公民权利的合作实现》，《兰州学刊》2009年第5期。
[3] ［德］尼古拉斯·卢曼：《权力》，瞿铁鹏译，上海世纪出版集团2005年版，第10、14页。
[4] 汤唯、孙季萍：《法律监督论纲》，北京大学出版社2001年版，第445—446页。

用。但是，我国正处在转型期，政府还权社会要有一个较长的过程，社会权利的整合完善也在政府控制之下，甚至还有社会权利依附于政府权力。① 这就导致了社会监督权利的虚化。

1. 公民监督主体缺乏权威

监督主体的地位与监督客体平等，这是实施有效监督最基本的要求。② 监督权利对权力的监督实质上就是权力的制衡，权力制衡是约束权力的比较有效的方式。公民既是监督主体，又是权力主体，公民监督作为"社会主人"对"社会公仆"的监督，应该是最有权威、最有效的。而实际上不仅社会监督，即便是权力机构的监督在具体的、强大的行政权、司法权面前，也显得软弱无力。

公民监督是自下而上的非国家权力性质的监督，不具有国家权力的强制权能，监督的法律后果也不具强制性。虽然社会主体可以进行批评、建议、举报、申诉、控告等，但由于监督权的行使依赖政府监管机构的受理和司法机关的支持，社会监督者不能直接行使处理权、纠正权、惩罚权，无法直接依靠自身力量来救济被公权力侵害的公民权利，对被监督机关也不具有必须执行或强制执行的法律后果，监督结果大打折扣。

一些国家机关工作人员只对上级机关和有关领导负责，不愿意接受公民的监督。对于公民反映的问题推诿扯皮，使问题长期得不到解决，甚至大事化小，小事化无，打击报复监督者的事情时有发生。由于权力的主、客体错位，公民的监督权很难发挥监督政府监管者的权威。

2. 政府监管透明度较低

知情权是民众了解政府行为非涉密信息的基本权利。在社会监督过程中，政府负有一定的协助义务，公布它的监管行为信息，开放它所掌握的资料等。实行公开原则，最大限度地保障公民知情、获取政府监管城市公用事业情况的权利，是社会主义国家政权的人民性和政治的民主性所决定的，同时也是公民监督富有成效的基本前提和必要条件。这样公众才能根据其所了解的信息有的放矢地提出批评、建议，社会舆论才能进行全方位的报道和实事求是的评论，否则公民监督就只能是空话。政务公开的程度决定了知情权的实现程度，并直接反映出一个国家的政治参与和民主监督

---

① 战晓华：《建立健全社会监督机制研究》，《辽宁行政学院学报》2011年第12期。
② 陈党：《社会监督的功能及其实现途径探讨》，《政治与法律》2008年第7期。

水平。要使人们"议政"、"督政",首先要使人们"知政"。然而,在我国现实政治生活中,并未定期公开政府监督城市公用事业的情况。信息渠道的狭窄阻碍监督权有效实施。长期以来,基于"官本位"思想以及对"经济人"利益的推崇,掌权者往往垄断政务信息,政务信息是否公开以及公开多少被掌权者"钦定",以致公众监督缺乏充分的知情权。比如,随着我国城市化进程的快速推进,城市轨道交通(地铁)越来越发达,同时运营中的事故也越来越频繁发生,对城市轨道交通运输安全的监管始终是各大城市交通委员会监管的重中之重,而旅客运输服务质量则成为相对被忽视的领域。为了促进国民对监管机构履职活动的了解与支持,市政交通监管机构应当根据《政府信息公开条例》的要求,以适当方式公开其监管信息。然而,人们很难通过对相关机构的网站检索有关城市轨道交通运输服务质量的监管信息。而与之形成鲜明对比的是,在美国地面运输委员会官网上可以查询到自其1996年成立以来的所有年报及其相关监管信息。这种情况自然就给公民参与政治、实施监督造成了一定的困难,并不可避免地影响到公民监督效能的充分发挥。

(二)社会监督体系有待健全

1. 主体之间协调不足

公民监督与其他监督协调不足,是社会监督萎靡的重要原因。我国社会监督主体广泛,各主体可以在分工负责基础上相互配合、优势互补。可是,由于各种监督主体之间缺乏必要的沟通和协调,再加上职责权限不清,不仅没有形成"合力",还出现了一些不该出现的问题,如相互推诿扯皮、孤军奋战等。

第一,公民监督与国家监督协调不足,表现为公民监督与人大监督、行政监督脱节。

第二,公民监督与社会监督协调不足,社团监督成为闲置的"官衙",舆论监督发展缓慢,甚至遭到压制,这些在很大程度上阻碍了服务型政府的公民社会的公民监督权落实。公民监督因缺乏有效的组织形式,仍停留在自发、分散的状态,往往难以落到实处,作用甚微。上述问题的存在,不仅严重影响了公民监督的有效实施,也大大弱化了我国监督机制整体效能。

2. 社会力量不够强大

一方面,我国属于强政府弱社会模式,政府重职权、轻职责;社会重义务、轻权利。政府权力过于集中，对社会管制太多，社会组织不够发达，社会力量太弱，无法监督和制约政府监管行为。改革开放以来，我国政府通过多种形式积极培育各种社会组织，已取得相当成效。但社会组织更多的是发挥在党和政府与人民群众之间的沟通信息的"纽带"作用，这导致社会组织的监督角色不明晰，其发挥监督功能的主动性严重不足，特别是对负面问题的批判性监督缺乏底气。

另一方面，各社会监督主体有各自的利益关注点，加之城市公用事业领域非常广泛，社会监督主体往往难以形成统一的行动，缺乏持续的监督意识，大大降低了社会监督的能量。

（三）社会监督制度有待完善

我国实施社会监督所必需的监督规范很不完善，缺乏规范化、系统化和制度化，与社会监督实践的要求不相适应。

1. 社会监督地位尚不明确

许多关于社会监督的法律规定还只是停留在政策保护的基础上，笼统地规定了监督主体及其权力，立法上往往很少规定它的具体权能、内容、范围、程度和方式，原则性比较强，缺乏明确的监督标准和具体的实施细则，尤其是关于公民监督的程序规定较少，难以操作。这是社会监督主体在话语权表达上的合法性弱势。因为监督政府而受到打击报复也会影响到公民监督的勇气和信心，很多民众为了规避监督风险而选择了沉默。舆论监督也由于缺乏《新闻法》、《新闻侵权责任法》等媒体生存和发展所依据的基本法律，使得新闻自由不能很好地实现。

2. 社会监督权威机制缺位

社会监督主要依靠举报、信访等途径进行，但作用微弱。首先，公民对政府机关的批评、建议等没有规范的途径和确定的效力，以至于不能对政府产生约束力。其次，社会监督缺乏必要的法律救济途径，公民虽然有权监督，但是否受理、能否奏效却要取决于监管机关工作人员的态度。有关政府监管机构的回应性还缺乏强制性规定或者相关规定执行得不够好。因此，社会组织在实施监督的过程中容易产生盲目性和随意性，同时也在一定程度上影响了公民监督的权威性和严肃性。

第九章 城市公用事业政府监管社会监督创新的机理与机制

公众是决策者、提供者和消费者三方互动结构中的重要一方,其所处位置决定其对于城市公用事业生产者和监管者的监督更直接和具体。政府必须保障公民能够充分显示自己对公用事业产品和服务的需求,并且监督其生产者、提供者和监管者。对监管者的监督,既要防止监管者滥用监管权,又应当促使监管者善用监管权。

一旦缺乏对监管者的监督与激励,拥有庞大权力的监管者就会出现监管效率低下、有失公允、寻租等市场失灵现象,甚至可能出于个人私利而甘愿被受监管者俘获而与之合谋。反之,如果能够在政治实践中确保公民权利的实现,最大限度发挥公民在城市公用事业管理中监督监管者的功能,将大大提高我国城市公用事业服务质量,优化城市公共资源配置,完善社会主义市场经济体制,乃至对约束政府行为、建立廉洁政府、推进社会主义民主政治建设都有着至关重要的意义。

第一节 城市公用事业政府监管社会监督创新的机理

一 社会监督是民主治理的内在要求

民主政治的存在和发展表明,谁也不能授权自己从事管理,因此,谁也不能享有不受监督的权力。[①] 波普尔指出:我们之所以认同民主,并不是因为大多数人总是正确的,而是因为民主传统是我们所知道的弊病最少的传统。[②] 民主政治内含着制约和规范机制、免疫和净化机制、参与和择

[①] 乔万尼·萨托利:《民主新论》,东方出版社1992年版,第214页。
[②] 卡尔·波普尔:《猜想与反驳:科学知识的增长》,上海译文出版社1986年版,第500页。

优机制、监督和纠错机制。建立健全权力制约监督机制是民主政治的本质规定和内在要求。对政府城市公用事业的监管也是如此。并非监督参与其中，就总能做出正确的安排。而是说，城市公用事业本身是事关众人切身利益的事业，监督监管者使城市公用事业按照众人的利益诉求运营是情理之中的。何况，在民主有效制约和严格监督面前，任何腐败都将无可乘之机和藏身之地。

改革开放不仅使中国的社会生产力获得了空前的解放和发展，而且也引发了社会结构的深刻变革，社会主义市场经济条件下公民社会崛起并对国家和政府治理提出一系列基本诉求。善治的本质特征就在于"它是政府与公民对公共生活的合作管理，是政治国家与公民社会的一种新颖关系，是两者的最佳状态。善治就是使公共利益最大化的社会管理过程；在一定意义上说，就是进一步法治化的进程。"[①] 其所内含的六大要素：合法性、透明性、法治、回应、责任和有效性，综合起来是权力制约。只有在国家政治生活中通过一系列的制度设计和程序安排，真正建立起畅通的管道，保障广大人民群众对国家和社会事务所享有的知情权、参与权、表达权和监督权能够落实到位，才能做到遏制"权力与权力、权力与资本联手做空权利"的现象。从某种意义上讲，限权政治构架的搭建是公民社会基本诉求满足的必然要求。只有在限权政治的构架下，才能够实现"以权力制约权力"。

公民权利首先表现为政治权利，政治权利是"根据宪法、法律的规定公民参与国家政治生活的权利"。公民权利的外延大于政治权利的外延，是指根据宪法、法律的规定公民享有参与公共社会生活的权利。参与国家政治生活是公民权利的首要内容。公共权力，首先表现为政治权力，是指在公共管理过程中，由政府官员及其相关部门掌握并行使的，用以处理公共事务、维护公共秩序、增进公共利益的权力。利益的内在矛盾特性决定了公共权力和公民权利关系应该按如下方式去处理：

（1）公共权力的来源和基础是公共利益，公共利益具有公共性和最高权威性，公共权力部门得到公民委托授权，代表公民行使公共权力，实现公共利益。公民权利是本源权力，神圣不可侵犯。因此，当公共利益与个人利益完全一致的时候，二者并行不悖。但是，一旦公共利益和个人利

---

① 俞可平主编：《治理与善治》，社会科学文献出版社2000年版，第8页。

益不相一致，相互冲突，公民权利就会受到代行公共利益的公共权力的威胁，这时候必须基于公共利益考虑。公权力具有天然的自我扩张性，如果扩张过度，便构成了对私权利的侵犯。

(2) 制约公共权力是保障公民权利的基本要求。英国资产阶级革命的代言人洛克在《政府论》开篇就直接宣称："政治就是为了规定和保护财产而制定法律的权利，判处死刑和一切较轻处分的权利，以及使用共同体的力量来执行这些法律和保卫国家不受外来侵害的权利；而这一切都只有为了公众福利。"[1] 由于城市公用事业政府监管的一举一动、不动少动，都关涉到公共利益关系的消长变化，因此，对政府监管的任何举动都必须有法律的规约，绝不允许它扩张到超出公众福利的需要之外。也不允许在社会期许和需要它的时候，它却缺位了。

(3) 监督权是公民民主权利的基本形式，分为批评、建议权，申诉、控告权和检举权三种基本类型。其中，批评、建议权和检举权带有对政府监督的性质，是社会及公民监督的重要方面。从现实情况来看，公民提出的批评建议不能够产生直接的法律效力，却能够促使政府监管部门依法行政、科学决策，制约监管权力运行中可能或已经出现的错误，同时也能够监督城市公用事业管理过程中政府违规违法监管问题。申诉、控告权带有对公民个人权益的救济性质，是救济性的权利，也是公民在遭受公用事业服务伤害时反映问题和自我保护的有效途径。

二 社会监督保障政府合法、有效监管

社会监督的成长是政府监管合法性的保障。权力拥有者与执行者的分离使政府接受监督成为必然。无论是权力分立的国家还是权力分工的国家，都存在权力（立法、决策、议事权）与执行（国家事务的具体实施）分离的情况。权力来自于人民，代表人民执行权力的政府必须接受人民的监督。各国都根据实际需要建立立法机关和对权力执行情况进行监督的系统。将政府的行为公开出来，迫使其对人们认为有问题的一切行为作出充分的说明和辩解；谴责那些该受责备的行为，并且如果组成政府的人员滥用职权，或者履行责任的方式同公民的舆论明显冲突，就将他们撤职，并任命其后继人。[2] 只有这样，政府的监管行为才更有合法性保障。

---

[1] 洛克：《政府论》下卷，商务印书馆1964年版，第80页。
[2] 约翰·密尔：《代议制政府》，商务印书馆1982年版，第80页。

社会权力是指社会主体以其所拥有的社会资源而产生的影响力和支配力。社会资源既包括物质资源和精神资源，也包括社会组织、社会群体和社会势力。这些社会资源可以形成某种影响社会、支配社会进而左右国家权力的强大力量。按照马克思主义的观点，国家与社会的关系可以分为三种状态：一是社会对国家的依附状态。国家权力控制着社会的各个方面，官员的行为缺乏来自社会的监督。二是社会对国家的独立状态。社会对国家权力有一定的制约和监督作用，能够在一定程度上抑制腐败现象的滋生和蔓延。三是社会对国家的制约状态。社会能够对国家权力形成较强的制约和监督作用，能够将腐败现象控制在一个较低的程度上。而决定社会能否有效制约国家权力的关键，在于社会拥有各种资源的多少。社会拥有各种资源越多，对国家权力的依附性就越小，对国家权力的制约性就越大。

正如国家权力归结为政治权力，经济权力也可以归结为社会权力，属于社会权力的核心部分。作为经济主体基于对经济资源的支配权而派生的对政治生活的影响力和对社会生活的调控力，经济权力对民主政治和权力制约监督机制建设产生着深刻影响。

政治学意义上的"合法性"（legitinacy），指的不是法学意义上的符合法律规范或法律原则（legality），而是政治上有效统治的必要基础，是治者与被治者之间的一种共认的理念。具体说，合法性是指民众对于现存政治秩序和政权的信任、支持和认同。政治合法性从实质上来看，就是根据社会主导价值体系的判断，由广大民众给以积极的社会支持与认同的政治统治的合理性和正当性，其内涵既包括政治统治能否以及怎样以社会大多数人认同的方式运行，也包括政治统治有效性的范围、基础与来源。政治合法性的程度与民众对执政者及其群体的信任程度和认同程度密切相关。

就政府对公用事业监管的合法性而言，包括形式合法性和实质性合法性的统一。所谓形式合法性是指政府监管的信息获取、监管主体、监管程序等合法；而关于监管的实质合法性，意味着政府监管产生的秩序被认可，即公民对现存政府监管城市公用事业的信任、支持和认可程度，政府引导城市公用事业发展的价值取向是否代表广大公民的利益，是否实现社会价值的公平分配，是否照顾到弱势群体的利益等。这无疑需要社会层面来确定，也就是需要采取对政府监管的社会监督来保障。

社会监督保障政府监管城市公用事业发展的合法性在内容上主要包括

三个方面：

（一）政府监管主体的合法性

一般来说，合法的政府监管主体是由宪法和法律规定的，或者是由国家权力机关或上级国家行政机关授权的。但仅此还不足以保证其监管主体的合法性。

按照马克斯·韦伯的经典组织理论，正当统治的合法权力存在三种情形：一是传统的权力；二是超凡的权力；三是法定的权力。很显然，在现代社会里，只有基于理性和法定的权力才能作为政府统治的正当性来源，它要求监管主体：

（1）功能有限，即受到明确和充分的约束，受到法律和民众广泛有效的监督，而不是一个全能性的监管。

（2）监管组织和行为民主。根据西方民主制的要求，政府应允许公民参与领导人的选举，如果人们不同意某项法律，他们就被告知可以通过发表意见和看法的方法，通过集会游行和请愿的方式，通过加入利益集团的方式，以及通过参与政党活动的方式，来改变这种法律。在我国，人民群众则可以通过各级人民代表大会的形式或者政府绩效评估等方式，表达民意，表达对监管机构的信任与否。

（3）执行有力，也就是说，在既定的宪法体制内，能引导和推动本地区社会快速均衡持续发展，以及有效地对全社会实施公共管理的能力。政府对人民群众要求回应的优劣情况，直接影响人们对政府治理的认可度，也决定着作为政府服务公众的城市公用事业监管行为的合法性的高低。

（二）监管程序的合法性

监管程序是指监管取得合法性的方式、顺序和步骤，它是规范政府监管行为的主要手段。监管程序的合法性要求政府监管行为必须按照法定方式和步骤来进行。如果没有程序的规范与制约，政府监管就有可能成为少数官员个人的盲目行为，使监管机构的意志凌驾于公众意志之上，影响监管内容的合法性。

在现代民主、法制社会条件下，政府监管的合法性主要集中在监管行为的形成、决定、实施过程是否符合法律法规的规定。程序之所以重要，是因为程序是规范政府监管行为的经常性的经过实践验证的现实有效的主要途径。没有程序作保证，政府监管极有可能变为少数人甚至是个人的决定，而监管者并非全知全能的神，其个人的理性、经验、学识都具有很大的狭隘性和局限性，加之作为公共权力的被委托主体很难抵挡权力的诱惑，这就有可能使监管不符合城市公用事业发展的客观规律，或者偏离最广大人民群众的利益需要。有了程序的规范性，就能将监管者的权力关进制度的笼子，防止为所欲为现象发生。正如孟德斯鸠所说："一切有权力的人使用权力一直到遇到界限的地方才休止。"[①] 那么，什么力量能如此广泛又不间歇地监督政府监管是否违背程序呢？当然只有社会监督。

（三）监管方向和内容的合法性

城市公用事业政府监管必须以公众的利益为其价值取向，从而赢得公众的认可和支持，这是监管内容具有合法性的必然要求。因为政府监管的效力来源于公共权力，监管政策在其制定和实施过程中要承担公共责任，所以监管的终极目标理应是实现公共利益。只有符合公共利益的监管，才具有实质的合法性。对城市公用事业政府监管的合法性还源自于这种监管反映大多数人的利益和对弱势群体利益的关怀。公用事业的受众是社会大众，其主要投入源于公共财政，其运营不主要以营利为目的，但仍然要按"用户付费"的原则收取运营成本。如何收费、收费标准多少才合适？服务质量能否保证？自然应反映广大公用事业的消费者的意见。特别是社会上还存在一些低收入阶层，公用事业收费即便很低他们也可能交不起，这就需要给他们提供特别减免政策。因为，公用事业对每个人的生活而言是不能选择和退出的。政府的监管是否符合上述要求，也需要社会加以监督。

政府对城市公用事业监管的根本目的就是让广大公众享有安全、优质、便捷同时又付费合理的公用事业服务。这一目的的实现程度实际上也是检验政府监管是否有效的根本标准。其中既涉及社会性管制的内容，比如公用事业的安全性、优质性；也包括积极性管制，比如公用事业的便捷性和付费问题。政府监管的有效性离开其中的哪一个都不完整。但两方面的有效性由谁评判最有权威呢？毫无疑问，只能是公用事业服务的广大受众，他们恰恰是社会监督的有机体。

当然，确保政府监管的有效性不能总等到公用事业服务提供后才来评估，才由社会监督组织向政府监管者提出改善要求。这样充其量只是"亡羊补牢"。最有力地确保政府监管的有效性源于社会监督组织从政府

[①] 孟德斯鸠：《论法的精神》，商务印书馆1982年版，第154页。

监管政策制定开始,一直到监管公用事业服务部门的整改都全程介入监督。

三 社会监督是对政府监管实行整体性监督的有机体

碎片化的监管和监督是传统控制系统失效的一个重要原因。城市公用事业的政府监管与监督体系中也存在这样明显的漏洞。比如,九龙治水而污水、废水、洪水泛滥更胜;安监、质监、环监各监一隅而各隅不保。其重要原因就在于监管监督的碎片化行动,缺乏整合式监管监督的思维、组织架构和行动方案。如前所述,城市公用事业是内容广泛、利益影响复杂、投入成本高企、管理维护细腻的领域,对所有生活在特定区域的人群来说,它是个不可分割的系统。也就是说,水、电、气、交通、电信、垃圾等城市公用事业服务本身是个完整的系统,离开其中哪一个,都会影响民众的生产生活。相应地,对这一领域的监管监督也应该是整体性的。

整体性监管自然源于整体性治理的相关原理与原则。所谓整体性治理理论是在对新公共管理理论进行批评的基础上建立起来的,开始于20世纪七八十年代的新公共管理运动虽然在提高政府行政效率,改革僵化的行政体制方面发挥了巨大的作用,但是也带来了一些负面的影响。新公共管理的核心思想之一就是在政府部门中引入"竞争",但是这种对竞争的过度强调和对效率以及产出的重视导致了政府间各部门以及各行政区政府之间的割裂,并由此引发了碎片化的问题。所谓的碎片化一般是指"在城市地区,由于政府职权的划分和政府管辖权限与边界的增值而产生的复杂状况",这样,"地方政府不仅在数量特征上表现为大量的碎片,而且这些政府在地域和功能上彼此交叉重叠",在"公共计划中缺乏协同"。[①] 所以,碎片化有两个层面的表现:一个层面是政府内部各部门之间的碎片化,另一个层面是由于行政区划导致的地方政府间的碎片化。

对于我国来说,虽然并没有像西方国家那样进行过大规模的新公共管理改革,但是行政的碎片化问题不但存在而且非常严重,有些西方学者认为中国政治体制最高层之下的权力是碎片化的。[②] 我国的中央政府将部分

[①] 罗思东:《美国地方政府体制的"碎片化"评析》,《经济与社会体制比较》2005年第4期。转引自刘超《地方公共危机治理碎片化的整理——"整体性治理"的视角》,《吉首大学学报》(社会科学版)2009年第3期,第78页。

[②] Lieberthal, Kenneth G. and David M. Lampton., *Bureaucracy, Politics and Decision - Making in Post - Mao China.* Berkeley: University of California Press, 1992, p. 49.

行政权力下放给地方政府，而各地方政府各自为政，只对自己行政区域内的事务负责，对其他行政区域内的任何事务进行干涉在原则上都是不允许的。地方政府更多的是与上级政府之间的联系，而与同级地方政府间的联系比较少。在计划经济体制下，各地方之间的协调由中央政府直接控制，并不需要地方政府自己去完成。从总体上来看，我国的行政体系在区域内是长期碎片化的。整体性治理理论的主要提出者佩里·希克斯认为，碎片化会带来一系列的问题，主要包括：政府部门之间互相转嫁问题和成本；建立互相冲突的项目；重复建设；目标冲突；缺乏沟通；需要回应时各自为政；公众无法获得恰当的服务；服务提供和干预的遗漏及差距。[1] 虽然希克斯是站在政府部门内部碎片化角度来看待这一问题，但很明显，地方政府部门之间的碎片化问题也带来了几乎同样的后果。

在城市公用事业政府监管领域就存在较为严重的碎片化问题。比如，管准入的，不管价格；管价格的，不管质量；管质量的，不管环保。而实际上，公用事业服务的价格、安全、质量、环保和服务供应商的市场准入资质存在紧密的关联，是一个整体。如果将它们分割在不同的部门监管，加之这些部门又没有很好的协同工作机制，就势必造成"东边没问题，西边出问题"的境况。2014年8月4日发生在江苏昆山的汽车轮毂生产车间的爆炸事件，就暴露出安监局和环保局存在监管冲突的问题，"按照环保局的要求，不要有噪声，粉尘是不允许对外排放的，这样会污染空气。但是安监局的要求是要企业保持空气流动，允许一部分粉尘对外流出，这样就使安监和环保执法造成了冲突。往往遇到这种情况，环保部门处罚力度较大，安监部门执法力度通常较小，企业自然就按照环保部门的要求执行，这就造成大量的粉尘积压的车间之内。这也是一个监管难题，制度上难以突破。"[2]

建立并强化社会监督实际上就是建设一个具有整体性功能的监督评价终端，因为，社会监督者本身就是公用事业的消费终端，他们接受公用事业服务时，既接受其价格，也接受其安全、质量，而不是分割的，加强社会监督有利于从整体性满意的高度检查督促政府对公用事业服务的监管，

---

[1] 详见 Perry, Dinna Leat, Kimberly Seltzer and Gerry Stoker, *Towards Holistic Governance: The New Reform Agenda*. New York: Palgrave, 2002, p. 37。

[2] 查道坤、黄晟：《昆山中荣遭遇安监环保监管冲突：谁处罚多听谁的》，《每日经济新闻》2014年8月5日。

有利于防止重视服务的质量而忽视价格,或者注重安全又忽视环保问题的发生。

第二节 国外城市公用事业政府监管社会监督的经验与启示

在长达数百年的发展历程中,西方近现代公民社会发展成熟,在实践中摸索出了一整套比较完整的经验和做法,通过宪法赋予公民参与政治生活的权利,并通过具体的制度设计使公民参与社会治理过程,实现对政府的监督与制约。尽管各国的具体情况千差万别,但是仍然能够归纳出一些共性的经验,通过研究西方国家社会监督城市公用事业政府监管的现状,对于保障公民政治权利,设计科学合理的社会监督模式,推进我国城市公用事业政府监管改革有一定的启示意义。

一 国外城市公用事业政府监管社会监督的实践与经验

(一)国外城市公用事业政府监管社会监督主体

1. 公民个体

以英国为例,1991年,梅杰政府相继发起了公民宪章、竞争求质量和政府现代化运动,逐步建立了以质量为本和顾客满意为评估标准的导向。公民宪章就是"要求人们站在公共服务接受者的角度来评判公共服务质量的优劣,并为公共服务的接受者提供一种程序和标准,以帮助他们直接参与公共服务的改进。"[①] 公民宪章运动主要是针对那些难以私营化的垄断性公共部门和公共服务行业,包括铁路、邮政、水电、城市公共交通、公共文化设施、公共安全等公共服务行业,其主要内容包括服务标准、礼貌服务、透明度、顾客选择、完善的监督机制和资金的价值六个方面内容。[②]

在梅杰政府的大力推动下,公民宪章在英国政府部门、公共服务部门和已经私有化的垄断性公共事业得到广泛应用。这些部门通过使用服务标准,其服务质量得到明显改进和提高。宪章运动实际上是一场公民参与城

---

① 范柏乃:《政府绩效评估理论与实务》,人民出版社2005年版,第105页。
② 同上书,第106页。

市公用事业政府监管的监督运动，它被学术界视为西方新公共管理运动中公共部门产出和绩效测量与评估工作的高峰，极大提升了英国公共服务和政府部门的服务质量，同时也为在公私部门伙伴关系奠定了坚实的基础。

据1996年的政府官员报告，公民宪章运动在提高公共服务质量和公民满意度方面的积极作用在国际上引起了巨大的反响，许多国家纷纷效仿。[1] 据统计，1996年全世界共有15个国家推动了与英国公民宪章运动类似的服务承诺制度。五年来很多国家的代表团到英国考察公民宪章制度的执行情况和效果，英国向48个国家提供了有关公民宪章运动的信息。[2]

1999年3月，布莱尔政府发表《政府现代化》白皮书，其核心是提高政府绩效。白皮书明确提出，公用事业部门应彻底开放和允许人们设计和提供满足公共需要的新观念、新关系。在白皮书中，布莱尔政府提出要在十年内打造一个更加侧重结果导向、顾客导向、合作与有效的信息时代政府，致力于解决公民最为担忧的问题。同时为了保证提供高质量服务，英国政府还采取了诸如公共服务协议和人民监督委员会等一系列具体的保障措施。

成立"人民监督委员会"，是公民宪章运动的继续。监督成员从公众中随机选取，这些人包括不同的年龄、不同的性别、来自不同的地区、有不同的宗教信仰等，他们的职责是代表公民对公共服务的供给和监管进行监督。

为了推动政策行动的合法化，鼓励公众积极参与，布莱尔政府还发起参与性改革。他们认为，公共部门提供的服务质量在某种程度上取决于工作过程中的合作程度，而不是取决于政府员工个人提供的服务，尤其是诸如教育、环境、城市建设等计划的制定，地方政府鼓励公民的直接参与。参与性改革有助于公民监督政府公共决策，有助于官僚化政府的改善。

布莱尔首相执政后推行第三条道路的理论，发表了《第三条道路：新世纪的新政治》一书，主张公共部门（政府）、私人部门（市场）、第三部门（社会）结成合作伙伴关系，用"政府、市场与社会组织等第三部门"的合作主义，解决社会公共产品的供给，并下发实施"灯塔地方政府计划"意见书。"灯塔"是一种荣誉称号，是由英国环境、运输和地

---

[1] 周志忍：《当代国外行政改革比较研究》，国家行政学院出版社1999年版，第134页。
[2] 范柏乃：《政府绩效评估理论与实务》，人民出版社2005年版，第105页。

方事务部颁发,为了表彰那些通过公众评审产生的提供最优质服务的地方政府。其成功经验通过事后的相互借鉴和推广,促进政府整体绩效的提高。1999年实施时确定了七个方面的主题,社区安全、教育、住房、规划现代化、现代化服务的提供、社会服务、可持续发展。2000年又增加了老年人问题、青少年问题、健康、地方环境质量等主题,推动地方政府提供高质量服务,持续不断地改进检验整体绩效。

2. 社会组织

西方发达国家有比较成熟的公民社会。托克维尔曾经指出,不同年龄、各个阶层和各种志趣的美国人无时不在组织社团。[①] 当人们对国家产生怀疑、失望和不满的时候,便会将目光投向公民社会,通过自由联合和协商解决问题。公民社会既是联系公民与国家之间的纽带,也构成了对公民个体的保护屏障,同时对政治国家形成了有效的制约。尽管公民貌似"不合作"的方式来与政府合作,但政府不但不觉得它的权威受到挑战或损害,反而鼓励这样的合作关系,因为这是防止政府危机演化为全面社会危机的有效"防火墙"。

20世纪60年代,美国爆发大范围社会危机,使许多人将目光投向公民社会,从而掀起了一场公民运动热潮,大量的社团涌现出来并承担起了社会调节的职能。[②] 公民运动的兴起,促进了民主政治的进一步完善和发展,为普通公民提供了参与国家和社会管理的机会。其中,"清洁水行动计划"、"公民劳工能源联盟"、环境保护基金会(EDF)、自然资源保护协会(DRDC)等组织,就是该运动倡导者们在不同领域表达自己主张和反映群体利益的载体。他们通过媒体宣传、游说、协商、提案等形式,参与和监督政府关于环境保护、水能资源等方面的公共政策,寻求有利于自身利益的判决。

英国也十分注重吸收社会组织监督政府对公用事业的监管。例如,良好管制工作组(better regulation task force,以下简称"工作组"),是颇具英国政治传统的一个独立管制机构。工作组是1997年成立的一个独立顾问团,该工作组联合多家监管机构和政府部门,研究改进监管方法、提高监管质量与效率的途径,来增进政府管制效力和可信性。作为独立管制机

[①] 托克维尔:《美国的民主》下卷,董果良译,商务印书馆2002年版,第635、636页。
[②] 张永红:《20世纪60年代美国社会危机的治理对策及启示》,《武汉理工大学学报》(社会科学版)2012年第3期。

构，良好管制工作组的设立体现了英国公私合作的政治传统，为政府与社会沟通架设了桥梁。该机构在运行中成为政府的社情、民情咨询机构，也成为社会利益表达和民意诉求的渠道，客观上激发了社会参与政府监管的热情，也起到了政府管制的监督作用。

20世纪80年代，英国先后在电信、煤气、自来水、电力和铁路运输等公共事业领域展开市场化改革。本次改革尤其重视对政府管制的社会监督，在多个自然垄断型产业中建立了专业消费者组织，如英国建立14个电力消费者委员会，它们独立于电力管制办公室和电力企业，代表消费者行使监督权利（见表9-1），在保护居民切身利益方面发挥了重要的作用。政府监管机构和消费者协会彼此独立设立，使得消费者协会充分发挥中介组织的作用，对监管机构进行更有效、更专业、更客观的监督，并在行业领域相互协调沟通[①]，例如在电信业，电信监管机构负责具体的监管工作和解决投诉问题，电信消费者协会成为其咨询机构，辅助监管机构的日常工作，并发挥监督作用。

表9-1　　英国五个自然垄断性产业政府管制体制的主要特征[②]

产业名称	最新法律	颁布时间	管制机构	消费者监督组织
电信	《电信法》	1984年	电信管制办公室	电信消费者代表委员会
煤气	《煤气法》	1986年	煤气供应管制	办公室煤气消费者代表委员会
自来水	《自来水法》	1989年	自来水服务管制办公室	自来水顾客服务委员会
铁路运输	《铁路法》	1989年	铁路管制办公室	铁路使用者代表委员会

其他发达国家也成立类似的消费者组织，期望通过公众或社会舆论对公用事业政府规制进行社会监督，如新加坡，建立专业的独立于法定机构和各类企业的消费者组织，代表消费者利益实行监督。

公民社会组织不仅满足了社会多元化主体的需求，培养了公民民主的生活方式，为公民的利益表达提供了新渠道，而且对政府权力形成了制

[①] Laffont, Tirole, *A Theory of Incentive in Procurement and Regulation*. Cambridge Mass: MIT Press, 1993, p. 82.

[②] 张春虎：《公用事业改革的国际经验及借鉴》，《管理观察》2009年第1期。

约，有效地监督了政府在城市公用事业领域的监管工作，在一定程度上化解了政府的合法性危机，起到了调节社会矛盾的国家"政策工具"的作用。

3. 新闻媒体

当今世界，大众媒体的不断发展以及对政治的影响更是促进了民主制度的不断完善。在西方国家，除了行政、立法、司法三权外，大众媒体被称为"第四种权力"，在社会监督公用事业政府监管中起到重要作用。

美国民主派代表托马斯·杰斐逊提出，"报刊有责任防止政府越出范围……报刊要对政府提供一种其他机构无法提供的监督作用"。[1] 他主张自由报刊应成为对立法、行政、司法三权起监督作用的第四种权力。在整个20世纪，新闻媒体在一定程度上成为约束政府官员的重要力量，对有效监督政府监管具有不可替代的功效。政府的弊端和错误一旦见诸报刊和广播就会立即传遍全国，对政府形成强大的舆论压力，从而提醒国家统治者要实实在在地为人民负责，帮助他们按照人民的意愿来管理国家。[2] 20世纪下半期，联邦最高法院以司法原则的形式，确认了公民和新闻媒体享有言论自由权利。公民可以自由地指责和监督政府领导者的政策，自由地表达关于政府如何运作的观点。[3] 这为新闻舆论实现和行使"第四种权力"准备了充分的法律条件和政治环境。

德国实行新闻自由，报刊、电台、电视台依法享有高度的自由。媒体可以报道政府、政党内部的情况，只要内容属实，不泄露国家机密，即属合法，而消息来源受法律保护，任何人不能对消息来源进行调查。德国的舆论媒体不是掌握在政府手中，而是独资和合股的股份制企业，都以营利为目的，为了吸引读者（听众），一般都雇有耳目，专门收集政府要员和公务员的不良行为和信息，以此形成强大的舆论压力，达到监督政府规制的目的。

与其他西方国家一样，在英国，政治人物掌握着分配公共资源的权

---

[1] C. Edwin Bake, *Human Liberty and Freedom of Speech*. New York: Oxford University Press, p. 23.

[2] Vanza Devereaux, *The Government of a Free Nation*, Published by California State Department of Education, Sacramento, 1963, p. 134.

[3] 罗纳德·德沃金：《自由的法——对美国宪法的道德解读》，刘丽君译，林燕平校，上海人民出版社2001年版，第282页。

力，媒体则被称为"无冕之王"，既能监督政府，又能影响社会舆论。政府部门往往以"国家安全"为借口，隐瞒信息及事实的真相以避免尴尬的政治局面。媒体只有对执掌权力的人和政治机构的行为进行公开监督，才能将城市公用事业的经营情况公之于众，从而迫使生产者提高公共产品和服务的质量水平。但是媒体与政府部门本身并不对立。媒体的新闻报道及对政府部门的监督遵循国家利益至上的原则。在涉及国家利益方面，媒体往往站在政府的一边，积极地为政府的政策和行动辩护和宣传。

(二) 国外城市公用事业政府监管社会监督的主要机制

英美国家有多种社会大众的利益保障方式，通过不同的形式来对政府机构进行监督。消费者可以通过举报和投诉来揭发政府监管过程中的不合法行为，可以利用大众媒体和舆论力量来维护自身的利益。

1. 听证制度

听证制度发端于英国，后传入其他国家，并逐渐从司法程序扩展至行政和立法程序。第二次世界大战后，听证制度日益为越来越多的西方国家所采用，成为众多国家的司法、立法和行政运作中的一种颇具实效和影响力的程序性民主形式，也成为公民参与政府决策、监督政府的一种重要途径。

20世纪80年代公用事业产业市场化改革，英国先后为电信、煤气、自来水、电力和铁路运输产业制定了一系列法律和制度，尤其是调整有关消费者、企业等各利益集团的政府管制法规，如周期性地调整价格管制政策，实行听证会制度，有效开展社会监督。[①] 政府还把某一政府管制法规草案公开在网络和媒体上，广泛征求社会各利益集团的意见，并将意见加以整理，据此对政府管制法规草案进行修改，然后将这些信息公布给公众征求意见，作为制定有关法规的依据。[②]

在新加坡，企业提价的申请及价格调整都要在媒体上进行充分的公布，力求做到监管透明。新加坡的法定机构在公用事业企业制定和调整涉及消费者利益价格时，都要召开听证会，将方案在互联网、大众媒体上公布，广泛听取社会各方面的意见，并据此反复修改，再将修改结果与公众见面，再次征求意见，以此作为企业或政府定价的依据。

---

① 王俊豪：《英国政府管制改革研究》，上海三联书店1998年版，第94页。
② 王俊豪：《英国公用事业的民营化改革及其经验教训》，《公共管理学报》2006年第6期。

目前，我国的价格监管存在公开透明度不够的问题，公用事业企业垄断行业信息，成为不公平竞争、对付消费者和监管者的手段。作为监管者的公用事业局由于与公用事业单位之间的利益同盟关系，向政府隐瞒了不正当竞争信息，不愿向社会公开。而举行听证会不仅能使监管公开、透明，而且能使公众能够了解监管机构的决策程序，减少对政府的误解，增加公众监督政府的机会。

2. 言论自由制度

美国宪法第一条修正案规定："国会不得制订关于下列事项的法律：确立宗教或禁止信仰自由；剥夺人民言论或出版自由，剥夺人民和平集会及向政府请愿的权利。"[①] 言论自由是其中一项重要内容。作为美国民主制度的基石之一，它对美国社会的发展具有重要意义。

美国对言论自由的特殊拥戴基于对一种策略性赌注：言论自由从长远角度看对他们利多弊少。[②] 因此，他们宁愿给予新闻更多的监督权，言论自由权利越多，新闻界的这种权力越广泛，政府的运作也越来越多地暴露在公民的面前，从而达到维护公民利益的目的。

此外，公民享有批评、建议、举报权，也是言论自由的自然引申。作为公共权力的源头，公民有权监督政府及其官员的工作，并对其工作中的失误提出批评。西方民众对政府及其官员有着近乎本能的政治警醒，总是千方百计地监督政府，对政府及其官员评头论足，更以揭露政府及其官员的丑闻为乐事。公民可以公开发表批评政府及官员的言论，可以在公开场所进行演讲。报纸、广播、电视、互联网等大众传媒的出现更是给公民提供了方便快捷的表达方式，更重要的是，互联网还削弱了政府的信息控制能力，使普通公民掌握了一定的话语权，为公民批评政府提供了前所未有的广阔平台。西方各国政府不仅为公民批评政府提供保障，还以各种形式主动听取公民的意见。希腊政府专门设定进谏日，民众在这一天可以向政府官员进忠告、献计策、诉苦衷，政府官员则一一加以记录，以便研究改进。从1994年起，日本各地陆续建立起民间行政观察员制度，民众自发成立了"全国公民权利代言人联络会议"，对政府行为进行日常监督。

---

① James MacGregor and Burns, J. W., *Peltason with Thomas E. Cronin*: *Government by the People*, 9th edition, National Edition, Printed in the United States of America, p. 125.

② 罗伯特·达尔：《论民主》，李柏光、林猛译，冯克利校，商务印书馆1999年版，第105—106页。

3. 信息公开制度

信息公开也是实施社会监督政府管制的有效方式。在德国，公民对政府的监督有严格的法律规定。公民监督的范围很广，所有政府的行为，公民都可以进行监督。当公民觉得有不公正裁决时，可以向第三方（行政法院）提出诉讼。德国《行政程序法》规定，作出行政决定时，必须给予公众充分的知情权。同时，公民有权对政府决策进行调查审理。2000年9月，联邦政府总理施罗德发起了建设"联邦在线2005"电子政府的倡议，要求联邦政府到2005年将所有可在网上提供的服务在线提供。联邦政府的门户网站连通了所有联邦部门，非常有利于人们找到政府机构的网址、地址、联系方式和其他特殊信息。打开网站，人们不仅可以得知政府首脑的行踪，读到政府要员最新的公开言论，还可以查阅所有的公开文件，可以查阅到各部门的最新信息及与该部门有关的法律条文。

为了解决信息的不对称问题，英国实行严格的信息披露制度。英国政府对企业规定了严格的信息披露和报告义务，政府管制机关中设置专门官员负责监督企业的信息报告义务。[①] 一旦进行价格调整，务必使程序制度化、透明化，保证规制机关的公信力，并将价格调整信息通过各种途径向公众发布，希望公众积极参与，使得这样的制度安排充分透明，增强公众和企业对规制机构的信任及规制机关的权威性。

4. 合作监管机制

吸收社会力量直接参与对一些公用事业服务的质量、安全监管，既是对政府监管的补充，又是对政府监管的直接监督。在美国，合作式管制成为强化社会性管制的基本模式。由于新风险所具有的不确定性和普遍性特征，从理念上讲，应对风险的机制也需要更具凝聚力。恰如贝克提出要"再造政治"以应对风险。其核心要义就是解构决策者与专家对风险的解释独占权，广泛吸收风险可能影响的各个社会结构加入应对风险的阵营。"风险问题已不再是科学家和专家的独占领域，危险的实质会随时随地表现出来，每个人都愿意并有兴趣来了解它。"[②] 从现实上讲，社会性管制毕竟要投入大量的成本，要限制或禁止企业、社会组织和公民的一些行为，同时，它也带来广泛的正外部效应，因而，有必要也有可能建立由政

---

① 王俊豪：《英国管制体制改革研究》，上海三联书店1998年版，第333—335页。
② 乌尔里希·贝克：《风险社会再思考》，郗卫东编译，《马克思主义与现实》2002年第4期，第50页。

府、企业和社会及公民四方参加的合作管制体系。正如库曼所言，这一模式符合风险社会所要求的公私协力的基本精神，"它是一种涉及政府与民间社会互动关系的行为面、过程面、结构面的动态结合，"可以有效防止风险分担过程中的目标冲突、信息不对称和"搭便车"现象。[①] 在具体运作过程中，合作式管制体系内部的分工和相互促进机制是科学有效的。政府负责社会性管制标准、政策的制定及执行的监管；相关企业参与标准的协商、提供标准实施的技术和成本核算信息，并在政府的政策辅导和财税激励下培育执行更高标准的自主性；社会组织接受政府的授权或自主进行社会性管制效果评估；公民则通过诉讼、举报、民调和选举投票等各种形式向政府提供各种违规信息。以强化职业安全和健康管制为例，该项管制明显有益于劳工安全与健康，也利于政党捞取选票，是政府大有作为的社会性管制领域，但任何管制标准的提高都会大大加重企业成本，企业通常是被动应付的，而如果没有它们的积极参与，政府就得投入事倍功半的监管人力和财力，不然，这样的管制就难以执行到位。美国《职业安全与健康法》就制定了强制性、引导支持性和合作性三大执行机制。其中的合作机制成为基础性的运作机制，包括自愿防护计划、战略伙伴计划和联盟计划。该机制实施以来，不仅政府的管制成本、企业应对政府监管和员工投诉的负担以及实际的工伤事故率都大为降低，还有利于政企社民关系的改善。[②] 再比如，许多国家为尽可能吸收民众参与污染管制计划，都实施了"押金—返还政策"，即当民众购买可能会对环境造成污染商品时对其征收一定数额的押金，在该商品完成效用送到指定地点回收时再将押金返还给送交人。这一机制有力地推动了全民参与环保管制政策的实施。

（三）国外城市公用事业政府监管社会监督的法律保障

研究城市公用事业政府监管社会监督，必先对社会监督政府权力的实体和程序有所了解。而公民监督是社会监督的主要内容，因此探索公民权利监督公共权力，尤其是西方国家的公民监督权，在很大程度上对于我们借鉴外国成功经验，完善本国城市公用事业政府监管社会监督工作，大有裨益。

[①] Kooiman, J., *Modern Governance: New Government - Society Interactions* (2nd). London: Sage, 1993, pp. 9—10.

[②] 张红凤、杨慧：《西方国家政府规制变迁与中国政府规制改革》，经济科学出版社2007年版，第286—294页。

1787年美国颁布第一部成文宪法,并以修正案的形式确立了公民的基本权利。此后,西方各国的宪法一般都把公民的基本权利作为一个重要部分加以详细规定,并随着社会的发展,不断扩展已有权利,补充新的权利,逐渐形成了较完善的权利体系。

1. 宪政制约权力

"宪法是一种先于政府的东西,而政府只是宪法的产物。一国的宪法不是政府的决议,而是建立政府的人民的决议。"① 权利对权力的监督是各个代议制政体宪法的基本内容,尽管监督方式有所不同,但通过正当法律程序保障权利制约权力是共同的。"只有依靠程序公正,权力才可能变得让人忍受。"②

法律的产生本身就是为了限制王权的。1215年英国的《自由大宪章》被誉为保护人民自由权利的最早成文宪法性文件。后来,1354年英国《自由令》、1679年的《人身保护法》,都表述了正当法律程序原则。

在美国,宪法第5条、第14条修正案规定:"不经正当法律程序,不得剥夺任何人的生命、自由和财产。"为了将该条款具体化,美国不仅制定了《情报自由法》、《阳光下的政府法》、《隐私权法》等信息公开法,而且还有完善的行政公开程序和救济途径,美国的行政公开制度被许多国家仿效。

法国1789年《人权宣言》第7条规定,"除非在法律规定的情况下,并按照法律所规定的程序,不得控告、逮捕和拘留任何人"。正当法律程序在各国的发展,表明"程序的实质是管理和决定的非人情化,其一切布置都是为了限制恣意、专断和裁量。"③ 正当法律程序不仅为多数国家所遵循,而且也得到联合国文件的认可,成为国际法律准则。联合国《公民权利和政治权利国际公约》第9条第1款规定:"每个人都享有人身自由与安全的权利,任何人不得被任意逮捕或羁押,除非依据法律所规定的理由并遵守法定的程序,任何人不得被剥夺自由。"

2. 公民权利保障

公民对政治过程的参与和监督是近代以来主权在民、分权制衡原则的具体体现,它具体是以公民基本权利及其保障机制展开的。"一个发达的

---

① 潘恩:《潘恩选集》,商务印书馆1982年版,第146页。
② 韦德:《行政法》,徐炳译,中国大百科全书出版社1997年版,第3页。
③ 季卫东:《程序比较论》,《比较法研究》1993年第2期。

法律制度经常试图阻碍压制性权力结构的出现，其依赖的一个重要手段便是通过在个人和群体中广泛分配权利以达到权力的分散与平衡。"① 公民权利不只限于宪法原则性条款的有限列举，而且还根据宪法精神派生和延伸，一切不与宪法精神相冲突或抵触的权利，均属公民权利的范畴，即"法不禁止即自由"。凡涉及公民权利的重大事项，宪法明确权力机关不能独断专行。1949年《德意志联邦共和国基本法》第20条规定，"所有德国人都有权在不可能采取其他办法的情况下，对企图废除宪法秩序的任何人或人们进行反抗"。美国在1791年宪法第1条修正案中明确规定："国会不得制定法律，涉及宗教信仰或禁止其自由使用，或剥夺言论或出版自由，或剥夺人民和平集会及向政府请愿的权利。"

3. 公民权利救济

无救济就无权利，先有救济而后才能谈到权利。诉讼是权利保障的最主要手段，权利必须主要通过诉讼来实现。② 多数西方法制完备国家的宪法对公民诉讼权予以明文规定。英国《自由大宪章》中包含了保障公民请求国家开展一定诉讼程序以解决纠纷的权利以及要求攻击防御之精神。1868年批准的《美国宪法修正案》第14条第1款明确了公民权利的司法救济内容。意大利、俄罗斯、加拿大、葡萄牙、西班牙、荷兰、希腊、韩国等许多国家将公民诉讼权作为公民的基本权利保障列入宪法。

除了诉讼权，还明示了其他宪法基本权利的直接效力，且众多第三世界国家也群起效法。如今，基本权利的直接效力已成为国际宪政惯例。③

此外，除了母法保障公民权益，多数西方国家以具体法的形式确立对公民监督政府规制的准则。例如，美国的《规制弹性法》就是针对所有规制机构。英国的《金融服务与市场法》强调监管机构必须坚持以最有效与最经济的方式利用其监管资源、成本与收益相匹配的原则。

由此可见，发达国家在各个法律层面已通过法律约束、权利确认及其救济保障，形成社会监督公共权力的法制体系，从而严格界定了权力的边界及运行。

二　国外城市公用事业政府监管社会监督对我国的启示

西方国家公用事业规制的监督模式各具特色，政府在改革中所处的地

---

① E.博登海默：《法理学：法哲学及其方法》，华夏出版社1987年版，第342、344页。
② 胡水君：《权利与诉讼》，《开放时代》2001年第11期。
③ 周永坤：《论宪法基本权利的直接效力》，《中国法学》1997年第1期。

位、所行使的手段、所颁布的政策不尽相同，但都发挥了一定的功能。我国公用事业市场化改革还起步不久，监管体系尚未完全建立，政府在公用事业管制过程中仍占主导地位。公用事业政府监管的社会监督建设更是任重道远，需要学习西方国家的一些有益经验。

(一) 公民参与、合作治理

作为一种包括共同参与 (co-operative)、共同出力 (co-llaboration)、共同安排 (co-arrangement)、共同主事 (co-chairman) 等互动关系的伙伴情谊的治理形式。"合作式治理"强调的是一个理性的公民社会与开明政府的组合。民众不能囿于个人的目的，站在公共社会和政府的对立面，扮演撕裂社会的角色。政府也不再只是制定公共规章和法令，让人们朝向某一目标方向的规则系统，政府必须扮演另一种角色，那就是成为民众的"合作伙伴"。其行动要与民间社会的利益旨趣磨合，通过恰当的机制吸纳民间资源，寻求面对复杂风险问题的解决之道，而不仅仅单纯做一个"承保人式的政府"、"中间人式的政府"或"钟表师式的政府"。[①] 政府与民众通过充分的互动，成为社会治理行动中的伙伴，而非固着的"管理者"和"管理对象"、"委托人"和"代理人"的角色，是合作治理的精髓所在。正如斯托克 (Stoker) 概括的治理要义所说：其一，治理的主体并不以国家政府为唯一的中心，私人部门和非政府组织也是治理的合法主体；其二，治理的责任在政府与公民社会之间摆动；其三，治理的方式不限于政府权威的运用，社会沟通和协商越来越为社会各界所欢迎；其四，治理的结果越来越依赖包括政府在内的各个社会主体间的合作。[②]

"合作式治理"同时还意味着政府与社会应对风险机制的改进，比如"共同参与、共同出力、协调融合、沟通共识等'合作式'的结构机制"。[③] 这些机制不仅可以使政府以指导代替领导，协助民间建立自我服务与提高治理能力，还可以从中塑造"伙伴文化"、相对责任的互动伦理观、风险分担的认知与意愿等。运用这些机制，经由"公私合力" (public-private partnership) 的认知、学习、资源联结等过程，可以降低风险的外部化效果，使得风险成本内部化。

[①] 《面对全球独立论的国家和企业》，《法国地缘经济杂志》1999 年 4 月 14 日。
[②] 格里斯托克：《作为理论的治理：五个论点》，《国际社会科学》1999 年第 2 期。
[③] Taket, A., White, L., *Partnership and Participation*, NY: John Wiley & Sons, 2000, pp. 3-4.

1. 风险共识机制

合作式治理需要通过社会广大成员的沟通与互动，使风险被公众意识到，从而成为"公共领域"的议题。在社会变迁越来越不可预测，越来越具有不稳定性的时代，现代性本身便是一种"风险文化"，而风险也将成为社会生活中的一部分。因此，风险就不应该仅止于政府的体察和认知，而被民间社会所忽视。反之，公民与社会也应该基于其自身立场将所观察到的危机和风险向政府诉说。当政府与民众对社会危机的认识、理解出现分歧时，还需要一种共同磋商和对话机制。因此，政府与民众之间不仅仅是简单地交换关于危机的信息，更重要的是双方要达成对风险的共识、协调共同应对危机的各种策略。而要建设这样的风险共识机制，首先要树立在风险和危机面前，公民、社会、国家三者的利益共同体意识，凡是受风险影响的人皆有参与风险发现和风险治理的权利及义务。其次这种新的风险分担行为需要通过更多的知识分享、互动伦理与信任基础加以规范，而不至于情绪化，乃至走出法律许可的范围。

2. 政府与民众互信机制

互信是政民合作的前提，但是随着政府职能和规模的不断膨胀，政府越来越有自身的价值或利益追求，难以保证政府行为总是以社会为中心，让社会所认同。政府信任的式微已经成为世界范围内的现象，在美国，"民众对政府的信任程度，在过去数十年中明显地下降"。[1] 日本在战后维持了长时间的低度政府信任，民众尤其对政府高级官员的操守缺乏信心。[2] 其他国家如加拿大、英国、比利时、意大利、西班牙、爱尔兰、荷兰等，也都面临相同的问题，归纳民众不信任政府的主因是：政府无效率、浪费公款并花费在错误的政策上。[3] 这种现象恰好与危机社会的来临同行，对社会管理中的风险控制尤为不利。因为，民众与政府之间缺乏互信既是引发公共危机事件的一根导火索，又是瓦解社会合力应对公共危机事件的一大因素。民不信官、官不解民，不仅不利于社会资本（social

---

[1] Moon M. Jae, Can IT Help Government to Restore Public Trust? – Declining Public Trust and Potential Prospects of IT in the Public Sector. Proceedings of the 36th Hawaii International Conference on System Sciences (HICSS' 03), 2002, p. 2.

[2] Pharr, S. J., Public Trust and Democracy in Japan, in Nye, J. S., Zelikow, P. D. and King, D. C. (eds.), *Why People Don't Trust Government*. Harvard University Press, Cambridge, MA, 1997.

[3] Nye, J. S., Zelikow, P. D. and King, D. C. (eds.), *Why People Don't Trust Government*. Harvard University Press, Cambridge, MA, 1997.

capital)的累积，还可能使两者分化为各自为政的体系。鉴于官民失信的主因在政府方面，加之政府对社会危机和风险的防范负有管理责任，政府不仅应该在采取重大决策和管理行为之前主动与民众充分沟通，还要有包容民众意愿的度量，要形成以民众赞成或否决为最终抉择的机制。特别在政府的良好愿景不为民众理解时，政府除了做善意沟通外，还要学会等待，而不可孤行。

3. 网络化治理机制

这是合作治理的践行机制。它要求政府、社会组织和民众以及各个系统内部的子系统都以平等的身份组成一个平面结构应对危机。基于该机制，市民社会将承载越来越多的政府职能，各行为主体存在相互的权力依赖，其治理过程表现为政府、社会组织和民众共同学习的过程，不限于政府发号施令。网络化治理结构实际上是一个社会化的"系统"或"制度"，它使个人、社会、政府之间形成了一种"新的直接关联"。个人、社会和政府在进入新的社会联系过程中，既定的社会生活形式、管理方式不断被瓦解，而新的社会整合逐渐兴起。[1] 因此，网络化治理可以实现一种社会整合，重建以公民资格为基础的公民社会。在这种公民社会里，"共同价值与相互责任感"得以形成，也"只有通过这种追求维护共同价值的共同责任，才能确保追求个人目标时不至于影响社会的共同价值"[2]，使"熟悉型社会"才能建构起来的相互关爱和提携的社区，不断向"县域社区"、"市域社区"乃至"全国性社区"拓展。

合作治理机制的核心价值在于，改变政府不够完美的体制与不够完善的功能，调和政府与民间各自的动机与资源，以"伙伴"取代"代工"，使民众在议程设定阶段就扮演有效参与角色，使政府在政策执行阶段基于互信机制而充分发挥其社会整合力，使社会透过公开的程序与明确的责任有效监督政府过程。因此，合作式治理可以提供一种多于各方加总的合作效应，成功应对各种风险和危机。

（二）立法先行、制度跟进

对监管机构全方位的社会监督制约机制是有效监管的保障。英国、美

---

[1] Perri, Joined-up Government in the Western World in Comparative Perspective: A Preliminary Literature Review and Exploration. *Journal of Public Administration Research and Theory*, 2004, (Vol. 14): 103-138.

[2] Tam, Henry, *Communitarianism: A New Agenda for Politics and Citizenship*. New York: New York University Press, 1998.

国、新加坡等国都对监管机构进行社会监督和约束，保证了这些国家的监管机构运用法律赋予的权利，实现公用事业监管目标，从而维护了公用事业市场秩序，保证了消费者的利益。因此，对我国监管机构来说，规范立法约束程序、完善社会监督机制，对于政府管制监督的有效进行至关重要。

立法先行是加强公用事业政府规制有效监管的基础。从英美国家的社会监督实践可以得出一个重要经验，就是要以宪政建设为先导，在科学民主的法律框架内开展有效监督。

1. 加快监督立法

国外公用事业政府监管社会监督的共同点，就是各个行业主管部门、法定机构、社会组织，乃至公民，都在法律的权限范围内开展市场活动，一切行为不得与法律相抵触，一切权利来源于法律的授权。

我国一方面必须健全法律法规体系，加快《政务公开法》、《财产收入申报法》、《监督法》、《行政程序法》、《新闻法》、《反贪污贿赂法》、《廉政法》、《国家公务员行政处分条例》等法律的制定，让公用事业监管机构的监督工作有坚实的法律依据；另一方面应以法律的形式对各主体监管权作严格的限制，规范各自权利和责任，使各项法律法规对监管机构、市场参与者和公民的权利和义务都有详细说明，使一切工作纳入法制化的轨道。

2. 推行信息公开

从整个趋势来看，政府规制必须强调公众参与。国际社会公认的几项消费者权利包括安全权、知情权、建议权、批评权、检举权等。因此，在市场化过程中，所有执法程序都应该公开透明，民众所有意见要得到合理表达，如此才能充分体现公民参与，有效解决信息不对称。其中，以下制度尤其值得关注：

（1）全面推行政务公开。要完善行政决策制度，建立责任管理机制，让行政权力运作的关键环节都进入群众的视野。

（2）听证会制度。听证会不仅是使监管公开、透明的最好办法，而且使公众能够了解监管机构的决策程序，减少对政府的误解，还可以使监管者在充分考虑各方面意见、利益的基础上，更科学地做出决策。听证代表应由相关行业的专家、消费者代表、企业代表组成。听证过程向社会公开，让公众参与进来。

（3）公开招标制度。以招投标方式进行公用事业市场化，可以减少不正当交易和"暗箱操作"的发生。

（三）新闻自由、信息公开

美国报人普利策曾经说过："倘若一个国家是一条航行在大海上的船，新闻记者就是船头的守望者。他要在一望无际的海面上观察一切，审视海上的不测风云和浅滩暗礁，及时发出警告。"在西方社会，新闻舆论被当作是除了行政、立法、司法三大权力之外的"第四种权力"，在政府权力制约方面起到了不可估量的作用，同时也给民众与政治机构尤其是监管机构之间提供了一个沟通交流的平台。政府监管部门利用媒体将自己的政策目标和监管信息传达给民众，而公民也可以通过媒体对监管机构施加舆论压力，将自己对公用事业改革的看法反馈给监管机构，以此实现公民监督政府的权利。

随着信息技术的飞速发展，社会进入了全球化、网络化、市场化的大众传播媒体时代，我国的政治文化的传承与进步受到前所未有的挑战。不同于西方媒体"自由、平等和权力制约与平衡"的思想文化，我国的媒体是党和政府的喉舌，在政府监督方面，影响较弱。

若想充分发挥舆论监督作用，应当在不违背公序良俗和宪法的前提下，给予新闻媒体应有的自由，扩张媒体信息传播路径，重塑我国社会的舆论生态，利用网络等新媒体技术，拓宽公众参与监督政府规制的渠道，充分发挥"第四种权力"作用。

伴随新闻、言论自由而来的是信息的公开和透明。舆论媒体使现代民主社会实现政治的透明化公开化。大众传媒已经成为巨大的政治透镜。它使政治事务不再遥远、陌生，更没有任何神秘可言。"在美国，自由的大众传播媒介承担着至关重要的民主功能，是联系公众和政府的重要纽带。舆论的形成依赖于新闻媒介向公众所提供的内容，而民主政府很大程度上是建立在舆论的基础上的，并以公众得到公正和充分的信息为前提。"[①]知情权，指公民了解政府和行政机关的各种公共信息的权利。它是在当代西方得到承认的一项新的公民权利、民主权利，也是大众传媒所获得的一项新的权利。与公民的获知权相对应的，则是政府和官员有"告知的义

---

① Milton C. Cummings, David Wise, *Democracy under Pressure: An Introduction to the American Political System*, 5th edition, HBJ, 1985, pp. 106, 223.

务"。在民主社会,公民获得参政的权利。

从某种意义上说,公民的知情权、监督权、参政议政权需要信息公开这一举措来保障。如果公民没有得到充分、正确、全面的信息,也就没有"充分知情的民主"。根据新媒体时代舆情传播特点和网民结构对舆情引导的影响,积极推进新媒体时代我国政府信息公开制度建设,对构建和谐社会,实现诚信政府、法治政府、廉洁政府、服务政府,有效引导舆情有着十分重要的意义。它不仅是各个公民、法人、组织等制约和监督权力滥用的一种有效途径,消除政府与公用事业合谋利益的"暗箱操作";还有利于维持社会安定,有效防止谣言传播;为公众带来高质、准确、快捷的信息,提高公共服务质量,减少服务成本;同时有力地推进政务公开制度建设,促进政府工作方法的改进,提升政府的形象。

然而,城市公用事业政府监管社会监督的改革和优化毕竟没有一个放之四海而皆准的功能模式,我国在实际的操作过程中,绝不能照搬照抄西方经验,必须结合我国特殊国情、具体历史、经济体制,在吸收各国精华的基础上,建立出适合我国自己的政府规制社会监督体系。

第三节 我国城市公用事业政府监管社会监督机制创新

在城市公用事业监管监督结构中,社会监督是一种增量关系。"社会公众监督,发挥新闻舆论、各种社会团体、群众组织和个人的监督作用。社会公众是社会监督的基础,其数量众多,分布广泛,更容易发现并建议解决监管机构存在的问题。"[1] 本质上,社会监督是一种权利制约权力的监督,相对于上述三种监督而言,社会监督相对薄弱。之所以讲社会监督是一种增量关系,主要是因为总体上,我国还处于一种强政府弱社会的国家治理结构中,再加之几千年的封建消极影响和舆论监督的有限性,大大制约了社会监督功能的发挥。为夯实这种社会监督增量,建议从以下方面创新相关机制:

---

[1] 吴庆玲:《对中国市政公用事业政府监管体制改革的思考》,《首都经济贸易大学学报》2008年第1期。

一　努力培育公民意识和社会公共监督领域

（一）树立公民监督意识

任何一种制度安排和制度运行都需要相应的文化心理、价值观念和思想意识作为内在支撑。如果一个国家的人民缺乏一种赋予制度以真实生命力的广泛的社会心理基础，如果执行和运用这些现代制度的人自己还没有从心理、思想、态度和行为方式上都经历一个向现代化的转变，失败和畸形发展的悲剧性结局将在所难免。[①] 对于社会监督而言，需要一种与之耦合的公民文化。

公民文化是指与民主制度相耦合的公民的政治态度、情感、信仰和价值取向，主要表现为社会成员普遍具有以权利义务为准则的主体意识、法治意识、道德意识和合作意识等融为一体而形成的公民意识。社会监督是国家为实现公民监督权而作出的一种制度安排，是民众参与政治并对政府的权力活动进行监察和督促的政治行为。社会监督政府监管城市公用事业是公民监督权的充分体现，是公民参与社会管理、参与政治活动的重要内容。只有具备相应的公民主体意识、法治意识、道德意识和合作意识，构建公平正义的公民文化，才能赋予社会监督制度以相应的内在支撑，从而更有利于民主法治政治的发展与完善。

培育公民文化，优化社会监督，从理论上深刻把握社会监督与公民文化的互动关系，是我国政治文明建设不可或缺的重要内容。

1. 公民意识：社会监督的精神基础

民主意识的产生是社会监督制度建立的前提。任何民主制度的构建都以一定民主意识为指导。没有公民意识的觉醒就不会有社会监督制度的建构。同时，公民意识也制约着社会监督制度的发展，是推进社会监督制度发展的思想动力和衡量民主价值的重要标尺。群众公民意识强弱直接决定政治参与的力度、深度和广度；政府工作者公民意识的强弱则关系其制度供给的有效性、制度安排的民主性及制度创新的科学性。因此，社会监督制度的健全和完善必须考虑本国公民素质和文化状况。

2. 公民文化：社会监督的内在驱动

社会监督政府监管城市公用事业，作为一种政治参与行为涉及政府官员接受群众的监督行为和普通民众对政府监管的监督行为。其中，公民文

---

① 阿列克斯·英格尔斯：《从传统人到现代人》，人民大学出版社1992年版，第199页。

化起到了重要作用。

一方面,公职人员的公民意识强弱决定了其接受监督制约的程度。当他们公民意识不强时,其监管行为就会违背为人民服务的原则,产生个人专断和徇私舞弊等行政乱作为行为。另一方面,民众的公民意识强弱影响着人们行使民主权利的深度和广度,决定着对政府监管的制约程度。公民只有深刻认识主体精神,才会意识作为公民应有的权利与义务,才会主导进行政治参与和监督。[1]

3. 社会监督：公民文化发育的现实阶梯

公民文化是社会监督的重要前提和基础,没有公民文化的支持,社会监督制度便不能健康运作和维持。但是反过来,没有民主制度框架下公民的监督经历和体验,公民文化难以发育成熟。也就是说,丰富的民主生活经历是构成健全、成熟的公民文化的必要前提,民主制度是公民文化发育的现实阶梯。

我国广大民众缺乏现代民主政治参与者应有的主体意识、法治观念和合作意识。努力构建一个全方位、多渠道、多层次的社会监督体系,通过社会监督和政治参与,使民主这个复杂而深奥的字眼从理论的"象牙塔"中走出来,成为数万万公民的实践；通过经常性的民主和监督活动,使公民对民主制度由陌生到接受并发展成政治习惯,从而使公民文化得到不断滋养并发育成熟。

总体而言,公民文化和社会监督是双向互动关系,二者在互动中促进政治文明不断进步和发展。

（二）推进社会公共监督领域的成长

哈贝马斯认为,公共领域"是一种介于市民社会中日常生活的私人利益与国家权利领域之间的机构空间和时间,其中个体公民聚集在一起,共同讨论他们所关注的公共事务,形成某种接近于公众舆论的一致意见,并组织对抗武断的、压迫性的国家与公共权力形式,从而维护总体利益和公共福祉"。[2]

公民的各种监督要求在公民社会积聚并通过公民社会中特有的各种组

---

[1] 卢爱国、曾凡丽：《公民文化视域下转型期中国社会监督的优化》,《理论导刊》2006年第1期。

[2] 于尔根·哈贝马斯：《公共领域的结构转型》,曹卫东译,上海学林出版社1999年版,第32页。

织向国家公共权力机构反馈。一方面,国家作为不可缺少的社会管理工具行使公共权力,对城市公用事业进行监管;另一方面,公民社会作为相对独立的力量,对政府监管进行制约监督,打破监管者无人监管的社会格局,形成多元权力中心。① 我们在强调以权力制约权力的同时,还要下放一部分实质性权力给公民社会,实行权力监督制约的社会化,不仅重视以权力制约权力,而且重视以社会制约权力。只有这样,才能发挥公民社会在监督制约政府监管方面的积极作用。亨廷顿指出:公民社会"制约国家权力,从而为实现社会对国家的控制以及作为这种控制最有效方式的民主制度提供了基础"。②

1. 加快民主政治体系建设,加固社会公共领域成长的政治保障

我国原有政治体制脱胎于革命战争年代,初建于新中国成立之初,形成于社会主义改造,与计划经济体制相适应。而现代政治体制应该是高度的自主性、适应性和凝聚性,这样才能有助于鼓励公民进行政治参与。因此,应该在推进国家治理体系和能力现代化的总框架下,扩大我国政治体制对民意的吸收消化能力。

一方面,健全有关公民权利和义务的法律体系,使公民成为法律意义的平等独立主体是树立公民参与意识,加强民主、法制思想教育的前提基础。一是要进一步完善宪法中有关公民权利和义务内容;二是要尽快制定《民法典》、《物权法》等与公民利益密切相关的法律法规。同时,必须强化对公民权利的保障措施,使法律规定真正落到实处。

另一方面,必须完善民主决策制度,实现决策的民主化科学化,凡重大问题都由集体讨论决定,逐步形成深入了解民情、充分反映民意、广泛集中民智的决策机制,确保城市公用事业在维护群众利益的基础上照常运行。必须完善民主管理制度,推进政府监督公开,凡涉及人民群众切身利益的监督事项,都应通过一定形式征求群众意见,保证人民群众依法行使自己的权利、依法管理与自身密切相关的事务。必须完善民主监督制度,切实保证公民在法律范围内的监督权、检举权、揭发权、控告权,使各项权力的运行建立在民主监督的基础之上。

---

① 于尔根·哈贝马斯:《公共领域的结构转型》,曹卫东译,上海学林出版社1999年版,第32页。

② Samuel P. Huntington, *Will More Country Become Democratic*? Political Science Quarterly, 1984, 99 (2), pp. 193–218.

只有民意源源不断又切实有效地体现在政府监管的决策和行动中，民意才会源源不断地涌现，公共领域才有扎实的保障。

2. 完善社会主义市场经济体制，夯筑社会公共领域成长的物质基础

公共领域的发育，市场经济起着特别重要的作用。市场经济体制是培育公民社会的物质基础。作为上层建筑，公民意识、公民政治文化必须在市场经济的沃土上发育成长。市场经济和利益最大化原则会激发公民的权利意识和自主意识，促进法治观念和道德观念的形成，培育以主体意识和合作意识为基础的监督意识。只有大力发展社会主义市场经济，才能破除传统政治习惯，实现公民政治心理的现代化。

当前应着重整顿和规范市场经济秩序。首先要建立现代市场经济新秩序。目前，我国市场经济建设的突出问题是秩序混乱，种种不正当现象已严重威胁大市场建设，阻碍公民文化发展。为此，一要加强法制建设和完善市场执法体系，建立符合市场经济要求的法律法规体系；二要加快建立信用体系，形成符合市场经济要求的社会信用环境；三要建立和完善符合市场经济要求的制度框架，加快我国市场从无序到有序的演进。[1]

3. 培育现代公民精神，构建社会公共领域成长的精神支柱

构建一个成熟的公民社会，不能仅仅考虑经济基础，还要考虑精神支撑，这就要重视公民意识的培养。

（1）加快提高公务员的素质，大力培育公共精神。公共精神包括民主精神、法治精神、公正精神和公共服务精神。其中，民主精神要求将公民和政府及其公务员放在平等的法律地位上，体现公共利益的一致性。民主首先是一个制度问题、价值观问题，要正确贯彻公共精神，公务员必须做到相信群众、依靠群众，集中群众的智慧，让群众参政议政。公民要以多种形式更多地参与国家政治生活，行使民主权利，决定公共事务。政府必须从群众的立场出发，了解群众真正需要什么。监管不该监管的，却没监管好应该监管的，离开群众的实际需要，武断地下结论，不仅浪费了人力、物力、财力，而且也损害了群众的利益。

（2）加强社会主义公民教育，优化公民文化生成的启蒙手段。重视学校的公民教育。在学校中开设独立的或综合性的公民教育课程，建立从

---

[1] 卢爱国、曾凡丽：《公民文化视域下转型期中国社会监督的优化》，《理论导刊》2006年第1期。

小学到大学一体化的公民教育课程。① 处理好公民教育与政治教育、思想教育的关系，把公民教育摆在独立和基础位置，并特别注重加强学生的实践教育，不要把公民教育当作一种脱离实际生活、空洞枯燥的理论。建立社会的公民教育体系。公民教育不仅仅只是学校的责任，也是整个社会的责任。一方面要充分发挥媒体的宣传功能，改变宣传媒体在公民教育上的角色缺位问题，努力营造一个良好的公民话语环境；另一方面建立专门的公民教育研究和公民文化推广机构，加大力度研究公民文化的特点规律，增强公民意识培养的科学性和有效性。

（三）夯实社会监督力量

为构建和完善社会监督体系，实现权利对权力的有效制约，必须增强社会活力，大力培育民间组织和自治组织，充分发挥我国社团组织监督作用。

1. 推动社会组织转型

长期以来，我国市场体系不健全，社会组织发育不良，社会组织从数量、质量上都很难满足社会监督的需要。主要原因在于其职能目标错位、官办色彩较浓、独立性差，行政干预过多。因此，要大力培养和发展社会组织，要加快社会组织立法，在修订社会团体和民办非企业单位两个主要条例基础上，制定社会组织发展基本法，通过相应法律保护社会组织的合法权益及规范运作，提高其自身的治理能力和自治能力，在统一的法律框架下，引导、规范其发展。

2. 社团组织应注重自身的突破和改革，使社团组织真正成为代表群众利益的组织

社团组织改革的主要目标是增强民主化、克服行政化。目前相当多的社团组织管理者发展经营社团组织的出发点并不是代表群众反映问题，发挥不了相应的社会监督功能，而是聘请一些政府官员来担任顾问或会长"拉虎皮做大旗"，干社团组织功能以外的营生。这样一来，社团组织失去了原有的公共属性，不同程度脱离了各自所代表的群众，起不到与政府对话的作用，更谈不上监督作用。因此，必须加强社团组织自身建设，破除社团组织的官僚思想，把它真正办成与群众贴心、站在群众的立场上说

---

① 卢爱国、曾凡丽：《公民文化视域下转型期中国社会监督的优化》，《理论导刊》2006年第1期。

话的第三部门。只有这样，社会组织真正才能发挥监督城市公用事业政府监管者和经营者的有生力量。

3. 保持社团组织的独立性，割断政府监管机构与社团组织的利益关系

（1）改变社团组织单一的"官管官办"做法，把社团组织的职能交还给社会和群众，让社团组织真正成为社会的组织、群众的组织。

（2）要发展城区群众自治组织，使公民依法直接行使民主权利，管理基层公共事务，实行自我管理、自我服务、自我教育。城市公用事业服务领域触及城区的各个角落、各个层级，基层市民最容易发现和感知城市公用事业服务之问题所在，也最能结合自身的需求提出改善城市公用事业服务的目标和方式。由于涉及切身利益，基层市民自治组织在这方面的功能最不容易被某些政府监管部门和公用事业部门收买，因此，发挥其作用是监督和改善我国城市公用事业政府监管工作的好办法。

二 构建多层次社会监督体系

（一）疏通社会监督渠道

公民监督渠道畅通是顺利实现民意表达的前提，也是实现公民有效监督的基础。结合我国城市公用事业政府监管社会监督途径存在的问题，应重点改革完善以下监督制度：

1. 听证制度

听证制度要求在制定公共政策时，广泛听取并征求人民群众的意见，不断细化听证的范围、程序、方式。例如在城市公共产品的定价问题上执行价格听证会制度，特别注意凡是涉及涨价的动议，必须由政府价格主管部门组织社会有关方面对其必要性与可行性举行公正、公开、民主的讨论和质证，既给予公民发表意见的机会，也给企业、政府监管机构作出解释的机会，使政府监管决策和企业服务方式最大限度地符合公众利益。

2. 群众评议制度

让公民对政府机关及其工作人员的监管工作进行评价考核。可以考虑建立公民义务监督员和报告员制度，建立政府监管机构与公民保持联系和信息反馈的民主制度，使公民监督评价制度具体落实。

3. 信访举报制度

信访制度使举报人的合法权益得到保护和激励，是推行社会监督政府监管的重要制度。要探索建立国家统一的城市公用事业政府监管举报受理

机关，明确其相应的法律地位和职权。在规范原有的举报箱、举报电话和提高举报处理质量的基础上，积极试行网上举报，充分利用信息网络技术，开辟新渠道。在保护和激励公民监督举报政府监管行为方面，还须尽快制定《公众举报法》，建立举报奖励机制，来保障公民的监督和检举权利和安全，并建立为举报人保密制度、补偿和激励制度。

4. 合理引导公民监督非正常方式

将单一的许可制改为许可与报告制相结合的管理模式，对集会、游行、示威等公民监督中的非正常方式进行合理引导，不要随随便便把它们定性为治安性、刑事性甚至是政治性事件，而应把它们纳入法治轨道内加以处理，避免因滥用强制措施而激化矛盾。

（二）创新舆论监督模式

新闻媒体是"社会雷达"，舆论监督是通过大众传媒和公共舆论来制约公共权力和表达人民呼声的有效方式，体现社会权力对于治理权力的制衡。鉴于城市公用事业的公共性和普惠性，加大以舆论监督为核心的社会监督是城市公用事业政府监管监督的重点。

第一，健全舆论监督有效机制。要加快新闻立法，从法律上明确正当的舆论监督与新闻侵权的界限，才能维护公众的舆论监督权，发挥舆论监督的威力。尽快出台《新闻法》、《新闻侵权责任法》，确立新闻舆论监督的地位、范围、对象、基本原则，以及媒体的权力、义务和责任，将其纳入法治化轨道。

第二，要扩大舆论监督的权利，保持舆论监督的独立性。为了确保舆论监督的权威性，在坚持正确舆论导向和维护社会稳定的大前提下，要保证新闻媒体对城市公用事业监管重大案件拥有独立采访、调查、报道、评论的权利。

第三，要针对新闻管理工作中的新问题、新情况和新趋势，逐步建立一系列科学有效的制度，努力形成激励与约束相结合、自律与他律相结合、内部管理与社会监督相结合的长效机制。例如，要求媒体对舆论报道实行独立负责制，通过立法明确媒体的责任和职业道德，把社会效益放在首位，不得歪曲报道。

（三）构建现代舆论传播格局

1. 完善网络舆论监督机制

网络监督具有功能扩放效果，但它也是一把"双刃剑"。网络传播的虚拟性、无序性，不可避免会造成一系列负面影响，如假新闻、假信息泛滥。为促进网络媒体的健康、有序、可持续发展，大力加强网络新闻法制，确保网络舆论监督的依法实施是我们所面对的新问题。一方面，网络媒体必须认识到，网络媒体的公信力必须建立在自身规范操作和正确舆论导向的基础之上。另一方面，在加强政府对网络监督和安全管理工作的同时，要切实保证公民通过网络提出的监督问题、意见、建议都能按照规定程序严格处理，保障公民合法的监督权益。因此，既要加速网络立法，针对网络侵权和犯罪行为要严加惩处；又要求与其他法律、法规相互协调和相互补充，厘清网络舆论监督的法律责任，明确监督主体的权利及义务，加快与之相关的法律法规体系建设。

2. 建设舆论监督新格局

传统的舆论监督，往往是通过政府相关职能部门自上而下地公布信息，民众往往通过人民代表大会、听证会和传统媒体报道等方式参与权力监督。社会监督的被动性、滞后性特征明显。为了适应经济社会开放格局的变化，可以探索逐步建立以各级主流媒体为主渠道，以微博、微信等网络信息平台为辅助的民意表达渠道体系，重塑我国社会的舆论生态，也为公民创造一个更宽松、自由的舆论制约新格局。

三 健全社会监督保障机制

（一）保障公民各项监督权利

1. 保障公民的批评、建议、检举权

我国公民有权向城市公用事业政府监管工作提出批评和建议，也可以通过信访活动对监管机关及其工作人员存在的问题进行批评和检举，还可以申述、控告、举报监管过程中的违法违纪行为。[1] 进一步保护公民的批评、建议、检举等督政性的监督权，切实给予公民以物质与法律的保障，用法律的形式确定公民监督的基础性和权威性地位、政府对批评建议的答复义务以及对批评建议者的保障机制等，保证公民监督的威力和效能得到充分的发挥，确保公民依法对国家机关和国家机关工作人员监管城市公用事业的活动是否合法进行监督的权利。

2. 完善信息公开制度

我国现有的政务公开状况与广大公民的预期相去甚远，城市公用事业

---

[1] 战晓华：《建立健全社会监督机制研究》，《辽宁行政学院学报》2011 年第 12 期。

政府监管的一些决策和执行行为是在信息不公开和政务不透明条件下进行的，特别是公用事业服务的价格构成信息、质量信息，社会公众难以通过正常的政务公开渠道获取，造成政府与公民之间的"信息不对称"，从而导致"暗箱监管"，公民难以实施监督。而政务公开是公民实施有效监督的前提，其目的在于保障公民知情权。完善的信息公开和披露制度是社会监督发挥作用的基础，它一方面可以通过市场来监督公用事业当事人和监管者，有效防范违法、违规行为发生；另一方面也可降低行政监管机构的监管成本。完善信息公开制度，必须增强公民权利观念，培育公民知情权意识。同时加快健全信息公开法制建设，明确政府信息公开的内容、形式、程序、时限，防止部分公务人员以各种方式阻碍信息公开，切实保障公民知情权。

（二）加强社会监督法制建设

1. 制定信息公开法

通过信息公开立法使公众与政府之间的信息通道纳入法治体系，提高政府信息公开制度的效力等级，强化监管的信息公开义务，也充分保护公民的知情权和监督权。严格规定信息保密性和责任归属，制定相关法律法规，充分保障民众的知情权。正确处理舆论监督与保守秘密的关系。新闻媒体当然不能以舆论监督为由，任意泄露国家秘密。同样，监管机关及其工作人员在公开监管信息过程中，不得以笼统地涉及国家秘密为由而拒绝向新闻媒体或者公民提供信息，除非监管机关工作人员能够向公民或者新闻媒体出示有关涉及国家秘密的强制性条款。在平衡两者关系之时，应当确立这样的原则，即以政府的透明度、公众的知情权为第一位优先权考虑，而保守机密为个案或特例。如果政府设定公开事项为政务机密时，需负有举证责任。[①]

2. 加快舆论监督法制化

加快新闻立法，逐步实现舆论监督的法律化制度化。在一个具有浓厚的人治传统的国家，要确保舆论监督渠道畅通无阻，就必须有完备的法律来加以保障：一方面用法律保护舆论监督；另一方面又要以法律规范舆论监督。目前新闻舆论界不是苦于法律太多太细，而是苦于无法可依。近年来，我国的立法工作取得了较大进步，但新闻舆论法规建设却进展缓慢，

---

① 孙国华：《社会主义法治论》，法律出版社 2002 年版，第 587 页。

有关舆论所必需的具体法规仍残缺不全,人民群众及其代言人的表达仍得不到相应的法律保障。要解决这些问题,使舆论监督得到法律保障,就必须尽快制定《新闻法》,明确舆论监督的主体、对象、功能和原则,形成具有法律效力的政务公开制度,对舆论监督所涉及的各方面权利与义务以及违法行为的处罚作出相应规定。

(三) 健全社会监督实施机制

1. 健全监督激励和回应机制

公民监督因其特殊的客观现实性,在实践过程中往往势单力孤、力不从心,其威力和效能也不能得到充分发挥,"实然"与"应然"之间存在较大差距,因而迫切需要建立一整套完整的社会激励和回应机制。一方面对公民监督权予以足够的维护,鼓励全社会自觉进行监督。建立完善监督贡献的认定和回报制度,对监督有功者进行物质与精神的奖励与支持,在全社会逐步形成良好的监督环境和氛围。另一方面要建立公民监督的积极回应机制,对公民监督给予足够的重视,对公民的相关意见和要求迅速做出回应,缩短从公民提出监督到监管者回应的时间距离,提高政府的办事效率,树立高效政府的良好形象。对监管单位的违规、不作为行为也应有相应的制裁规定。

2. 实现权力合理配置与相互制衡

要解决社会监督乏力的问题,必须树立监督的权威性,以权力、权威为后台,以合理的权力配置为基础,通过权利监督权力,来实现"权力制衡"。在《法兰西内战》中,马克思说:"彻底清除了国家等级制,以随时可以罢免的勤务员来代替骑在人民头上作威作福的老爷们,以真正的责任制来代替虚伪的责任制,因为这些勤务员经常是在公会监督之下进行工作的。"[①] 而要保证社会监督监管者的有效性,就应当对权力进行合理的配置,实现监管者、被监管者和监督者三者之间均应依据相关的监督法、监管法享有相应的权利和义务,形成一定程度的制衡,既要发挥三者的积极性,又要防止三者违规作为。

3. 社会监督与立法监督、司法监督、行政监督的无缝对接机制

在所有的监督渠道中,只有社会监督表现为权利对权力的监督,也就是说,社会监督说到底是一种间接监督,因为它没有处置权。社会监督中

---

① 《马克思恩格斯选集》第二卷,人民出版社1972年版,第414页。

发现的问题和线索，提出的批评、建议都需要依托其他监督渠道来落实。因此，应该尽快建立相关机制，使社会监督能与其他监督形成合力。

4. 探索合作监管坐实社会监督

政府管制工作的方式转型，确立以合作式社会性管制为基本模式，改善政府履行社会管理职能的环境。政府社会性管制、社会管理职能虚化现象不只是观念重视不够造成的，还有社会性管制环境不好的原因，使得确定的管制标准难以坐实。而这又与政府"单打一"的管制方式有关。如果引入社会组织和公民合作参与社会性管制事务，相关问题就会迎刃而解。参与式社会管制模式不仅是风险社会境遇下分担风险的最好模式，也是社会管理职能的应有之义。无论是收集风险信息、形成风险共识、厘定风险控制标准、投入控制资源，还是防控效果评估，离开社会公众的参与都不是真正意义上的社会性管制和社会管理。因为，它本身就涉及对公众行为的限制，同时又是真正利于公众幸福的限制。

参考文献

[1] 安丽娜：《公用事业特许经营中的公众监督委员会制度研究》，《长春市委党校学报》2012年第2期。

[2] 阿列克斯·英格尔斯：《从传统人到现代人》，人民大学出版社1992年版。

[3] 贝尔：《法国行政法》，中国人民大学出版社2006年版。

[4] 程竹汝：《法治发展与政府结构关系》，中国社会科学出版社2010年版。

[5] 程竹汝：《当代中国政治的科学发展：寻求民主实现形式的最优次序与发展重心》，《政治与法律》2011年第2期。

[6] 曹远征：《城市公用事业发展的国外与国内经验》（下），《城市公用事业》2008年第6期。

[7] 曹现强、贾玉良、王佃利：《市政公用事业改革与监管研究》，中国财政经济出版社2009年版。

[8] 蔡立辉：《论依法行政与公民权利：依法行政的政治学思考》，《社会科学研究》1999年第2期。

[9] 陈山：《中国涉诉信访制度与英国监察专员制度比较研究》，《知识经济》2012年第7期。

[10] 陈奇星、罗峰：《略论西方国家的行政监督机制》，《政治与法律》2000年第3期。

[11] 陈樱琴：《公平会独立性之研究》，《公平交易季刊》1999年第1期。

[12] 陈党：《社会监督的功能及其实现途径探讨》，《政治与法律》2008年第7期。

[13] 蔡定剑：《人民代表大会制度》，法律出版社2003年版。

[14] 杜力夫：《权力监督与制约研究》，吉林人民出版社2004年版。

[15] 邓频声等：《中国特色社会主义权力监督体系研究》，时事出版社 2011 年版。

[16] E. 博登海默：《法理学：法哲学及其方法》，华夏出版社 1987 年版。

[17] 范合君、王文举：《北京市公用事业监管的现状、问题及对策》，《北京社会科学》2007 年第 6 期。

[18] 范柏乃：《政府绩效评估理论与实务》，人民出版社 2005 年版。

[19] 郭小聪：《试论行政监督对行政效率的制约机制》，《中山大学学报》（社会科学版）1995 年第 4 期。

[20] 格里斯托克：《作为理论的治理：五个论点》，《国际社会科学》1999 年第 2 期。

[21] 谷安梁：《立法学》，法律出版社 1993 年版。

[22] 汉密尔顿等：《联邦党人文集》，程逢如译，商务印书馆 1995 年版。

[23] 侯志山、侯志光：《行政监督与制约研究》，北京大学出版社 2013 年版。

[24] 韩东屏：《民主制度与分权制衡》，《开放时代》2000 年第 2 期。

[25] 胡水君：《权利与诉讼》，《开放时代》2001 年第 11 期。

[26] 汉密尔顿：《联邦党人文集》，商务印书馆 1983 年版。

[27] 哈特穆特·毛雷尔：《行政法学总论》，高家伟译，法律出版社 2000 年版。

[28] 金太军：《政治文明建设与权力监督机制研究》，人民出版社 2010 年版。

[29] 江必新：《是恢复，不是扩大——谈〈若干解释〉对行政诉讼受案范围的规定》，《法律适用》2000 年第 7 期。

[30] 江必新：《中国行政诉讼制度的完善》，法律出版社 2005 年版。

[31] 季卫东：《程序比较论》，《比较法研究》1993 年第 2 期。

[32] 姜明安：《外国行政法教程》，法律出版社 1993 年版。

[33] 柯武刚：《制度经济学：社会秩序与公共政策》，韩朝华译，商务印书馆 2004 年版。

[34] 卡尔·波普尔：《猜想与反驳：科学知识的增长》，上海译文出版社 1986 年版。

[35] 刘宁：《公共安全工程常态与应急统合管理》，科学出版社 2014

年版。

[36] 李珍刚：《城市公用事业市场化中的政府责任》，社会科学文献出版社 2008 年版。

[37] 刘力云：《美国监察长审计制度及其借鉴意义》，《审计研究》1996 年第 5 期。

[38] 卢梭：《社会契约论》，商务印书馆 1980 年版。

[39] 李红勃：《人权、善政、民主：欧洲法律与社会发展中的议会监察专员》，《比较法研究》2014 年第 1 期。

[40] 梁仲明：《完善行政监督制度的理论思考和路径分析》，《西北大学学报》（哲学社会科学版）2008 年第 3 期。

[41] 李景元：《对接高端城市与都市区公共事业协同发展》，中国经济出版社 2014 年版。

[42] 刘迪：《现代西方新闻法制概述》，中国法制出版社 1998 年版。

[43] 李长倦：《构建食品安全监管的第三种力量》，《生产力研究》2007 年第 15 期。

[44] 李明超、章志远：《公用事业特许经营监管机构模式研究》，《学习论坛》2011 年第 3 期。

[45] 洛克：《政府论》下卷，商务印书馆 1964 年版。

[46] 罗思东：《美国地方政府体制的"碎片化"评析》，《经济与社会体制比较》2005 年第 4 期。

[47] 罗纳德·德沃金：《自由的法——对美国宪法的道德解读》，刘丽君译，林燕平校，上海人民出版社 2001 年版。

[48] 罗伯特·达尔：《论民主》，李柏光、林猛译，冯克利校，商务印书馆 1999 年版。

[49] 罗豪才：《行政法学》，北京大学出版社 1996 年版。

[50] 林莉红：《中国行政诉讼的历史、现状与展望》，《河南财经政法大学学报》2013 年第 2 期。

[51] 刘明利：《立法学》，山东大学出版社 2002 年版。

[52] 林伯海：《关于建立人大监督专员制度的思考》，《人大研究》2002 年第 10 期。

[53] 孟德斯鸠：《论法的精神》（上册），张雁深译，商务印书馆 1997 年版。

[54] 马克思、恩格斯：《马克思恩格斯选集》第 1 卷，人民出版社 1995 年版。

[55] 玛丽·克劳德斯莫茨：《治理在国际关系中的正确运用》，《国际社会科学》1999 年第 2 期。

[56] 马佳娜：《我国 ADR 机制中引入行政调解专员的设想》，《辽宁行政学院学报》2010 年第 10 期。

[57] 马英娟：《政府监管机构研究》，北京大学出版社 2007 年版。

[58] 马怀德：《行政诉讼原理》，法律出版社 2003 年版。

[59] 尼古拉斯·卢曼：《权力》，瞿铁鹏译，上海世纪出版集团 2005 年版。

[60] 彭正波：《美国的行政监督机制》，《党政论坛》2005 年第 1 期。

[61] 钱家骏：《美英对公用事业的管制》，《国际技术经济研究》1997 年第 4 期。

[62] 仇保兴、王俊豪：《中国城市公用事业特许经营与政府监管研究》，中国建筑工业出版社 2014 年版。

[63] 仇保兴、王俊豪：《中国市政公用事业监管体制研究》，中国社会科学出版社 2006 年版。

[64] 秦虹、钱璞：《我国社会公用事业改革与发展 30 年》，载邹东涛主编《中国改革开放 30 年》，社会科学文献出版社 2008 年版。

[65] 乔万尼·萨托利：《民主新论》，东方出版社 1992 年版。

[66] 让－马克·夸克：《合法性与政治》，佟心平、王远飞译，中央编译出版社 2008 年版。

[67] 容志：《从分散到整合：特大城市公共安全风险防控机制研究》，上海人民出版社 2014 年版。

[68] 任铁缨：《关于社会监督的几点思考》，《中共天津市委党校学报》2009 年第 4 期。

[69] 宋慧宇：《政府监管模式类型化分析及启示》，《行政与法》2012 年第 2 期。

[70] 沈亚平：《关于行政监督的理论分析》，《天津社会科学》1998 年第 2 期。

[71] D. F. 史普博：《管制与市场》，上海三联书店、上海人民出版社 1989 年版。

[72] 施蒂格勒:《产业组织和政府管制》,上海三联书店1989年版。

[73] 史平臣、赵运平:《我国行政诉讼制度的宪政功能》,《新东方》2007年第6期。

[74] 汤唯、孙季萍:《法律监督论纲》,北京大学出版社2001年版。

[75] 托克维尔:《美国的民主:下卷》,董果良译,商务印书馆2002年版。

[76] 翁琰:《论英国行政监察专员制度及其对我国的启示》,《重庆科技学院学报》(社会科学版)2011年第5期。

[77] 吴庆玲:《对中国市政公用事业政府监管体制改革的思考》,《首都经济贸易大学学报》2008年第1期。

[78] 汪庆红:《地方立法监督实证研究:体制与程序》,《北方法学》2010年第6期。

[79] 王金水:《网络政治参与与政治稳定机制研究》,中国社会科学出版社2013年版。

[80] 王沪宁、竺乾威:《行政学导论》,上海三联书店1987年版。

[81] 王俊豪:《中国城市公用事业民营化绩效评价与管制政策研究》,中国社会科学出版社2013年版。

[82] 王俊豪:《政府管制经济学导论》,商务印书馆2013年版。

[83] 王俊豪:《英国政府管制改革研究》,上海三联书店1998年版。

[84] 王俊豪:《英国公用事业的民营化改革及其经验教训》,《公共管理学报》2006年第6期。

[85] 王俊豪:《美国联邦通信委员会及其运行机制》,经济管理出版2003年版。

[86] 王先江:《行政监察制度的功能价值形态研究》,《安徽理工大学学报》(社会科学版)2012年第2期。

[87] 武晓峰:《试析行政监督在提高行政效率中的作用》,《理论探索》2002年第6期。

[88] 王景斌、尹奎杰:《行政救济概念范畴若干问题探析》,《东北师范大学学报》(哲学社会科学版)1998年第6期。

[89] 文玉、彭飞武:《英美行政监督制度比较探析》,《华北水利水电学院学报》(社会科学版)2009年第6期。

[90] 王名扬:《法国行政法》,中国政法大学出版社1988年版。

[91] 王建学:《从行政调解专员到基本权利保护专员:法国行政调解专员制度改革述评》,《国家行政学院学报》2008年第5期。

[92] 吴传毅:《由分权制衡的宪政原则看分权政府的构建》,《行政论坛》2006年第3期。

[93] 吴丕、袁刚、孙广厦:《政治监督学》,北京大学出版社2007年版。

[94] 王寿林:《权力制约与监督研究》,中共中央党校出版社2007年版。

[95] 王方玉:《论单向度社会监督的不足与公民权利的合作实现》,《兰州学刊》2009年第5期。

[96] 乌尔里希·贝克:《风险社会再思考》,郗卫东编译,《马克思主义与现实》2002年第4期。

[97] 韦德:《行政法》,中国大百科全书出版社1997年版。

[98] 王名扬:《美国行政法》(下),中国法制出版社2005年版。

[99] 王惠岩:《论民主与法制》,《政治学研究》2000年第3期。

[100] 王伟:《试析监督法出台后的地方人大监督职能》,硕士学位论文,吉林大学,2008年。

[101] 习近平:《中央关于全面推进依法治国重大问题决定》,人民出版社2014年版。

[102] 薛佐文:《论我国的立法监督制度》,《西南民族大学学报》(人文社会科学版)2005年第7期。

[103] 肖君拥:《人民主权论》,山东人民出版社2005年版。

[104] 杨学军:《英国、美国、新加坡城市公用事业监管比较研究》,《亚太经济》2008年第5期。

[105] 约翰·克莱顿·托马斯:《公共决策中的公民参与:公共管理者的新技能与新策略》,孙柏瑛译,中国人民大学出版社2005年版。

[106] 尤光付:《论行政监督内涵的界定》,《湖北行政学院学报》2008年第5期。

[107] 俞可平:《治理与善治》,社会科学文献出版社2000年版。

[108] 杨善华:《当代社会学理论》,北京大学出版社1999年版。

[109] 约翰·密尔:《代议制政府》,商务印书馆1982年版。

[110] 于尔根·哈贝马斯:《公共领域的结构转型》,曹卫东译,上海学林出版社1999年版。

[111] 约阿希姆·赫尔曼:《德国刑事诉讼法典》,李昌珂译,中国政法

大学出版社 1995 年版。

[112] 章剑生:《行政监督研究》,人民出版社 2001 年版。

[113] 章志远、朱志杰:《我国公用事业特许经营制度运作之评估与展望——基于 40 起典型事例的考察》,《行政法学研究》2011 年第 2 期。

[114] 周佑勇:《行政不作为的理论界定》,《江苏社会科学》1999 年第 2 期。

[115] 周志忍:《当代国外行政改革比较研究》,国家行政学院出版社 1999 年版。

[116] 周旺生:《立法学教程》,法律出版社 1995 年版。

[117] 周伟:《论立法监督的概念》,《法学论坛》1996 年第 12 期。

[118] 周永坤:《论宪法基本权利的直接效力》,《中国法学》1997 年第 1 期。

[119] 朱力宇、张曙光:《立法学》,中国人民大学出版社 2006 年版。

[120] 张玉磊:《城市公用事业民营化改革中政府的困境及其化解》,《岭南学刊》2008 年第 1 期。

[121] 张玉亮、王先江:《中国地方政府公共事业管理的哲学思考:谈绩效评估对公共事业管理工具理性与价值理性的整合》,《重庆工学院学报》(社会科学版)2007 年第 8 期。

[122] 张东峰、杨志强:《政府行为内部性与外部性分析的理论范式》,《财经问题研究》2008 年第 3 期。

[123] 张扬金:《和谐社会构建中的公民有序政治参与探析》,《党史文苑》2007 年第 1 期。

[124] 张永红:《20 世纪 60 年代美国社会危机的治理对策及启示》,《武汉理工大学学报》(社会科学版)2012 年第 3 期。

[125] 张春虎:《公用事业改革的国际经验及借鉴》,《管理观察》2009 年第 1 期。

[126] 张红凤、杨慧:《西方国家政府规制变迁与中国政府规制改革》,经济科学出版社 2007 年版。

[127] 张波:《对行政的司法监督中存在的问题的思考》,《江西行政学院学报》2000 年第 2 期。

[128] 张文显:《法理学》,高等教育出版社、北京大学出版社 2003 年版。

[129] 张卫江：《权力法治·程序正当·体制协调——论地方人大监督制度创新的三要素》，《人大研究》2002年第10期。

[130] 竺乾威：《从新公共管理到整体性治理》，《中国行政管理》2008年第10期。

[131] 曾凡军、韦彬：《后公共治理理论：作为一种新趋向的整体性治理》，《天津行政学院学报》2010年第3期。

[132] 曾维涛：《完善我国行政监督体制的几点思考》，《江西财经大学学报》2006年第5期。

[133] 曾保根：《行政监督模式的现状与制度创新》，《党政论坛》2014年第10期。

[134] 郑保卫：《当代新闻理论》，新华出版社2003年版。

[135] 詹姆斯·M. 伯恩斯：《美国式民主》，中国社会科学出版社1993年版。

[136] 战晓华：《建立健全社会监督机制研究》，《辽宁行政学院学报》2011年第12期。

[137] 最高人民法院行政审判庭：《行政执法与行政审判参考》，法律出版社2000年版。

[138] C. Edwin Bake, *Human Liberty and Freedom of Speech*. New York：Oxford University Press.

[139] Ernst Ulrich von Weizsacker, Oran R. Yong and Matthias Finger, *Limits to Privatization：How to Avoid too Much of a Good Thing*. London：Earthscan, 2006.

[140] James MacGregor and Burns, J. W., *Peltason with Thomas E. Cronin：government by the people*, 9th edition, National Edition, Printed in the United States of America.

[141] Kooiman, J., *Modern Governance：New Government – Society Interactions* (2nd). London：Sage, 1993.

[142] Laffont and Tirole, *A Theory of Incentive in Procurement and Regulation*. Cambridge Mass：MIT Press, 1993.

[143] Lieberthal, Kenneth G. and David M. Lampton, *Bureaucracy, Politics and Decision – Making in Post – Mao China*. Berkeley：University of California Press, 1992.

[144] Moon M. Jae, Can IT Help Government to Restore Public Trust? —Declining Public Trust and Potential Prospects of IT in the Public Sector. Proceedings of the 36th Hawaii International Conference on System Sciences (HICSS' 03), 2002.

[145] Nye, J. S., Zelikow, P. D. and King, D. C. (eds.) *Why People Don't Trust Government*. Harvard University Press, Cambridge, MA, 1997.

[146] Perry, Dinna Leat, Kimberly Seltzer and Gerry Stoker, *Towards Holistic Governance: The New Reform Agenda*. New York: Palgrave, 2002.

[147] Pharr, S. J., Public Trust and Democracy in Japan, in Nye, J. S., Zelikow, P. D. and King, D. C. (eds.) *Why People Don't Trust Government*. Harvard University Press, Cambridge, MA, 1997.

[148] Perri, Joined-up Government in the Western World in Comparative Perspective: A Preliminary Literature Review and Exploration. *Journal of Public Administration Research and Theory*, 2004.

[149] Samuel P. Huntington, Will More Country Become Democratic? *Political Science Quarterly*, 1984.

[150] Taket, A. and White, L., *Partnership and Participation*. NY: John Wiley & Sons, 2000.

[151] Tam, Henry, Communitarianism: *A New Agenda for Politics and Citizenship*. New York: New York University Press, 1998.

[152] Milton C. Cummings, David Wise, Democracy under Pressure: An Introduction to the American Political System, 5th edition, HBJ, 1985.

[153] Ulrich Beck, *World Risk Society*. London: Polity Press, 1999.

[154] Vanza Devereaux, The Government of a Free Nation, Published by California State Department of Education, SACRAMENTO, 1963.